Das Erotische in der Literatur

Gießener Arbeiten
zur Neueren Deutschen Literatur und Literaturwissenschaft

Herausgegeben von Dirk Grathoff und Erwin Leibfried

Band 13

Peter Lang

Frankfurt am Main · Berlin · Bern · New York · Paris · Wien

Thomas Schneider (Hrsg.)

Das Erotische in der Literatur

Peter Lang
Frankfurt am Main · Berlin · Bern · New York · Paris · Wien

Die Deutsche Bibliothek - CIP-Einheitsaufnahme

Das Erotische in der Literatur / Thomas Schneider (Hrsg.). -
Frankfurt am Main ; Berlin ; Bern ; New York ; Paris ; Wien :
Lang, 1993
  (Gießener Arbeiten zur neueren deutschen Literatur und
  Literaturwissenschaft ; Bd. 13)
  ISBN 3-631-45900-9

NE: Schneider, Thomas [Hrsg.]; GT

ISSN 0721-7897
ISBN 3-631-45900-9
© Verlag Peter Lang GmbH, Frankfurt am Main 1993
Alle Rechte vorbehalten.

Das Werk einschließlich aller seiner Teile ist urheberrechtlich
geschützt. Jede Verwertung außerhalb der engen Grenzen des
Urheberrechtsgesetzes ist ohne Zustimmung des Verlages
unzulässig und strafbar. Das gilt insbesondere für
Vervielfältigungen, Übersetzungen, Mikroverfilmungen und die
Einspeicherung und Verarbeitung in elektronischen Systemen.

Printed in Germany 1 2 3 4 6 7

VORWORT

Eine Gier, die niemals stillbar ist, berührt ein Zauberwort und eine Sehnsucht: Liebe. Die Einbildungskraft bereitet uns Spielwiesen, deren Begrenzung wir nicht kennen, die wir jedoch ohne Scham und Rücksicht mit unseren Sehnsüchten und Wünschen betreten, vereinnahmen, verbrauchen. Nicht Augustins Bekenntnissen müssen wir mehr gedenken, wenn Eingeständnisse laut werden; Bildungsanker en masse wissen wir auszuwerfen, gilt es, jene Empfindung zu reflektieren und zu lokalisieren. Das bleibt in uns. Gemeinplätze betreten zu können, ohne die Schamröte zu verspüren, die ins Gesicht steigt, weil es keine Öffentlichkeit für unsere Begierden gibt, ist verwehrt. Lustfeindlich ist unsere Zivilisationsform allemal. Allgegenwärtige Sehnsucht ist der Indikator; Verzweiflung in all ihren häßlichen Manifestationen der Ausdruck. Wer sich selbst nicht mehr lieben kann, begehrt andere nicht.

Die Tagung "Das Erotische in der Literatur" im Mai 1991 in Gießen beschritt ein Terrain, das noch nicht ausgemessen ist. Die Literaturwissenschaftler und Literaturwissenschaftlerinnen heute benötigen sehr viel Raum, um sich einem Thema erst wirklich zu nähern. Rückversicherungen und Vorfeldgeplänkel absorbieren viel Energie. Deshalb auch verstanden wir unser Thema nicht nur als Herausforderung, sondern als Einkehr in kreative Räume. Die Bandbreite der Beiträge reicht von der Auseinandersetzung mit Walther von der Vogelweide bis hin zu Gisela Elsner; sicherlich eine gewagte Mischung, hinter der sich aber auch der Stolz der Provokation verbirgt.

Im Rahmen der Partnerschaft der Universitäten Gießen und Lodz veranstaltete das Institut für neuere deutsche Literatur der Justus-Liebig-Universität Gießen ein Symposion, um die Begriffe Eros und Literatur zu entstauben, sie genauer heute zu betrachten. Wir wählten dieses Thema, weil wir wußten, daß es erstens ungern angepackt wird und zweitens aus Argwohn sehr verschroben abgeheftet war. Frauenfeindliches gehört zu dieser Tradition der Literaturwissenschaft, die ausgrenzt, ebenso. Hier wollten wir Neuland betreten und ehrgeizig auch Maßstäbe setzen - Diskussionsanreize geben "Man kann nie wissen, was man wollen soll, weil man nur ein Leben hat, das man weder mit früheren Leben vergleichen noch in späteren korrigieren kann."[1]

Ich wünsche uns, daß Eros, Sexualität und Liebe nicht weiterhin ein eigenes Gesprächsforum benötigen, wenn über Literatur und Leben geredet wird. Schreiben und Lesen sind nur andere Ausdrucksformen der gleichen Begierde: Sehnsucht nach dem anderen Selbst. Weshalb also sollte sich die Wissenschaft dem verwehren.

Besonderer Dank gebührt Herrn Prof. Dr. Erwin Leibfried, ohne dessen Bemühungen diese Begegnung nicht hätte stattfinden können.

Der Herausgeber

Thomas Schneider

---

[1] M. Kundera, Die unerträgliche Leichtigkeit des Seins. Frankfurt, 1987, 11.

INHALT

VORWORT 5

OTFRID EHRISMANN 9
    Ich het ungerne "dicke blôz!" geruefet
    Walther von der Vogelweide, die Erotik und die Kunst

DIETER ARENDT 29
    Musäus' Märchen - Erzählung "der geraubte Schleier" oder
    Der "verständige" Leser als Voyeur

THOMAS CLASEN 55
    "Den Trieb haben doch alle Menschen." Sexualobsessionen in den
    Dramen des J.M.R. Lenz

ERWIN LEIBFRIED 69
    Liebe.
    Zu ihrer Phänomenologie in der Literatur

KRZYSZTOF A. KUCZYNSKI 79
    Gerhart Hauptmanns Liebelei-Neigung,
    dargestellt an Leben und Werk

WLODZIMIERZ WIŠNIEWSKI 87
    Hermann Brochs "Schlafwandler"- Trilogie. Arten der Erotik aus
    der Sicht der Moderne.

JOANNA JABŁKOWSKA 99
    Die (un)erotische deutsche Literatur

KLAUS INDERTHAL 109
    "Ich könnte mich verschrieben haben."
    Ingeborg Bachmanns *Malina*.

ANNA BRONZEWSKA 123
    Die Elixiere des Mannes
    Einige Bemerkungen zur Problematik des Erotischen in den
    Romanen von Ingeborg Bachmann

CZESŁAW PŁUSA 135
    Das Erotische und das Soziale im Erzählwerk
    von Dieter Wellershoff

MAŁGORZATA POŁROLA 145
    Zieht das Ewig-Weibliche [noch] hinan? -
    Zwei Porträts unerotischer Körperlichkeit: Arno Schmidt und
    Gisela Elsner.

THOMAS SCHNEIDER 167
    Von dem Objekt der Begierde und der Armut derer, deren Gier
    Grund ihrer Armut ist
    Die strukturelle Negation weiblicher Erotik in der deutschen
    Literatur und Befestigung durch eine Literaturwissenschaft
    männlichen Blickes

WOLFGANG BRAUNE-STEININGER 177
    Erotik in der deutschen Nachkriegslyrik

JADWIGA GAWLOWSKA 195
    "Erotik als Bewährungstest für den Menschen oder für die
    Sprache?"
    Zu Botho Strauss: "Kongress. Die Kette der Demütigungen"

REGISTER 203
    Namen

OTFRID EHRISMANN

ICH HET UNGERNE "DICKE BLOZ!" GERUEFET
WALTHER VON DER VOGELWEIDE, DIE EROTIK UND DIE KUNST

> Wo aber die Schranken unserer möglichen Erkenntnis sehr enge, der Anreiz zum Urteilen groß, der Schein, der sich darbietet, sehr betrüglich, und der Nachteil aus dem Irrtum erheblich ist, da hat das Negative der Unterweisung, welches bloß dazu dient, um uns vor Irrtümer zu bewahren, noch mehr Wichtigkeit, als manche positive Belehrung, dadurch unser Erkenntnis Zuwachs bekommen könnte.
>
> (Kant: Kritik der reinen Vernunft)

Walthers Lied *Si wunder wol gemachet wîp*, aus dem das Titel-Zitat stammt, ist in A (Heidelberg, Ende 13.Jh., wahrscheinlich Elsaß), C (Heidelberg, erste Hälfte 14.Jh., Schweiz), D (Heidelberg, Ende 13.Jh., Mitteldeutschland) und N (Kremsmünster, frühes 14.Jh., Österreich) überliefert. Eine eigene Studie hat ihm bisher, wenn ich recht sehe, nur Olive Sayce (1982) gewidmet, die ihr Augenmerk besonders auf den *descriptio corporis*-Topos und die Frage richtete, wer die im Lied angesprochene "Dame" (lady) sei, dabei allerdings den Problemen "Gattung" und "Überlieferung" nur oberflächlich Beachtung schenkte. Sie legte die kritische Edition von Lachmann/Kraus/Kuhn 53/25-54/26 zugrunde. Ich normalisiere dagegen, soweit es irgend geht, nach A, das mir nicht so "minderwertig" erscheinen will wie von Kraus (1935, S.196), und diskutiere von hier aus die übrigen relevanten Lesarten:

> 1. Si wunder wol gemachet wîp,
> daz mir noch werde ir habedanc!
> ich setze ir minneclichen lîp
> vil werde in mînen hôhen sanc.
> gern ich in allen dienen sol,
> doch habe ich mir diz ûzerkorn.
> ein ander weiz die sînen wol,
> die lobe er âne mînen zorn.
> habe ime wîse und(e) wort
> mit mir gemeine:
> lobe ich hie, sô lobe er dort.

2. *Ir houbet ist sô wunnenrîch,*
alse ez mîn himel welle sîn.
wem solde ez anders sîn gelîch,
ez hât doch himeleschen schîn!
dâ liuhtent zwêne sternen abe,
dâ muoze ich mich noch inne ersehen –
daz si mirs alsô nâhe habe,
sô mohte ein wunder wol geschehen:
ich junge, und(e) tuot si daz,
und(e) wirt mir gernden siechen
seneder suhte baz.

3. *Got hât ir wengel hôhen vlîz,*
er streich sô tiure varwe dar,
sô reine rôt, sô reine wîz,
hie roeseloht, dort lilienvar.
obe ich vor sunden tar gesagen,
ich sehe si iemer gerner an
danne himelwagen.
owê, waz lob ich tumber man!
mach ich si mir ze hêr,
vil lîhte wirt mîns mundes lop
mîns herzen sêr.

4. *Si hât ein küssen, daz ist rôt,*
gewunne ich daz für mînen munt,
sô stuent ich ûf ûz dirre nôt
und(e) waere ouch iemer mê gesunt.
dem si daz an sîn wengel legt,
der wonet dâ gerne nâhe bî.
ez smecket, sô mans iender regt,
alsam ez allez balsame sî.
daz sol si lîhen mir:
sô dicke sô si ez wider wil,
sô gib ich ez ir.

5. *Ir kel, ir hant, ieweder fuoz,*
daz ist ze wunsche wol getan.
obe ich dâ enzwischen loben muoz,
sô waene ich mê beschouwet hân.

> ich het ungerne "dicke blôz!"
> geruefet, dô ich si nacket sach.
> si sach mîn niht, dô si mich schôz,
> daz stichet noch als ez dô stach.
> ich lobe die reinen stat,
> dâ diu vil minneclîche
> ûz einem bade trat.

Zur Normalisierung:

1/4: *werde* aus *der* nach C gebessert

Strophe 2 steht in A am Ende; die Reihenfolge ist nach C, D, N und der Logik der *descriptio* geändert

2/4: *schîn* aus *sin* gebessert

2/5: *liuhtent* aus *liuhten* gebessert

3/6: der Zeilenanfang ist unleserlich und nach C geändert; D *sô sehe ichs*, N *sô saehe ich sie*

3/7: C: *danne alle himel oder himelwagen*, D *denne himel oder himel tagen*, N *dan hiemel od(er) hiemel wagen*

Strophe 5 steht in C an dritter Stelle

4/3: *stuent* aus *stunt* gebessert

4/7: *regt* aus *reget* gebessert

5/1: *ieweder* aus *iewer* gebessert

5/2: *ze wunsche* aus *zewinsche* gebessert

5/3: *enzwischen* aus *entswischent* gebessert

5/5: C *deke*, D *decke*, N *dechet*

5/8: *als ez* aus *alse* gebessert

5/9: *minneclîche* aus *minneclich* gebessert

Die *und*-Kürzel sind aus Gründen der metrischen Flexibilität doppelt - als *und(e)* - aufgelöst.

Kleinere handschriftliche Abweichungen sind nicht verzeichnet. Die jeweils vorletzten Strophenzeilen rekonstruiere ich als Waisen, nicht als Langzeilen.

Das Lied ist Panegyrikus und Polemik zugleich, ein Frauenpreis und eine Abwehr des Anderen. Gehen wir Strophe für Strophe übersetzend und kommentierend durch.

* * *

"Oh diese wunderschön gestaltete Frau [*wol* ist, was die kritische Edition nicht nachvollziehen kann, auch auf *gemachet* zu beziehen: Dieses Wunder! Herrliche Frau], erhielte ich doch ihren Dank! Ich räume der Pracht ihres Leibes den Ehrenplatz in meinem Preislied ein. Gerne würde ich ihnen allen dienen, doch sie ist meine Auserwählte. Ein anderer kennt die seine gut, die mag er preisen, ohne daß ich dies als Konkurrenz empfinden würde. Er mag Wort und Weise mit mir gemeinsam haben: ich preise hier, er preise dort."

Die Strophe beginnt mit dem Frauenpreis und geht im Gegenstollen fast unmerklich zur Polemik gegen den Anderen über, die dann im Abgesang aufgelöst wird. Beide, die Dame und der Andere, können einen hohen Realitätsgehalt beanspruchen, brauchen dies aber nicht. Der Andere ist Reinmars Sänger, der seine Dame über alle Damen stellte (Reinmar Nr. IX); hier können wir, wollen wir Skeptizismus nicht in Ignoranz umschlagen lassen, ganz sicher sein. Walthers Sänger distanziert sich: er würde allen dienen, d.h. alle sind preiswürdig. Zur Begründung, warum er nun gerade dieser einen sein Lied widme, fällt ihm offenbar nicht viel ein: sie habe er sich eben ausgewählt. Vielleicht wirklich nicht viel, vielleicht auch der deutliche Hinweis darauf, daß die Zuneigung zwischen den Menschen nicht (objektiv) begründbar ist? Was ist eigentlich stärker betont: *ich* oder *ûzerkorn*?

Reinmar ist der Repräsentant der Gattung Minnelied - schon für die Zeitgenossen, wenn wir Gottfrieds Hymnus auf ihn als Beleg heranziehen dürfen ('Tristan' 4776ff.) -, und auch die Anspielung auf ihn zielt über ihn hinaus, hat einen repräsentativen Charakter, werden doch bald "Zitate" Heinrichs von Morungen hörbar. Der Text gehört also in den Rahmen der literarischen Streitkultur der mittelhochdeutschen Achsenzeit, wie ich die sogenannte "Blütezeit" der höfischen Dichtung um die Wende zum 13. Jh. nennen möchte, weil in ihr die höfische Ästhetik kulminierte und die spätmittelalterliche Epigonendichtung ihre Leitbilder fand.

Die germanistische Forschung hat in diesem Bezirk der Streitkultur eine ihrer beliebtesten Mytheleien entwickelt - diesen ebenso abfälligen wie anheimelnden Begriff stehle ich aus Handkes 'Geschichte des Bleistifts'. Es ist die Walther-Reinmar-Fehde, die Günther Schweikle mit scharfem philologischem Skeptizismus zerstört hat (vgl. vor allem Schweikle 1986) und hinter der eine seit Rousseau gewachsene tiefwurzelnde Abneigung des germanistischen Bürgertums gegen die Werte der Zivilisation sitzt: Walther, der Verfechter von "Natürlichkeit" und "Humanität" gegen den Hof- sprich Zivilisationsliteraten Reinmar (vgl. Ehrismann 1989a/b). (An solcher Mythelei sollte sich im übrigen kein Datierungsversuch festmachen - dafür liefert der Text selbst keine plausiblen Anhaltspunkte.)

WALTHER VON DER VOGELWEIDE

Eine Kontroverse um die Gattung Minnelied. Die Germanistik verwendet diesen Begriff nicht mit der wünschenswerten Eindeutigkeit, was man zwar weiß, aber auch nicht ändert. Ich möchte den Begriff gerne im engeren Sinne als höfisch gebundenes, dem Frauendienst gewidmetes Liebeslied verstanden wissen. Auf ihn spielt das Wort *habedanc* an, das den mit Worten abgestatteten Dank (Lexer I/1130) bezeichnet; mehr nicht, auch nicht den "Preis im Turnier" (von Kraus 1935, S.197 und danach Ausgabe Wapnewski S.233); unsere heutige erotische Linguistik würde wohl von einer verbalen Zuwendung sprechen. Wer ist die Frau, die hier mit dem allgemeinen, also nicht wie *vrouwe* ständisch fixierbaren (nicht zwingend fixierten) Begriff *wîp* eingeführt wird? Zwar könnten beide Begriffe synonym sein, aber fraglos ist mit *wîp* das weitere Feld geöffnet und eine Fixierung auf "Herrin" zunächst abgewehrt; da sie auch später nirgendwo mehr in den Text eingebracht ist, wird zumindest dies deutlich: die soziale Frage spielt keine Rolle. Man könnte, da sie ja sonst im Minnelied eine Rolle spielen kann, auch schärfer formulieren: sie soll keine Rolle spielen.

In den Mytheleien um Walther, die die Philologie am Babenberger Hof ansiedelte, hat man wie selbstverständlich das *wîp* zur Dame erhoben. Nach der traditionellen Logik der Walther-Philologie hätte man sie nun auch mit der 1199 verstorbenen babenbergischen Herzogin Helene, Gattin - oder schon Witwe? - Leopolds V. identifizieren müssen, eine Identifizierung, die man wohl nicht zuletzt wegen der pikanten Schlußstrophe gescheut hat. Helene sollte schon die Gönnerin des bereits etablierten "Hofsängers" Reinmars gewesen sein (vgl. z.B. noch Borries/Borries 1991, S.144) - die Mythelei vom Naturburschen Walther, den Philologie und Populärwissenschaft aus den Südtiroler Bergen an den Wiener Hof herabholten, konnte hier Nahrung finden. Gewiß, die Forschung hat von derlei in keinem Punkt verifizierbaren Fabeln heute im allgemeinen Abstand genommen - und dennoch trennt sie sich schwer von der "Hofgeschichte", die doch im Grunde so unwahrscheinlich wie alles andere ist: wann wir auch immer die Texte "um den Babenberger Hof" datieren, die dortige "Dame" kam aus Ungarn (Helene) oder aus Byzanz (Theodora, die Frau Leopolds VI.) - sie dürfte auf die volkssprachliche deutsche Kultur mit einigem Befremden reagiert haben. Ist es ein Wunder, daß Leopold VI. zwar als ein großer Förderer der Künste gilt, jedoch offensichtlich gerade nicht der einheimischen?

Alles in allem, und nicht nur, weil wir es aus Quellenmangel nicht mehr konkret nachweisen könnten: das *wîp*, Frau und Dame, ist eine Fiktion, ein *bilde*, wie es Walthers Sänger einmal formulierte (L. 67/32ff.):

> *Ich hât ein schoenez bilde erkorn:*
> *owê daz ich ez ie gesach*

ald ie sô vil zuoz ime gesprach!
"Ich hatte ein schönes Bild erwählt: oh weh, daß ich es jemals erblickt oder so viel zu ihm gesprochen habe."

Die germanistische Forschung hat sich wie die dem Prozeß der Zivilisation unterworfene Gesellschaft überhaupt mehr und mehr in ein Dilemma hineinmanövriert: zwar schlug ihr Herz für das Naturhafte, aber ihre Sittsamkeit ließ dieses im Grunde nicht zu. So übte sie sich darin, die Bilder der Dame des Minnesangs so esoterisch wie möglich zu gestalten, und sie verschärfte dadurch die Bewegung der Vergeistigung und Entsinnlichung, die die Dichter des Minnesangs selbst eingeleitet hatten, noch mehr als diese selbst. Die geistesgeschichtliche Philologie, die seit der Jahrhundertwende dominiert, diskriminierte das im 19.Jh. noch vorhandene liebevolle Verständnis für das Schlichte und Dinghafte. Konnte Simrock (S.51) *ir minneclichen lîp* noch mit einem deutlichen Anhauch von Körperlichkeit durch "ihr minniglicher Leib" und den Liedbeginn durch "Das wundervoll geschaffne Weib!" wiedergeben, so abstrahiert die heutige Übersetzungskunst in der Regel zu "Schönheit" (Wapnewski Nr.5, Schaefer Nr.21) oder etwa zu "Liebreiz" (Stapf Nr.137), und sie öffnet für den Eingang Tür und Tor zur Vergeistigung: "Sie vollkommenste Frau" (Wapnewski), "Die wunderbare Frau" (Stapf), "Die wunderschöne Frau" (Schaefer).

Das rechte Maß der Übersetzung will also noch gefunden werden, und es wäre nur im Nachdenken über den gesamten Walther, die Kultur der Achsenzeit und die Kulturgeschichte der Neuzeit, die diese unter ihren Bedingungen rezipiert, zu treffen. Die heutige freiere poetische Gestaltung, wie sie Hubert Witt repräsentieren mag, schießt auf der anderen Seite über das Ziel hinaus, wenn sie im Sinne einer vermeintlichen mittelalterlichen "Natürlichkeit", der es sich wieder genießerisch zu nähern gelte (vgl. Ehrismann 1987a, S.109), den "Leib" plump überbetont:

> *Frau, wohlgestalt und makellos*
> *ich hoffe heiß auf euern dank*
> *euch ward vom scheitel bis zum schoß*
> *in meinem lied der ehrenrang [...]*
>
> (Witt 1980, S.67)

Die von Walthers Sänger intendierte zarte Mitte, die die folgende Interpretation herausarbeiten möchte, wird hier nicht erreicht. Der Text, der als intertextuelles Experiment zwischen Minne- und Vagantenlied konzipiert ist, kann weder ausschließlich auf die Seite des Geistes noch ausschließlich auf eine bukolisch-faunische gestellt werden.

Ich versuche die Mitte im Blick auf die folgenden Strophen, die den antiken und mittellateinischen *descriptio corporis*-Topos gestalten (vgl. Moll 1925, S. 58), anzusteuern. Walthers Sänger steht in einer europäischen Liedtradition, und er greift hier offensichtlich tief in die vagantische Zauberkiste (vgl. zur Traditionalität Walthers Stamer 1976). So rühmte beispielsweise Marbod von Rennes die Königin von England: *quam nulla decore / corporis ac vultus aequiperare queat* ("der keine Frau gleichkommt in der Pracht des Leibes und des Angesichts"; Klopsch Nr. 56); ein Anonymus pries seine Thisbe: *eius vultus, / forma, cultus / pre puellis / ut sol stellis / sic prelucet* ("Ihr Antlitz, ihre Gestalt, ihre Erscheinung überstrahlen alle Mädchen wie die Sonne die Sterne"; ebd. Nr.69).

Zwar sind die Beziehungen (Prioritäten) zwischen vagantischer mittellateinischer Dichtung und Minnelied im Einzelfall problematisch, und es ist damit zu rechnen, daß auch das Minnelied als Vorbild wirken konnte (vgl. Wachinger 1981), doch geht es mir in dieser Studie allein um typologische Überlegungen und motivliche Parallelen, und dabei darf von einer Gleich- und Vorzeitigkeit des (lateinischen) vagantischen Typs ausgegangen werden, der auch dort bekannt ist, wo das Minnelied gesungen wird. Deshalb ist eine Provokation der Gesellschaft vom Textinhalt her (vgl. aber Ausgabe Wapnewski S.233f., nach von Kraus 1935, S.193) einigermaßen unwahrscheinlich. Der Panegyrikus über das *wîp* beginnt also mit einem einstudierten erotischen Trommelwirbel. Es ist eine Show für die Kennerinnen und Kenner am Hof.

Der Trommelwirbel verklingt jäh im zweiten Stollen und geht in Streit über. Der hohe Ton (vgl. von Kraus 1935, S.197) sinkt in eine ganz unerwartete Polemik ab, in der der Sänger seine Kunst - repräsentiert durch *wort und(e) wîse* - relativiert, aber auf dem Ort und damit dem Objekt der Kunst, "seiner" Dame, beharrt. Wenn wir uns weiter im Lesen des Stattdessen, im Entschlüsseln üben, so bedeutet dies auch: er besteht auf dem *bilde*, auf seiner Phantasie. Wer sich von dem Biographismus der Literaturwissenschaft und der Wirklichkeit der Frau nicht lösen mag, wird auf dem Ort insistieren: dem Hof. Mag er dabei bleiben, zwingend ist es nicht.

Das Angebot von Walthers Sänger ist unseriös: mit *wort und(e) wîse* identifiziert sich der Künstler, ein anderer darf sie ihm nicht stehlen, und wer sie stiehlt, ist alles andere als ein guter Künstler. Nun war es gerade Walther, der gestohlen hatte, allerdings zu parodistischen Zwecken (L.111/22). So könnte sich hier die Polemik mit einer versteckten Rechtfertigung zu einer verschärften Polemik verbünden.

Das Lied über die Dame entwickelt sich zu einem Lied über die Phantasie des Künstlers und über seine Liberalität: er kommt niemandem in die Quere, so möge auch der andere bleibe, wo er ist. Walthers Sänger rechtfertigt den nun folgenden innovativen Eingriff in die Gattung Minnelied, das er mit dem mittellateinischen Liebeslied (vgl. u.a. von Kraus 1935, S.196) zusammenführt. Er baut eine Spannung auf zwischen Techne, die allen Künstlern gemeinsam sein kann, und individueller Gestaltung. Soll diese stringent durchgehalten werden, bedarf sie einer individuellen, d.h. überraschenden Lösung (Pointe), sie darf also bei der so mächtigen Heranziehung der Tradition in den folgenden Strophen nicht in einem konventionellen Bild enden.

Wenden wir uns diesen folgenden Strophen zu, die ein Puzzle erotischer Körperteile zusammensetzen, das dann die Schlußstrophe zu venerischem Leben erweckt.

* * *

"Ihr Haupt ist so liebreich, als ob es mein Himmel wäre. Wem könnte es sonst gleichen, hat es doch himmlischen Glanz! Da leuchten zwei Sterne herab, in denen ich mich gerne spiegeln möchte - käme sie mir damit so nahe, dann geschähe gewiß ein Wunder: tut sie dies, dann werde ich wieder vergnügt, und mir, der ich krank vor Begehren bin, wird meine Sehnsucht gelindert."

Der Stollen beschreibt das Antlitz, der Gegenstollen dessen Zentrum, die Augen, der Abgesang die kontrastierende Befindlichkeit des Sängers. Schon immer - und so auch hier - assoziierten die Augen eine astrale Symbolik: *in iocunda facie stelle radiabant* ("in dem heitren Angesicht leuchteten zwei Sterne", CB 77/16), sie sind "das Fenster zur Welt und zugleich Spiegel der Seele" (Lurker S.59). Für den Sänger stellen sie "die" Welt dar, die die gepriesene Frau ist. Deren Herz möchte er ergründen, deshalb soll sie ihm so nahe kommen wie möglich.

Er will schauen, ob darin die Minne wohne, die nach der mittelalterlichen Philosophie der Liebe durch die Augen aus- und eingeht. Dann würde er *junc*, d.h. ein neuer Mensch. Damit ist neben dem Motiv der Minnekrankheit das - auch epische - Motiv der Frau als Heilerin eingespielt. Beide gehören zur internationalen erotischen Bildlichkeit.

Das Antlitz der Frau ist der Himmel des Sängers, sie ist, in ganz irdischem Sinne, "göttlich". Diese Sphäre assoziiert auch das Stern-Bild, das in der christlichen Symbolik mit Maria und den Engeln in Beziehung steht und ebenso die Unerreichbarkeit einschließt (Heinz-Mohr S.265). Ein solcher Ausflug in die religiöse Symbolwelt hat - im Rahmen des Liebesliedes damals so wenig wie heute - nichts mit Blasphemie zu tun; auch er entspricht ganz und gar dem Standard der erotischen Linguistik (vgl. Kakar/Ross 1986), in den sich die volkssprachliche Lyrik der Deutschen seit dem frühen Minnesang allmählich eingearbeitet hatte. Einschlägige Bilder liefern die mittellateinischen Texte des 'Codex Buranus': der heimliche Venusdienst gilt als himmlisch (CB 70), Küsse wecken Gefühle der Unsterblichkeit (CB 69/3), Venus ist die Gnadenspenderin (CB 76/11) und wird wie Maria mit *ave* begrüßt (CB 77/8), Cypris ist die Heilige (CB 73/9).

Heinrich von Morungen, Walthers älterer Zeitgenosse, hatte die kosmische Metaphorik, eine Metaphorik des Strahlens und des Lichtes, besonders gepflegt. In seinem Panegyrikus *Si ist ze allen êren ein wîp wol erkant* (Nr.1) wird die Frau der Sonne und dem Mond verglichen. Walthers Sänger überbietet dies und bringt die kosmische Dimension deutlicher mit der "religiösen" zusammen.

* * *

Die dritte Strophe ist spiegelbildlich zur zweiten angeordnet, denn sie beginnt mit dem Einzelphänomen, den Wangen, um dann zum Gesamteindruck zurückzukehren; der Abgesang ist wieder einer Reflexion des Ich gewidmet:

"Gott hat große Sorgfalt auf ihre Wangen verwendet, er bemalte sie mit so kostbarer Farbe, einem so reinen Rot, einem so reinen Weiß - hier wie eine Rose, dort wie eine Lilie. Wenn ich es sagen darf, ohne mich zu versündigen, dann sehe ich sie stets lieber an als den Großen Wagen. Oh weh, ich Narr, was für ein Lob! Erhebe ich sie zu sehr, so wird leicht das Lob meines Herzens meines Herzens Schmerz."

Die erotische Linguistik wird intensiviert, der Blasphemieverdacht ironisch beiseite geschoben. Rot ist die Farbe "des Lebens, der Leidenschaft und der Liebe" (Lurker S.615), Weiß die des Lichts und der Reinheit (ebd. S.800). Mit Lilien und Rosen schmückte schon der ältere Minnesang seine Lieder, sie sind Chiffren der Reinheit, Unschuld und Jungfräulichkeit, auch für Maria (Heinz-Mohr S.188f. und 248). Der Große Wagen nimmt das Bild der Augensterne wieder auf und steigert es, er chiffriert die "harmonisch zusammenwirkenden Mächte im Dienste Gottes" (ebd. S.275; vgl. Ausgabe Wapnewski S.233). Das *regnum caelorum*, auf das Walthers Sänger anspielt, ist nach Mt. 3/2 das Reich Gottes. Das *wol gemachet wîp*: ein Bild der vollkommensten Harmonie, der sich der um seinen Verstand gebrachte *tumbe man* - auch dies ein vertrautes Bild aus der Sprache des Liebenden - gerne nähern möchte.

Wenn nun auch ein Topos den anderen, ein Motiv das andere, eine Symbolik, eine Chiffre die andere jagt, so fiele es mir doch schwer, hier mit Wapnewski kennerschaftlich die Nase zu rümpfen: "Dieses Lied ist nicht so sehr eine verzückte Lobpreisung von Licht und Schönheit, sondern eine Schularbeit aus gelehrter Dichtungstradition" (Ausgabe S.233). Dafür ist die Techne zu originell, zu individuell eingesetzt, wie die Pointe und die in der folgenden Strophe wieder aufgenommene Polemik erweisen werden. Der Kritiker Wapnewski, so liegt es nahe anzunehmen, benötigte den Terminus "Schularbeit" in Zusammenhang mit den Babenberger Mytheleien, und er möchte damit eine möglichst frühe Entstehungszeit suggerieren - je früher, desto "schulmäßiger".

* * *

Die vierte Strophe ist verstärkt der Streitkultur gewidmet, neben Reinmar könnte nun auch Morungen als Repräsentant des Minneliedes mit ins Visier genommen worden sein. Das Beziehungsgeflecht verdichtet sich zum Schlußknoten, dem dann die Pointe folgen muß: die Polemik aus der ersten wird mit dem Krankheitsthema und dem Motiv der Nähe aus der zweiten Strophe verknüpft, die erotische Einzelteilanalyse wird fortgeführt, jetzt auf die Mitte, den Mund, zentriert, der für die Frau selbst steht. Dies alles ist an der Doppeldeutigkeit von mhd. küssen festgemacht, das "Kissen", hier im Sinne eines Minnezeichens, und "Küssen" bedeuten kann:

"Sie besitzt ein Kissen/Küssen, das ist rot. Bekäme ich das an meinen Mund, dann stünde ich auf von meinem Krankenlager und wäre für immer geheilt. Wem sie es an die Wange legt, der bleibt gerne nahe dabei. Es duftet, wenn man es berührt, als ob es voller Balsam sei. Das möge sie mir leihen: ich gebe es ihr so oft zurück, wie sie möchte."

Die Küssen-Kissen-Beziehung ist zwiefach gestiftet: nicht nur über die Doppeldeutigkeit des mittelhochdeutschen Wortes, sondern auch über die Balsam-Chiffre, die für den Mund steht (vgl. z.B. CB 115/3, 153/4, 171/2).

Hs. C und ähnlich D sowie N (und mit ihnen der kritische Text) lesen anders, eindeutiger auf die Minnezeichen-Symbolik ausgerichtet, also weniger verfänglich:

swâ si daz an ir wengel leget
dâ waer ich gerne nâhe bî.

"Wo immer sie dies an ihre Wange legt, da wäre ich gerne in der Nähe".

Für *ir wengel* spräche das Diminutivum, das auch in III/1 auf die Frau bezogen ist (vgl. von Kraus 1935, S.195); zwingend ist dies freilich nicht, denn gerade der Personenwechsel könnte Witz indizieren. Daß A von der "doch recht geschmacklos[en]" Vorstellung getragen sei, die Frau könne auch noch andere küssen (ebd.), will mir gleichfalls nicht einleuchten. Außerhalb von A wäre die Doppeldeutigkeit zu "Küssen" empfindlich gestört, Hörerin und Hörer würden unter Verlassen der Ambivalenz von "Küssen/Kissen" zu "Kissen" gelenkt und darüber hinaus, wenn wir von Kraus folgen wollen, zu einem ganz neuen Bild: nur wenn sie zu Bett geht, legt sie das Kissen an die Wangen. Das wäre, auch in Hinblick auf den Abgesang, hier ein blindes und ganz unnötiges Motiv - etwa geschmackvoller?

Während C ähnlich wie A weiterfährt, schreiben D und N: *daz smecket als siz irgen regt* ("das duftet, wenn sie es bewegt") - hier läge es nahe, wieder das Bild des Mundes vor das des Kissens zu schieben, d.h. diese beiden Handschriften holen das Küssen-Symbol, das sie im vorigen Vers ziemlich eindeutig verlassen haben, wieder zurück. Fazit: nur A hält die Ambivalenz in jeder Phase durch, ist am wenigsten kompliziert, vermeidet das blinde Bett-Motiv und nimmt damit das kollegiale Streitspiel adäquat auf. Denn:

Die eine Seite des *küssen* zielt gegen Reinmars *Ich wirbe umbe allez, daz ein man* (Nr.11), das Walther unter Nachahmung der Melodie schon einmal parodiert hatte (L.111/22; vgl. Str.1). Walthers Sänger, so wäre die neue Parodie zu lesen, verurteilt das Stehlen des Kusses - *Unde ist daz mirs mîn saelde gan, / daz ich abe ir wol redendem munde ein küssen mac verstelln*, so Reinmar (Nr.11/3) -, er will geliehen haben und zurückgeben. In diesem Punkt baut sich auch eine Kontroverse zu Morungens *Si hât mich verwunt* (Nr. 27) auf: dort bat einst der Sänger den vollkommenen Mund der Geliebten, er möge ihm von ihr ein *senftes küssen* stehlen. Walther formuliert dagegen "Gegenseitigkeit" mit beiderseitigem Einverständnis.

Hier treffen wir auf eine weitere Mythelei über Walther. Er ist zwar ein Sänger der erotischen Hoffnung, aber nicht der Partnerschaft. Der Begriff wäre für das Minnelied ohnehin zu hoch gegriffen. Auch "Gegenseitigkeit" könnte falsche Vorstellungen wecken, denn es bedeutet zunächst nur eine Aufwertung des Mannes, den das Minnelied mehr und mehr entmündigt hatte. Das Singspiel um Dank, Lohn und Entsagung wird wieder hoffnungsvoller - mehr freilich auch nicht.

Das Einbringen der Hoffnung in die Kunst reicht jedoch aus, um die Sinnlichkeit und die erotische Spannung zu erhöhen: es beginnt wieder zu knistern zwischen den Geschlechtern am Hof. Das neue Knistern verantwortet der waghalsige Sänger Walthers, der über das typische Minneliedrepertoire hinaus zu dem Motiv- und Symbolschatz der mittellateinischen Lieder greift, ein Gattungsexperiment wagt.

Der Aufwertung des Mannes entspricht nicht etwa eine Abwertung der Frau, vielmehr erwacht diese zu neuem Leben. Ihre erotische Göttlichkeit bleibt unangetastet, doch sie wird plastischer, sie gewinnt Körperlichkeit und verläßt den Substantivbereich der Abstracta, in dem sie als "die Schöne" und "die Gute" ihr axiologisches Dasein fristete.

Sie kann jetzt auch, folgen wir A, aus ihrer passiven Rolle heraustreten und initiativ werden - was spätere Rezipienten verhinderten -, denn sie kann ihr Küssen an des Sängers Wange legen. Woher weiß er eigentlich, wie es "schmeckt"? Eine jener neckischen poetischen Inkonsequenzen, die den hohen Ernst des Liedes allmählich zurücknehmen, wenn auch nicht gänzlich aufheben. Das Motiv dominiert die Logik: erotische Münder sind immer so; der eigenen Erfahrung bedarf es da nicht.

* * *

Einer wie Morungen, der die höfische Entdeckung des Körpers nur bis zur Entblößung des Armes führte und dies auch nur in der ohnehin großzügigeren Gattung des Tageliedes (Nr.30), mochte vielleicht zu jenen gehören, die Walther vorwarfen, daß er *sô nidere wende sînen sanc* (vgl. L.49/32), zu tief in die vagantische Zauberkiste greife:

"Ihr Hals, ihre Hände, beide Füße - alles ist vollendet schön. Soll ich rühmen, was dazwischen ist: ich denke, da habe ich mehr gesehen. Ungerne hätte ich "alles nackt!" [oder: "der Busen unverhüllt!"] gerufen, als ich sie nackt sah. Sie sah mich nicht, als sie mich traf; das sticht noch so wie damals. Ich preise die geweihte Stätte, an der die Liebreiche aus dem Bade trat."

Wie öfters bei brisanten Szenen schwankt die Überlieferung - und die Germanistik ziert sich. Während sich N wie A verhält, wählt C für Vers vier eine verdecktere Formulierung: *ich wenne [= waene] ich nie beschouwet hân* ("ich glaube, so etwas habe ich nie gesehen", oder auch: "ich glaube, ich habe es nie gesehen"). D gleicht A, meidet aber *nacket* in Vers 6: insgesamt also sind A und N am "freizügigsten", während C und D mit unterschiedlichen Mitteln versuchen, die Körperlichkeit zurückzunehmen.

Im Abgesang (vgl. von Kraus 1935, S.194f.) schreibt C:

swanne ich der lieben stat
gedenke, dâ si ûz einem reinen bade trat.

"[...] immer wenn ich an die geliebte Stelle denke, an der sie aus dem reinen Bade trat."

D: *dô waere ich vrô der stunden und der stat,*
dâ diu reine süeze ûz einem bade trat"
"[..] da freute ich mich über den Augenblick und den Ort, an dem die keusche Süße aus dem Bade trat."

Dieser Reim zitiert kontrastierend noch einmal Reinmars Panegyrikus (Nr.11, Str.1): dort ist es der Tugendbezirk, der nicht verlassen, hier ist es das Bad, das verlassen wird.

Den elliptischen Ausruf des heimlichen Beobachters, den wir wohl als Voyeur bezeichnen dürfen, überliefert nur A in der Form *dicke blôz*, und niemand hat sich mit dieser angeblichen Verschreibung ernsthaft abgegeben. Ich möchte es trotzdem versuchen, ist sie doch zwiefach plausibel zu lesen:
1. Zu mhd. *dicke* als Synekdoche *a minore* ("oft, häufig") *ad maius* ("überall"), also: "überall nackt/entblößt/unverhüllt".
2. Als *pars pro toto* zu mhd. *dicke* "Brust", das allerdings nur in Hs. a (15.Jh.) des 'Buch der Natur' von Konrad von Megenberg (25/19.23) als Variante von *tütel (mamilla)* überliefert ist. Also: "Busen/Brust nackt/entblößt/unverhüllt".

Die späteren, aber eben jüngeren Überlieferungsträger C und D schreiben statt *dicke decke*, das wieder zwiefach zu übersetzen wäre:
1. "Von einer Decke entblößt!", "Ohne Decke!" (nach Singer 1920, S. 465f.); als Parallele wäre vielleicht ein Scheltname *deckeblôz* (Lexer I,413; ein Beleg in von der Hagens 'Minnesinger') heranzuziehen, der jedoch bereits von einem Walthertext beeinflußt sein könnte. Über Decke als "Bedeckung" könnten die Gedanken zum mythischen Bild der Schwanenjungfrau und dem geraubten Schleier abschweifen (vgl. Arendt: 'Musäus') - ob es intendiert ist?
2. "Decke die Blöße!", ein Warnruf, auf den Imperativ *decke* folgte das substantivierte Neutrum des Adjektivs. N gliche sich dem an, wäre nur in der Anrede höflicher, wenn es den Plural verwendet: *decket blôz*. Nach Pfeiffer/Bartsch/Michel (Ausgabe S.29), denen Jones (1968, S.40) folgt, liegt vielleicht ein Wortspiel mit dem entsprechenden Fachausdruck der Fechtersprache vor - aber was soll dies?

Die Entscheidung zwischen *dicke* und *decke* fällt schwer, und zweifellos schiene uns die jüngere Version sympathischer. Gewiß aus demselben Grund wie den Handschriftenschreibern: sie ist anständiger. Die einfachste Lesung bietet jedoch A in der Variante 1, und es scheint mir plausibler anzunehmen, daß die Späteren aus Gründen der Prüderie ein *i* durch ein *e* ersetzten, als daß in A ein *e* aus Gründen der Sinnlichkeitsintensivierung einem *i* weichen mußte. Ein Schreiberversehen? Dies anzunehmen wäre nur akzeptabel, wenn es keine sinnvolle Übersetzung gäbe.

Die *descriptio* endet mit einer in der Tat überraschenden und originellen Pointe, die Spannung zwischen Techne und individueller Gestaltung ist also wirklich stringent aufgelöst; D und N überliefern die interpretationswürdigste Strophenstellung. Die Gattung Minnelied hatte die Partien unterhalb des Halses stets ausgespart. Zwar nähert sich ihnen auch Walthers Sänger nur sehr vorsichtig über den Tropus der Synekdoche (wie - möglicherweise - bei *dicke*): mit einem *sô waene ich*; aber er nähert sich.

Sein Lied entpuppt sich als ein intertextuelles Experiment, das das Minnelied von seiner ethischen Überlast befreit. Vergleichen wir beide konkurrierenden Gattungen; zunächst den vagantischen Typ, ein Text aus dem 'Codex Buranus', wobei entgegen einer landläufigen Meinung Texte solcher Art auch dort nicht allzu häufig erscheinen (CB 83/4):

> *Hominem transgredior*
>   *et superum*
> *sublimari glorior*
>   *ad numerum,*
> *sinum tractans tenerum*
> *cursu vago dum beata*
>   *manus it et uberum*
> *regionem pervagata*
>   *descendit ad uterum*
>   *tactu leviore.*

"Menschlich fühl ich nimmer mich, / der Götterlust / bin ich jetzt mir seliglich / im Glück bewußt, /kose ich die süße Brust / auf und ab mit Andachtshänden, / um dann tiefer gleitend just / in der Gegend ihrer Lenden / zu entdecken unverdrußt, / was ich streichle leise" (Übersetzung: Carl Fischer).

Kontrastierend der Minnelied-Typ, ein Teil aus Morungens *descriptio* (Nr.25), in der wir neben den gleichen erotischen Partien wie bei Walther auch das Motiv der Heilung und das Motiv der Verwundung wiederfinden, das auf die Pfeile Amors, bald auch der seiner Mutter Venus in die Hand gegeben, zurückgeht (vgl. L.40/27ff.):

> *Seht an ir ougen und merkent ir kinne,*
>   *seht an ir kele wîz und prüevent ir munt.*

> *si ist âne lougen gestalt sam diu Minne.*
> *mir wart von vrouwen so liebez nie kunt.*
> *Jâ hât si mich verwunt*
> *sêre in den tôt. ich verliuse die sinne.*
> *genâde, ein küniginne, du tuo mich gesunt."*

"Seht ihre Augen und betrachtet ihr Kinn, seht ihren weißen Hals und schaut euch ihren Mund an. Es läßt sich nicht leugnen, sie gleicht der Liebesgöttin. Niemals habe ich bei Frauen solchen Liebreiz gefunden. Fürwahr, sie hat mich auf den Tod verwundet. Mir schwinden die Sinne. Erbarmen, Königin, mach mich gesund" (Übersetzung Tervooren).

Aus dem Bade steigt also nicht irgendein *wîp*, sondern - als eines der möglichen Bilder - das Urbild der Schönheit und der Liebe: Venus-Minne (nach der auf Praxiteles von Knidos zurückgehenden Skulptur: Sayce 1982, S. 109). Olive Sayce hat sie mit der astralen Symbolik (Venus als Planet) verknüpft. Doch bleibt offen, ob allein an die Göttin gedacht ist oder nicht auch an die Fiktion einer irdischen Frau, die der Göttin gliche - *Ich waene, si ist ein Vênus hêre, die ich dâ minne* ("Ich glaube, die, die ich liebe, ist eine/die erhabene Venus", Nr.22), hatte Morungen gedichtet. Für Interpretationen, die die Frau ausschließlich in die Realität versetzen wollen, bedeutet dies aber auf jeden Fall eine Niederlage, denn das Fenster zur Göttin hin muß offenbleiben.

Walthers Sänger provoziert, nicht, wie gesagt, durch den Inhalt, sondern durch die Annäherung der Gattungen. Er bricht das erotische Tabu des Minneliedes (vgl. Ehrismann 1987b), und sein Sänger bedauert keineswegs, was er gesehen hat. Er kokettiert gar noch mit seinem "Voyeurismus". Dies ist freilich nicht der schlüpfrige und lüsterne Voyeurismus der *musa iocosa*, des den Nymphen nachstellenden Pan (vgl. Schlaffer 1971, S.50), sondern ein lustvolles Hinschauen. Ein Schauen der göttlichen Natur, das wegen seiner Göttlichkeit dem Sänger kein schlechtes Gewissen zu machen braucht.

Walthers Voyeur hält Maß, denn das Schauen ist nicht nur Lust, sondern auch Beschränkung. Es intendiert nicht den Wunsch nach dem *fac cito*, nach rascher Liebesbeute, sondern nur nach dem *habedanc* - in diesem Sinne bleibt die Frau ein "reines Bild". Der vagantische Sänger berührt die erotischen Zonen, *sinus* und *uterus*, der Walthersche ist nur zum staunenden Schauen bestellt. Dies alles läßt ihn am Minnelied festhalten: keine "revolt from tradition" (Jones 1968, S. 38), sondern Arbeit mit zwei traditionellen Textsorten (Typen) zugunsten des Minne-, nicht des Vagantenliedes. Im reinen Blick verliert sich die *musa iocosa* in jenes Indefinitum des Minneliedes, das den sexuellen Akt zum kommunikativen Akt (*habedanc*) entsinnlicht, den *amor terrenus* dem *amor coelestis* annähert. Das intertextuelle Experiment befördert den provozierenden Sänger zwischen zwei Stühle: er intensiviert die Erotik des Minneliedes, und er distanziert sich von der Erotik des Vagantenliedes. Eine "Schularbeit" ist dies nicht, sondern ein souveräner Umgang mit der Schule, in der das Schulthema Erotik mit dem Thema Kunst verknüpft ist. Zwar wissen wir über die tatsächlichen Kontake der verschiedenen und nach Rängen abgestuften Sänger untereinander so gut wie nichts, doch können wir sie bei unseren interpretatorischen Annäherungen auch nicht in dem Sinne ausschließen, daß wir "höfische" und "vagantische" streng voneinander isolieren. Walthers Text läßt dies nicht zu, und alles, was wir gerade von seinem Leben einigermaßen zuverlässig rekonstruieren können, spricht gegen eine solche Trennung.

Das Gattungsexperiment, das Minnelied und antikisch-iocose Tradition zusammenführt und dadurch das Minnelied "erotisiert", vereint zwar die sonst getrennten poetischen Liebesarten des Mittelalters, das höfische Lied der Volkssprache und das scherzhaft erotische Lied des Latein (vgl. Schlaffer 1971, S. 24, mit einem jedoch sehr verkürzten und deshalb den Blick für das Mittelalter verstellenden Begriff der erotischen Dichtung), es hebt jedoch, da die Dominanz des Höfischen bleibt, die Trennung nicht auf. Das Experiment geht - muß gehen - ins Leere, da es das gattungspoetologisch Unmögliche zusammenzwingt. Dies mag ein Grund dafür sein, warum Walther das Experiment der Gattungsannäherungen nur selten gewagt hat, etwa noch in *Nemt frouwe disen kranz* oder *Under der linden* - Texte auch, die so typisch für ihn gar nicht sind.

Die vorsichtige, tändelnd-spielerische Annäherung an das Tabu, die Walther auch in einigen seiner anderen Lieder versucht, ist als Gattungsexperiment in starkem Maße rezeptionsästhetisch ausgerichtet und gehört in den schillernden Rahmen der Erotisierung der Hofkultur. Alle höfischen Kulturen der Welt sind Kulturen, die sich eine verfeinerte und genießende Erotik, eingeschlossen das Thema der Entsagung, leisten. Die hohe Erotik repräsentiert den allgemeinen kultivierten Zustand der high society, die sich seiner vergewissert, um sich von den vermeintlichen Barbarismen der unteren Stände abzuheben: Erotik ist eine Frage der Repräsentation und des Prestiges. Warum sollte dies gerade in der mittelhochdeutschen Achsenzeit anders gewesen sein? Walthers Minnelied nuanciert das erotische Spiel durch eine zaghafte Annäherung an die Körperlichkeit - mehr nicht, aber immerhin.

Das Ziel des Textes liegt nicht allein in ihm selbst, nicht allein im *habedanc* als einer verbalen Zuwendung der Venus-Minne oder in der literarischen Fehde, und es liegt nicht allein im Experiment. Es ist sinnvoll nur rezeptionsästhetisch zu definieren als eine Steigerung der erotischen Atmosphäre für die neue Klasse der höfischen Gourmets.

Die mittelalterliche Medizin sah den Menschen seit seinem Fehltritt im Paradis als einen *homo patiens*, "melancholisch" im ursprünglichen Sinne, also schwarzgallig (Schipperges 1990). Das Minnelied Walthers stellt solchem Bild die vollkommene Frau entgegen und holt damit in der Kunst das Schöpfungswunder zurück - *si wunder wol gemachet wîp*: Venus, Minne, Eva, Frau und Dame (aber nicht nur Eva [vgl. Sievert 1990, S. 80f.] und nicht nur Venus [vgl. Sayce 1982] allein) - Bilder, die sich grenzenlos überlagern und zusammenschwimmen. Eine perfekte Männerphantasie: Verführung und Unschuld in einem. Eine ebenso perfekte Künstlerphantasie: der Künstler als Gott.

Der Ruf des Voyeurs hätte das "reine Bild" zerstört und die Dame zur Scham getrieben. Nur als Schweigen ist dieses Bild zu bewahren - es zerstört auch, wer allzu hausbackene Konkretisierungen versucht.

Die Forschungen zum mittelalterlichen Lied sehen das Entsagungsthema, wenn sie es nicht überhaupt als ein vorgeschobenes Thema für ein Anderes nehmen (für ministerialische Aufstiegsambitionen, für herrscherliche Machtansprüche usw.: vgl. Heinen 1989), in der Regel wörtlich als einen präservativen Imperativ: *cave sexum*! Für eine höfische Zivilisation mußte sie das gerade Gegenteil bedeuten: Freude an den neuen kultivierten Umgangsformen, eine Steigerung des erotischen Stimulus. Nur der tabuisierten Sexualiät bzw. Körperlichkeit gebührt ein hoher literarischer Konversationswert, und genießerisch kann man die verschiedenen Grade der Tabuisierung begutachten. Das Entsagungsthema wird ohne jegliche Entsagungsabsicht gepflegt.

Walthers Sänger verbirgt, was er zu enthüllen vorgibt. Idealisierung, literarische Effekte und Tabuisierung nähern das *wunder wol gemachet wîp* gerade nicht der Natur bzw. Natürlichkeit an. Auch er, dem man so gerne die Hinwendung zum Menschen in einer steril gewordenen Hofgesellschaft nachsagt, kann sich nicht aus dem Prozeß der Zivilisation ausklinken. Er entfremdet, freilich ohne Entfremdungsabsicht.

Literatur

Der Vortrag, leicht variiert auch an der Universität Stuttgart gehalten, richtet sich vorwiegend an ein Publikum, das nicht altgermanistisch spezialisiert ist; deshalb ist manches näher als sonst üblich ausgeführt. Ich verzichte weitgehend auf Literaturangaben und führe hier nur die zitierten Texte an.

Quellentexte
Carmina Burana. Die Lieder der Benediktbeurer Handschrift. Zweisprachige Ausgabe, München 1979 (dtv weltliteratur 2063)
Heinrich von Morungen, Lieder. Mittelhochdeutsch und neuhochdeutsch. Text, Übersetzung, Kommentar von Helmut Tervooren, Stuttgart 1975 (RUB 9797)
Konrad von Megenberg, Das Buch der Natur. Hg. v. Franz Pfeiffer, Stuttgart 1861 [Nachdruck Hildesheim 1962]
Lateinische Lyrik des Mittelalters. Lateinisch / deutsch. Ausgewählt, übersetzt und kommentiert von Paul Klopsch, Stuttgart 1985 (RUB 8088)
D.P., Meier-Lenz, "minne" oder "liebe". Zum nachfolgenden Walther-Text und Aspekten der Nachdichtung. In: horen 23 (1978) 3, 78-80
Reinmar, Lieder. Nach der Weingartner Liederhandschrift (B), mittelhochdeutsch / neuhochdeutsch. Hg., übersetzt u. kommentiert v. Günther Schweikle, Stuttgart 1986 (RUB 8318)
Die Gedichte Walthers von der Vogelweide. Hg. v. Karl Lachmann. 13. Ausgabe v. Hugo Kuhn, Berlin 1965
Walther von der Vogelweide. Hg. v. Franz Pfeiffer u. Karl Bartsch. 7. Aufl. v. Hermann Michel, Leipzig 1911
Walther von der Vogelweide. Die gesamte Überlieferung der Texte und Melodien. Hg. v. Horst Brunner, Ulrich Müller u. Franz Viktor Spechtler, Göppingen 1977 (Litterae 7)
Joerg Schaefer) Walther von der Vogelweide, Werke. Text und Prosaübersetzung, Erläuterung der Gedichte, Erklärung der wichtigsten Begriffe, Darmstadt 1987
Walther von der Vogelweide, Gedichte. Mittelhochdeutscher Text mit der Übertragung von Karl Simrock aus dem Jahre 1833, Frankfurt 1987 (insel taschenbuch 1004)
Walther von der Vogelweide. Sprüche, Lieder, der Leich. Urtext, Prosaübertragung. Hg. u. übersetzt v. Paul Stapf, Berlin/Darmstadt/Wien 1963
Walther von der Vogelweide, Frau Welt, ich hab von dir getrunken. Hg. u. übertragen von Hubert Witt, Berlin 1980

Forschungsliteratur
Dieter Arendt, K.A. Musäus: Der geraubte Schleier - eine Märcheninterpretation. Oder: der Mann als Voyeur. In diesem Band der folgende Aufsatz S. 29 ff.
Ernst und Erika von Borries, Deutsche Literaturgeschichte Bd. 1, München 1991
Otfrid Ehrismann, Germanistik und Mythologie. Überlegungen zur Rekonvaleszenz der Altgermanistik. In: LiLi 17 (1987), 99-110 (1987a)
Otfrid Ehrismann, Nachdenken über Walther. Probleme beim Schreiben einer postmodernen Biographie. In: Walther von der Vogelweide. Beiträge zu Leben und Werk. Hg. v. Hans-Dieter Mück, Stuttgart 1989, S. 191-206 (1989a)
Otfrid Ehrismann, "Tandaradei", "hêre vrouwe" und die "Schwelle des Allerheiligsten". Frau und Tabu. In: Sprache und Literatur 18 (1987), 36-54 (1987b)
Otfrid Ehrismann, Tandaradei - Zivilisation und Volkstümlichkeit in Walthers "Under der linden". In: Soziokulturelle Kontexte der Sprach- und Literaturentwicklung. Fs. f. Rudolf Große zum 65. Geb., Stuttgart 1989, S. 397-414 (Stuttgarter Arbeiten zur Germanistik 231) (1989b)
Hubert Heinen, Walther's "Under der linden.", Its Function, Its Subtexts, and Its Maltreated Maiden. In: Medieval German Literature. Proceedings from the 23rd International Congress on Medieval Studies Kalamazoo, Michigan, May 5-8, 1988, Göppingen 1989, S. 51-73 (GAG 507)
Gert Heinz-Mohr, Lexikon der Symbole. Bilder und Zeichen der christlichen Kunst, Düsseldorf/Köln 1979
George F. Jones, Walther von der Vogelweide, New York 1968 (Twayne's World Authors Series 46)
Sudhir Kakar / John Ross, Über die Liebe und die Abgründe des Gefühls, München 1986
Carl von Kraus, Walther von der Vogelweide. Untersuchungen, Berlin/Leipzig 1935
Manfred Lurker, Wörterbuch der Symbolik, Stuttgart 1988 (Kröner 464) Metzler Literaturlexikon. Stichwörter zur Weltliteratur. Hg. v. Günther u. Irmgard Schweikle, Stuttgart 1984
Wilhelm Hendrik Moll, Über den Einfluß der lateinischen Vagantendichtung auf die Lyrik Walthers von der Vogelweide und die seiner Epigonen im 13. Jahrhundert, Amsterdam 1925
Olive Sayce, 'Si wunderwol gemachet wip (L 53,25ff.)': A Variation on the Theme of Ideal Beauty. In: Oxford German Studies 13 (1982), 104-114
Heinrich Schipperges, Der Garten der Gesundheit. Medizin im Mittelalter, München 1990 (dtv 11278)

Heinz Schlaffer, Musa iocosa. Gattungspoetik und Gattungsgeschichte der erotischen Dichtung in Deutschland, Stuttgart 1971 (Germanistische Abhandlungen 37)
Günther Schweikle, Die Fehde zwischen Walther von der Vogelweide und Reinmar dem Alten. Ein Beispiel germanistischer Legendenbildung. In: ZfdA 115 (1986), 235-253.
Heike Sievert, Studien zur Liebeslyrik Walthers von der Vogelweide, Göppingen 1990 (Göppinger Arbeiten zur Germanistik 506)
Samuel Singer, Studien zu den Minnesängern. In: Beitr. 44 (1920), 426-473
Uwe Stamer, Ebene Minne bei Walther von der Vogelweide. Studien zum gedanklichen Aufbau und zum Einfluß der Tradition, Göppingen 1976 (GAG 194).
Burghart Wachinger, Deutsche und lateinische Liebeslieder. Zu den deutschen Strophen der Carmina Burana [1981]. In: Der deutsche Minnesang. Aufsätze zu seiner Erforschung. Hg. v. Hans Fromm, Darmstadt 1985 (WF 608), S. 375-308.

DIETER ARENDT

MUSÄUS' MÄRCHEN - ERZÄHLUNG
"DER GERAUBTE SCHLEIER" ODER
DER "VERSTÄNDIGE" LESER ALS VOYEUR

> Es schläft sich gut in der Fürstengruft zu Weimar;
> aber das einfache Denkmal, welches jener Unbekannte
> dem alten Musäus setzen ließ, hat auch seinen Wert
> und wird ihn immer haben.
> Wilhelm Raabe

Musäus - der Name könnte einem Zauberer aus den Märchen gehören oder wenigstens einem zaubernden Erzähler von Märchen. Musäus ist bekanntermaßen wirklich ein Märchen-Erzähler, aber ein höchst gebildeter: der Weimarer Gymnasialprofessor sammelt und publiziert seine 'Volksmärchen der Deutschen' in den Jahren zwischen 1782 und 1786, also zur Zeit der Klassik, um - wie er im 'Vorbericht' sagt:
durch die Zauberlaterne der Phantasie das ennüyierte Publikum eine Zeitlang mit dem schönen Schattenspiel an der Wand zu unterhalten.
Musäus nämlich weiß - wie er ferner sagt - daß nur ein "Küster von gemeinem Schlage, das ist, der gewöhnlichen Menschen einer" herablassend und gedankenlos nörgelnd meinen könnte:

DIETER ARENDT

wozu dient dieser Unrat? Märchen sind Possen, Kinder zu schweigen und einzuschläfern, nicht aber das verständige Publikum damit zu unterhalten.[1]
Wenn Musäus also einem "Küster von gemeinem Schlage" solche verächtlichen Worte in den Mund legt, dürfte deutlich sein, daß er selbst anders über die Märchen urteilt; er gibt zu bedenken, daß die Märchen duchaus nicht als "Possen" zu verstehen sind und daß er sich mit seinen 'Volksmärchen der Deutschen' nicht an Kinder wendet, sondern an das **"verständige Publikum"** - ein scheinbarer Widerspruch, insbesondere im Zeitalter der Aufklärung, als damals Märchen, zumal "Volksmärchen", in der Tat als "Unrat" abgetan wurden, wie überhaupt Volk seit barocker Tradition kaum mehr war als plebs, Pöbel. Der Widerspruch ist nicht schnellfertig auflösbar, sondern es bedarf längere Überlegung, ob er nicht typisch ist für diese Zeit und typisch sogar für die Gattung Märchen.

Musäus gibt damit deutlich zu verstehen: er wendet sich mit den 'Volksmärchen der Deutschen' an das **"verständige"** Publikum. Schon der Titel 'Volksmärchen der Deutschen' kann nur der **"verständige"** Leser recht verstehen und zwar als "ein regelrechtes Signal" als Affront gegen die Feen-Märchen "in der fantastisch ausgestatteten fränzösischen Form"[2], gegen die französische Feen-Mode, gegen die massenhaft importierten, übersetzten und nachgemachten Feereien der vornehmen Damen wie Marie-Jeanne L'Heritier de Villandon, Henriette-Julie de Murat, Marie-Catherine d'Aulnoy, Charlotte-Rose de la Force, Gabrielle-Suzanne Barbot de Villeneuve, Jeanne-Marie le Prince Beaumont und anderer, deren Feen bereits in zahlreichen Sammlungen, sogenannten Cabinetten den deutschen Markt und die deutschen Salons bevölkerten.[3]

---

[1] J. K. A. Musäus: Volksmärchen der Deutschen. Mit Holzschnitten von Ludwig Richter u.a. Hrsg. v. Paul Zaunert. Jena: Verlag Eugen Diederichs 1927. S. 2. Illustration des obigen Textes von R. Jordan. Düsseldorf. Entn. a. a. O. II, 291. - Musäus ironisches und damit relativ aufgehobenes Zitat wird irrtümlicherweise häufig absolut aufgefaßt, damit aber wird der Autor gründlich mißverstanden. So schon Richard Benz: Märchen-Dichtung der Romantiker. Mit einer Vorgeschichte. Gotha 1908. S. 49f.

[2] Walter Scherf: Einführung zu Johann Karl August Musäus. Zaubermärchen und Rübezahlsagen. Neu ausgewählt und bearbeitet von Elisabeth Scherf. München: Deutscher Taschenbuch Verlag 1984. S. 6.

[3] Dt. Übsersetzungen in Sammelausgaben: Das Cabinett der Feen oder Gesammlete [sic!] Feen- und Geistermärchen. Übs. v. H. v.Teubern. Leipzig 1768. - Magazin für Kinder; eingerichtet v. Johann Joachim Schwaben. Leipzig 1768. - Dschinnistan oder auserlesene Feen- und Geistermärchen. Winterthur 1786-1789 (Hrsg. anonym u. Teilweise übs. v. Christoph Martin Wieland. - Moralisch-komische Erzählungen. Übs. v. Georg Schatz. Leipzig 1789. - Die Ausgaben gipfelten in den französischen und deutschen vielbändigen Sammelwerken: Le Cabinet des Fees. Ed. C. J. Mayer. Genf 1786-1789 und Die blaue Bibliothek aller. Nationen. Übs. u. hrsg. v. Friedrich Justin Bertuch. Gotha 1790. - Zur Geschichte der Feen-Märchen s. Vor- und Nachworte in flg. Neuausgaben: Die schla-

MUSÄUS: DER GERAUBTE SCHLEIER

Musäus steht mit seinen 'Volksmärchen der Deutschen' in einer achtbaren volksliterarischen Tradition, die bei Herder beginnt, und im Sturm und Drang den ersten Höhepunkt zeitigt. Zugegeben: der Weimarer Professor hat Vorbehalte gegenüber den in den siebziger Jahren bekannt gwordenen und in seiner Stadt eingetroffenen oder gar angesiedelten jungen Dichtern, wie er deutlich genug in einem Gedicht schreibt:

Aufgestanden sind jetzt große Geister,
Sieben freier Künste siebenfache Meister,
Pflanzen als Regenten sich nun auf den Thron,
Und Posaunen Lieder laut im Orgelton.[4]

Musäus reimt spöttelnd "große Geister" auf "siebenfache Meister", und obwohl er keine Namen nennt, weiß man, wer gemeint ist. Goethe, Klinger, Lenz, Herder und andere.

Aber ob diese 'Volksmärchen' mit ihren Rübezahl-Sagen, Gespenster-Histórchen und Abenteuer-Storys überhaupt als Märchen gelten konnten, war allerdings für den damaligen "verständigen" Leser und ist bis heute für den wissenschaftlichen Interpreten eine ebenso reizvolle wie offene Frage.[5] Wenn sein Neffe August von Kotzebue mit der Lebensskizze seines Weimarer Oheims in den 'Nachgelassenen Schriften des verstorbenen Professor Musäus' glaubwürdig wäre, dann wüßten wir, aus welcher Quelle der Professor seine Märchen schöpfte:

Die Volksmärchen [...] sind in aller Leser Hände, ihr Lob in aller Leser Munde. Wenigen aber ist vielleicht bekannt, daß, als er den Gedanken faßte Volksmährchen der Deutschen zu schreiben, er wirklich eine Menge alter Weiber mit ihren Spinnrädern um sich her versammelte, sich in ihre Mitte setzte, und von ihnen mit ekelhafter Geschwätzigkeit vorplaudern ließ, was er hernach so reizend nachplauderte. Auch Kinder rief er oft von der Straße herauf, wurde mit ihnen zum Kinde, ließ sich Mährchen erzählen, und bezahlte jedes Mährchen mit

---

fende Schöne. Französische und deutsche Feenmärchen des 18. Jahrhunderts. Hrsg. v. Heinz Hillmann. Wiesbaden o. J. - Französische Feenmärchen des 18. Jahrhunderts. Hrsg. v. Klaus Hammer. Berlin: 1969. - Französische Erzähler der galanten Zeit. Übs. v. Joachim Kühn. München 1970. - Das Kabinett der Feen. Französische Märchen des 17. u. 18. Jahrhunderts. Hrsg. v. Friedmar Apel und Norbert Miller. München 1984. Dort. Sek.Lit.

[4] Moritz Müller: Johann August Musäus. Ein Leben- und Schriftstellercharakter-Bild. Jena 1867. S. 124-125.

[5] Zaunert a. a. O., I, XVII-XVIII. - Alfred Richli: Johann Karl August Musäus. Die Volksmärchen der Deutschen. Zürich: Atlantis-Verlag1957. S. 3f. (= Zürcher Beiträge zur Literatur und Geistesgeschichte Nr. 13) Dort S. 183-190: Lit.

einem Dreyer. Eines Abends kam seine Frau von einem Besuch zurück. Als sie die Thür des Zimmers öffnete, dampfte ihr eine Wolke von schlechtem Tabak entgegen, und sie erblickte durch diesen Nebel ihren Mann am Ofen sitzend, neben einem alten Soldaten, der sein kurzes Pfeifgen zwischen den Zähnen hielt, tapfer drauf los schmauchte, und ihm Mährchen erzählte.[6]

Musäus' Neffe Kotzebue mag verläßlich sein oder nicht, der damalige und heutige "verständige" Leser merkte und merkt sehr rasch, daß sein Oheim die im 'Vorbericht' vorausgeschickte Umschreibung des Märchens aus anderer Perspektive betrachtet und berichtet hat:

Wenn Er sich inzwischen den Erzähler als Komponisten denkt, der eine ländliche Melodie mit Generalbaß und schicklicher Instrumentalbegleitung versieht: so hoff ich, wird schon alles recht sein.[7]

Lassen wir lieber "alles recht sein", denn die "ländliche Melodie", also das Volksmärchen oder überhaupt das Märchen näher nach der authentischen Beschaffenheit seiner Gattung zu befragen und von der "Instrumentalbegleitung" abzugrenzen, ist riskant; denn dies ist eine Frage, bei der der Frager stillschweigend voraussetzt, er wisse ganz genau, was das ist oder wie es zu sein hat: **das Märchen**. Daß der ebenso selbstsichere wie vorwitzige Frager, wie sich schnell herausstellt, am späteren Märchen-Typ der Brüder Grimm orientiert ist[8], macht die Frage zunichte, denn es gab und gibt auf der Welt ungewöhnlich viele Variationen der Gattung Märchen, die sich verdoppeln und das Problem erschweren, wenn man die Übergänge zum Kunstmärchen und diese selbst hinzurechnet. Es genügt zu wissen, daß Musäus die "ländliche Melodie" mit einer höchst differenzierten "Instrumentalbegleitung" angereichert hat; aber dessen unerachtet hatte er doch seinerseits eine ganz bestimmte Vorstellung von der Gattung Mär-

---

[6] Nachgelassene Schriften des verstorbenen Professor Musäus. Herausgegeben von seinem Zögling August von Kotzebue. Leipzig bey Paul Gotthelf Kummer. 1791. S. 14-15.
[7] Zaunert a. a. O.. I, XXXV.
[8] Moritz Müller: Johann August Musäus a. a. O..: M. bemerkt, daß der "eitle Kotzebue" (S. 17) sich als Musäus-Schüler gern hervortat, beruft sich dennoch auf ihn bei der Schilderung des Märchen-Sammlers Musäus (S. 68f.), kennt sogar den am Ofen sitzenden "alten Soldaten" als Weimarer Original mit Namen:Rippel (S. 111. Anm. 36); für die Beurteilung der Märchen aber gibt er als Maßstab "das eigentliche Mährchen" vor und nennt zugleich neben Goethe, Tieck und Novalis "die weltbekannten Arbeiten der Gebrüder Grimm", und bei allem Lob neigt er zu der Gattungsbezeichnung "Mährchen-Novellen" (S. 60). Diese einmal hochschätzend und einmal abschätzig gemeinte Charakterisierung setzt sich fort bis Richard Benz: Märchendichtung der Romantiker a. a. O.. S. 50f. B. bekrittelt selbstsicher Musäus' "gänzliche Ahnungslosigkeit vom Wesen des Märchens", nimmt für sich in Anspruch das "eigentliche Märchen" bestimmen zu können und nennt die Märchen des Musäus "Spottgeburten"; in der Kapitelüberschrift spricht er von der "Verhunzung" der Märchen durch Musäus.

chen und dreißig Jahre vor den Brüdern Grimm hat er sie ebenso eindeutig wie vieldeutig umschrieben in eben diesem Vorbericht': "ein Märchen, das ist eine wunderbare Dichtung"[9].

Musäus 'Volksmärchen der Deutschen' als corpus in seiner differenzierten Zusammensetzung zu besprechen, ist, wie es ohnehin zu weitläufig wäre, nicht beabsichtigt; ein Beispiel sei herausge-griffen und offen bleiben muß vorerst die Gattungs-Frage, also: ist es überhaupt ein Märchen? Der Titel lautet: 'Der geraubte Schleier'[10].

In Kürze der Inhalt:

Ein Erzähler berichtet von einem Schwanensee bei Zwickau an den Hängen der Sudeten, dessen Wunderwasser die Kraft besitzt, jungen Mädchen, die noch ein Tröflein Feenblut von ihrer feenhaften Urmutter Leda in ihren Adern führen und sich deshalb mittels eines Schwanenschleiers in flugkundige Schwäne verwandeln können, durch ein Bad zur Zeit der Sonnenwende ewige Jugend zu verleihen. An diesem See haust der alte Eremit Benno, der bei der umwohnenden Bevölkerung als Heiliger gilt; als er alt und gebrechlich, erhält er Gesellschaft und Unterstützung durch einen jungen flüchtigen Soldaten namens Friedbert aus Schwaben, dem er die Geschichte seines Lebens erzählt: Er sei ein fahrender Ritter aus der Schweiz, der sich einst auf der Insel Naxos in die schöne Zoe, die Gemahlin des dortig regierenden Fürsten verliebt habe, der ihn aus Eifersucht in einem Turmverlies verhungern lassen wollte; dort aber sei er vom Arzt Theophrast befreit und dahingehend unterrichtet worden, daß Zoe von der Leda herstamme, Feenblut in ihren Adern fließe und daß sie sich alljährlich in einen Schwan verwandle und an den Schwanensee zu den Sudeten fliege, um sich dort im Bade zu verjüngen, er möge aufbrechen und dort ihrer harren, ihr den Schleier entwenden und sie auf diese Weise einfangen; er sei also aufgebrochen und weile seitdem an diesem See, habe die schöne Zoe tatsächlich einmal mit ihren Gespielinnen überrascht, sich aber allzu sehr verwundert und tapsig verhalten, worauf ihm die Mädchen mit einem Guß Wasser die Augen geblendet hätten, als Schwäne davongeflogen und nie wiedergekommen wären. Friedbert möge nun, da er noch jung sei, sich geschickter verhalten und glückvoller sich einen Schleier und eine Jungfrau rauben.

Friedbert läßt sich diese Verheißung nicht zweimal sagen; als er den Alten begraben hat, handelt er prompt:

Er ging um die Zeit der Sonnenwende fleißig auf die Teichschau, versteckte sich in der Morgen- und Abendstunde in die lauersame Schilfhütte und machte am Vorabend St. Albani die so sehnlich gewünschte Entdeckung. Drei

---
[9] Zaunert a. a. O. I, XXVII.
[10] Das Märchen erschien als das zweite im 3. Band 1784.

Schwäne kamen gezogen von Süden her mit majestätischem Schwunge, umkreisten dreimal den Weiher hoch in der Luft, gleichsam um zu schauen, ob alles sicher sei; sie senkten sich allmählich in den Schilf herab und bald darauf gingen drei liebliche Dirnen daraus hervor, die sich wie die Huldgöttinnen sanft umschlungen hatten und die herrlichste Gruppe bildeten, die je einem sterblichen Auge vorgeschwebt hat. Sie scherzten und wogeten sich auf den krystallenen Fluten, koseten miteinander in guter Ruhe und ließen aus ihrem melodischen Munde ein frohes Lied ertönen. Der Laurer stund da in süßes Entzücken verschwebt, ohne Bewegung wie eine Mormorsäule [...][11]

- aber im Unterschied zu seinem seinerzeit allzu erschreckten Lehrmeister Benno, greift er zu und stiehlt einen der drei Schleier. Abends sitzt er beim Schein des Kienspans, Rosenkranz betend in seiner Hütte unb wartet, wissend, daß eines der drei Mädchen in der Nähe herumirren muß, da er nur zwei Schwäne hat davonfliegen sehen. In der Tat: bald läßt sich das verschüchterte Mädchen sehen, und der Mönch Friedbert spielt den vollendeten Kavalier, so gut, daß er nicht nur des Mädchens Vertrauen und Liebe gewinnt, sondern ihr Ja-Wort zur Ehe.

Aber Kalliste - so heißt die Schöne - die, wie sich herausstellt, die Tochter der schönen Zoe ist, findet eines Tages ihren Schleier und fliegt auf und davon nach Naxos.

Friedbert, verzweifelt, macht sich über Venedig auf den Weg, spielt am Hofe von Naxos einen Ritter, bewährt sich im Turnier und gewinnt nach langen Mühen Zugang zu Zoe, die, weil ihr Gatte ihren Schleier verbrannt hat, zwar gealtert, aber immerhin noch recht schön ist. Von ihr erfährt er, daß die Tochter Kalliste in einem Kloster ihre Liebe und ihr Leben vertrauert - worauf Friedbert sich augenblicks dorthin begibt, seine trauernde Geliebte überrascht und vom Ernst seiner Liebe überzeugt. Friedbert wird in den Adelsstand erhoben und nun beginnt eine glückliche Ehe.

Ein plaudernder Erzähler spricht von einem wunderbaren See, an dem Schwäne anlanden, die keine Schwäne sind, sondern Jungfrauen im Besitz eines Schwanenkleides, das sie abstreifen und wieder anziehen können, um je nach Bedarf als Schwan zu fliegen oder als Mädchen zu baden; er erzählt weiter, daß die im Wasser sich vergnügenden nackten Mädchen von Männern belauert werden, die darauf aus sind, eines der Mädchen zu fangen, indem sie ein Schwanengewand stehlen, und das Mädchen an der Rückverwandlung zum Schwan und damit am Rückflug hindern, um es willig und hörig zu machen und zu gewinnen als menschliche Ehefrau.

---

[11] Zaunert a. a. O.. II, 291.

MUSÄUS: DER GERAUBTE SCHLEIER

Daß der Erzähler von der Badeszene mit einer gewissen maskulin-genüßlichen Anteilnahme mehrmals spricht und sie zweimal beschreibt, sei vorerst nur beiläufig erwähnt. Der "verständige" Leser von heute bemerkt zunächst, daß der Erzähler ein altes bzw. uraltes Motiv aufgreift, das er zu kennen meint: es ist ihm erinnerlich aus den Sagenbüchern seiner Kindheit, als 'Wölund-Lied' oder 'Wielandlied' und der "verständige" Leser weiß vielleicht noch mehr: es ist ein Mythologem aus der Edda und führt dort den altnordischen Titel 'Völundarqvida'.

Daraus einige Stabreim-Strophen:

1
Mädchen von Süden
durch den Myrkwid flogen,
die schmucke Alwit,
Schicksal zu wirken.
Zu säumen am Seestrand
saßen sie nieder,
des Südens Kinder,
spannen kostbares Linnen

2
Eine von ihnen
Egil herzte,
die schöne Maid,
an schneeiger Brust.
Die andre war Schwanweiß,
trug Schwanenfedern;
(sie schlang um Schlagfider
schimmernde Arme).
Doch die dritte,
deren Schwester,
umwand Wölunds
weißen Hals.

3
So saßen sie
sieben Winter,
aber den achten
immer in Sehnsucht,
aber im neunten

> *schied sie die Not:*
> *Die Mädchen trieb es*
> *durch den Myrkwid fort,*
> *die schmucke Alwit,*
> *Schicksal zu wirken.*[12]

Wieland bleibt zurück, während die Brüder die Mädchen suchen; er wird ein kundiger Gold- und Waffen-Schmied, wird gefangen und verstümmelt von dem gold- und waffengierigen König Nidud, dessen Söhne er aus Rache tötet und aus deren Hirnschalen er goldene Trinkbecher schmiedet, dann fliegt er davon mit einem selbstgefertigten Fluggewand - so das Ende. Die Schwanenjungfrauen-Vorgeschichte verweist deutlicher auf die Zeit des Mythos, das verraten bereits die Namen: Hervör alvitr, die Allwissende und Hladgudr svanvit, die Schwanenweiße - Namen von überirdischen Walküren.[13]

Der "verständige" Leser erinnert sich vielleicht auch an die 'Nibelungen': Als die Burgunder auf ihrem Zug zu Attila über die Donau wollen, trifft Hagen auf zwei badende "Meerweiber" namens Hadeburc und Sigelint, denen er sich heimlich nähert; dann heißt es: "er nam in ir gewaete - ernahm ihnen ihre Gewänder - , und später: sie swebten sam die vogele vor im uf der fluot - sie schwebten wie Vögel vor ihm auf der Flut. Hagen gibt ihnen die Gewänder zurück unter der Bedingung, daß sie ihm das weitere Schicksal der Burgunder weissagen und, erst zögernd und verhalten, dann direkt sagt Sigelint ihm die Wahrheit:

> *daz ir sterben müezet in Etzelin lant.*[14]

Der "verständige" Leser erinnert sich nicht zuletzt an ein Märchen der Brüder Grimm, das zwar den ganz unauffälligen Titel 'Der Trommler' trägt, aber wie folgt beginnt:

> *Eines Abends ging ein junger Trommler ganz allein auf dem Feld und kam an einen See, da sah er an dem Ufer drei Stückchen weiße Leinwand liegen. 'Was für feines Leinen', sprach er und steckte eines davon in die Tasche. Er ging heim, dachte nicht weiter an seinen Fund und legte sich zu Bett. Als er eben einschlafen wollte, war es ihm, als nennte jemand seinen Namen. Er horchte und vernahm eine leise Stimme, die ihm zurief: 'Trommeler, Trommeler, wach auf.' Er konnte, da es finstere Nacht war, niemand sehen, aber es kam ihm vor, als*

---

[12] Das Wölundlied. In: Edda. Übertr. v. Felix Genzmer. 1. Bd. Heldendichtung. Rev. Neuausg. Düsseldorf: Eugen Diederichs Verlag 1963. S. 17-26.
[13] Jacob Grimm: Deutsche Mythologie. 1835. 1875-78[4]. Photomech. Nachdr. Tübingen: Sonderausg. d. Wiss. Buchgemeinschaft 1953. S. 352-357.
[14] Das Nibelungenlied. Hrsg. v. Karl Bartsch. Bearb. v. Helmut de Boor. 1940[10]. V. 1533-1541

schwebte eine Gestalt vor seinem Bett auf und ab. 'Was willst du?' fragte er. 'Gib mir mein Hemdchen rurück', antwortete die Stimme, 'das du mir gestern abend am See weggenommen hast.' 'Du sollst es wieder haben', sprach der Trommler, 'wenn du [...][15]
"wenn du" - es ist ein didaktischer Trick, an der spannendsten Stelle abzubrechen und der Phantasie freien Lauf zu lassen... nun: Der Trommler möchte nur wissen, wie das Mädchen heißt und als er erfährt, daß es eine verzauberte Prinzessin ist, hält er sich selbstverständlich sogleich bereit zu ihrer Hilfe und Erlösung und nach vielen Mühen gewinnt er sie natürlich am Ende.

Wilhelm Grimm hat in seiner Vorrede des 2. Bandes der 'Kinder- und Hausmärchen' von 1815 den vielzitierten Satz niedergeschrieben: "in diesen Volksmärchen liegt lauter urdeutscher Mythos".[16] Er weist hin auf die motivische Verwandtschaft zwischen dem schlafenden Dornröschen und der schlafenden Brunhild, zwischen dem Dummling im Märchen und dem Dummeklare Parzival im Epos, und man darf wohl annehmen, daß er auch an die Schwanenjungfrauen als germanische Walküren in der Edda dachte - aber im Laufe der Mythen- und Märchen-Forschung hat sich herausgestellt, daß es gerade das Mythologem der als Schwäne, Gänse oder als Vögel fliegenden und badenden Jungfrauen hundertfach gibt in den Märchen und Sagen aller Welt.[17] Ob diese überraschende Tatsache monogenetisch oder polygenetisch zu erklären sei - also von einer Wurzel ausgehend und durch Völkerwanderungen verbreitet oder in vielen Erdteilen unabhängig voneinander und etwa gleichzeitig entstanden - bleibe dahingestellt, fest steht nur: die flug- und vielleicht zauberkundigen Feen-Mütter und Feen-Töchter und überhaupt die fliegenden Schwanenjungfrauen und Feen-Mädchen sind durch und durch irdisch und sowohl sehr mitfühlend verliebt und verletzbar als auch höchst vernünftig und berechnend; und sie vermögen wie Zoe und Tochter Kalliste durchaus sowohl gefühlsbestimmte als auch vernunftsgeleitete Entscheidungen zu treffen, die sie ausweisen nicht nur als ideal figurierte Frauen ihrer Zeit, sondern überhaupt als großformatige Frauen: Daß sie als Frauen und Mädchen darüberhinaus bildschön sind, dürfte sich von selbst verstehen, obwohl sie in den Märchen selten allzu genau beschrieben werden vom Erzähler - eine großartige Ausnahme ist das Märchen 'Hasan von Basra' aus Tausendundeine Nacht', dort steht der junge Hasan bei seiner Entdeckung da wie betäubt:

---

[15] KHM Nr. 193.
[16] Wilhelm Grimm: Kleinere Schriften I, 328-332.
[17] Johannes Bolte und Georg Polivka: Anmerkungen zu den Kinder-und Hausmärchen der Brüder Grimm. Leipzig 1918. III, 406-417: Der Trommler.

DIETER ARENDT

> Er stand da und starrte sie an [...] Und immer wieder schaute er auf die
> Reize jener Maid; denn sie war ja das lieblichste Wesen, das Allah zu ihrer Zeit
> geschaffen hatte, und sie übertraf an Schönheit alle Menschen. Sie hatte einen
> Mund gleich Salomos Zauberring; ihr Haar war schwärzer als die Nacht für den
> Liebeskranken, wenn ihn die Geliebte mit Härte empfing. Dem Neumond am
> Ramadan-Feste glich ihre Stirn, die helle; ihre Augen waren wie die der Gazelle.
> Ihre Adlernase war von Strahlenglanz umfangen; rot wie Anemonen waren ihre
> Wangen. Korallengleich waren ihre Lippen beide; ihre Zähne glichen Perlen auf
> güldenem Geschmeide. Ihr Hals war wie ein Silberbarren über einem Rumpfe,
> dem Weidenzweige gleich; ihr Leib war an Fältchen und Winkeln reich. Und
> sein Anblick hätte den Liebeskranken zu Allah flehen lassen; ihr Nabel konnte
> eine Unze Moschus von süßestem Wohlgeruch fassen. Ihre Schenkel waren dick
> und rund wie ein marmornes Säulenpaar, oder wie zwei Kissen, deren jedes mit
> Straußendaunen angefüllt war. Und dazwischen war etwas einem herrlichen
> Hügel gleich, oder wie ein Hase mit gestutzten Ohren, so weich, und es hatte
> Dach und Pfeiler zugleich.[18]

Schwanen-Mädchen landen an allen Seen der Welt, auch am Baikal-See; ein Märchen erzählt die gleiche Geschichte aus der Sicht der Burjaten in enger Anlehnung an die Volkserzählungen der Mongolen:

> [Es] handelt es sich um Choridoi Mergen, den Stammvater der Chori-
> Burjaten, der einmal am Baikalsee vorbeiging und drei Schwäne herunterkom-
> men sah, die sich in drei schöne Jungfrauen verwandelten und zu baden be-
> gannen. Er stahl das Schwanengewand einer der drei Jungfrauen, die aus die-
> sem Grunde nicht wegfliegen konnte und gezwungen war, dessen Frau zu wer-
> den. Sie brachte elf Söhne zur Welt, die zu den Vorvätern der elf choriburjati-
> schen Stämme wurden. Nach vielen Jahren bat sie ihren Mann, ihr das Schwa-
> nengewand zu geben, damit sie ein wenig herumfliegen konnte. Er erfüllte ihre
> Bitte, sie aber legte sich ihr altes Gewand um und flog davon.[19]
>
> Nach einer von uns aufgezeichneten Variante konnte der Mann sie noch
> schnell an den Füßen greifen und zurückhalten. Da er selbst erst soeben aus der
> Schmiede gekommen war, waren seine Hände schwarz von Ruß. Die zuvor

---

[18] Ausgabe u. Übertragung v. Enno Littmann. Wiesbaden: Insel-Vlg 1953. V, 315-503. Vgl. zum Hasan-Märchen das Sibirische Märchen: 'Umtschegin und die Schwanen-Mädchen' - auch dort Bade-Szene, Raub und Flucht des Schwanen-Mädchens und Reise Umtschegins, freilich ohne das morgenländisch-erotische Kolorit. In:Hanna Moog: Die Wasserfrau. Von geheimen Kräften, Sehnsüchten und Ungeheuern mit Namen Hans. Köln: 1987. S. 216-227.

[19] Nikolaus Poppe: Die Schwanenjungfrauen in der epischen Dichtung der Mongolen. In: Fragen der mongolischen Heldendichtung. Hrsg.v. Walter Heisig. Wiesbaden 1981. S. 101-118. (= Altaisatische Forschungen. Bd. 72. Teil I).

hellen Füße des Schwanes wurden schwarz, und dies ist die Ursache dessen, daß der Schwan schwarze Füße hat.[20] Zaubernde Feen und fliegende Vogel-Jungfrauen also sind irdische Mädchen und Frauen, und eine doppelte Frage liegt nahe: Zunächst: Und der Mann? Der Märchen-Mann, sei es als Mitspieler, als Erzähler oder als Autor? Ferner: Warum ist das Mythologem als Märchen-Motiv so ungewöhnlich häufig auf der Welt? Die mythologische Methode der Brüder Grimm und ihrer Nachfolger mag aufschlußreich sein, insofern, als man bei der Aneinanderreihung der Mythologeme zunächst einmal verwundert ist ob ihrer Häufigkeit; die historisch-geographische und zugleich komparatistische Methode von Antti Aarne und der finnischen Schule mag ihren Teil dazu beitragen durch ethnologische Varianten über mögliche Wanderungen und Bräuche zu informieren; die strukturalistische Methode der jüngeren Zeit mag höchst aufschlußreich sein im Blick auf die funktionierenden Normen und Gesetze des menschlichen Bewußtseins; die tiefenpsychologische Methode in der Nachfolge von Sigmund Freud und C. G. Jung entdeckt im Sinne des Wortes das menschliche Wünschen, genauer für das vorliegende Märchen: das männliche Begehren. Um es kurz und bündig zu sagen: in allen Schwanenjungfrauen-Märchen stellt der Mann sich bloß als Voyeur, der auf ebenso hinterhältige wie billige Weise ein badendes Mädchen beobachtet und es möglichst einfangen möchte - durchaus kein sehr edler Mann, dieser Mann. Mythen und Märchen, seit der Antike und seit dem Mittelalter schon, melden, daß es nicht sehr einträglich, sondern möglicherweise lebensgefährlich ist, nackte Mädchen beim Bade zu belauern: Aktaion, der auf der Jagd die Naturgöttin Artemis in ihrer keuschen Nacktheit belauschte, wurde bekanntlich von der Göttin in einen Hirsch verwandelt und von seinen eigenen Hunden zerrissen. Und aus dem Mittelalter berichtet die Sage über Peter von Staufenberg, daß ihm die Meerfei - später Melusine genannt - wieder entfleucht, weil er sie, sein Versprechen brechend, im Bade belauscht.[21]

Friedbert hat zwar Glück, aber dem im Schilf lauernden Voyeur, dem "Laurer" und scheinheiligen Werber fliegt seine Beute eines schönen Tages wie-

---

[20] Poppe a. a. O.. S. 14 verweist auf: A. M. Pozdéev, Obrazcy narodnoj literatury mongol'skich plemen, vyp I, Sanktpeterburg, 1880,S. 264ff.Diese Variante findet sich auch bei Jeremiah Curtin, A Journey in Southern Siberia, The Mongols, Their Myths, Boston, 1909, S. 98; Uno Harva, Die religiösen Vorstellungen der altaischen Völker (= FF Communications, No. 125), Helsinki, 1938, S. 467ff.; P. Wilhelm Schmidt, S. V. D., Der Ursprung der Gottesidee. Eine historische und positive Studie, Bd. X, 3. Abt.: Die Religionen der Hirtenvölker IV, Münster in W., 1952, S. 183.; N. Saraksinova, Burjatskij fol'klor, Irkutsk, 1959, S. 49. Variante des Chori-Burjaten-Märchens auch in Hanna Moog a. a. O.. S. 53-56.
[21] Lutz Röhrich: Erzählungen des späten Mittelalters und ihr Weiterleben in Literatur und Volksdichtung bis zur Gegenwart.Bern/München: Francke Vlg 1962. I, 27-61. Komm. S. 243-253.

der davon; und nun beginnt die eigentliche Geschichte: Der Mann muß, wenn er seine Geliebte oder Ehefrau wiedergewinnen will - und er will! - nun ungewöhnlich viel Mühe aufwenden - und er scheut überraschenderweise keine Mühe. Der tumbe Schwabe wagt nicht nur die mühevolle Reise nach Naxos, der einfältige Söldner und simple Mönch lernt sogar das mühevolle Turnierspiel des Ritters, um sich mit mühevollen Finten in den Palast der Fürstin Zoe einschleichen und dort mit mühevollen zurechtgelegten Fragen etwas in Erfahrung bringen zu können über den Aufenthalt seiner Kalliste.

Der "verständige" Leser weiß, daß der einfältige Schwabe Friedbert in seinem Unglück noch großes Glück hat, denn Naxos liegt immerhin nicht am Rande der Welt - wie etwa das Land Wac-Wac, wohin der arme Hasan aus Bagdad sich aufmacht, wobei er unterwegs mit dämonischen Ungeheuern zu kämpfen hat. Ende gut, alles gut: der Mann - heiße er nun Wölund, Benno, Friedbert oder Hasan - gewinnt die Frau nicht dadurch, daß er sie voyeuristisch belauert und ihr das Zauberhemdchen klaut und sie sozusagen einfängt und einsperrt, sondern indem er mit unendlicher Mühe um sie wirbt, nur so erweist er sich als Mann.[22]

Noch immer aber ist die Frage offen: Wo steht bei der Badeszene eigentlich der Erzähler oder der Autor? Schaut der Autor dem Erzähler und dieser dem "Laurer" im Schilf über die Schulter? Um mit Musäus zu sprechen: lassen "wir alles recht sein", stellen wir immerhin fest, daß es nahe liegt, das weitverbreitete Märchen-Motiv tiefenpsychologisch und die Mädchen als archetypische animae des Mannes zu verstehen, ferner aber, daß alle namenlosen und namhaften Autoren bzw. die Erzähler der Schwanen-Mädchen-Märchen ihre mädchenlüsternen Jünglinge auf ironisch mitspielende Weise umerziehen zu braven Männern. Der Schwabe Friedbert übrigens ist ohnehin kein blaubärtiger Jungfrauenschänder und Mädchenmörder, im Gegenteil, er ist ein Ausbund schwäbischer Bravheit, das haben schon andere festgestellt und zogen die Summe:

Friedbert selbst versammelt in seiner Person fast alle Eigenschaften, die Musäus zu vergeben hatte: Er ist 'ehrlich', 'offenherzig', 'treuherzig' und 'treu', ist mit einem 'schlichten und geraden Sinn' begabt, mit einem 'schlichten, flachen Schwabensinn'; er bleibt trotz der Kutte ein unwissender Laie'; all dessen ungeachtet, steckt der Schalk' in ihm; er entpuppt sich als ein 'schlauer Wicht' und 'kecker Räuber'; zur Tapferkeit greift er allerdings nur als zu einer Notlösung, eigentlich 'dient die Feigherzigkeit der Bravour zum Sporn in der Gefahr'. Im Grund ist er ein 'fröhlicher', 'gutmütiger', 'gefälliger', 'dienstbeflissener' Mensch,

---

[22] Umtschegin wandert noch weiter. Dazu Hanna Moog a. a. O.. S. 227. "Die Reise in ihre Welt - zur Sonne - verhilft ihm zur seelischen Reifung."

der sich selbst 'ich Spiessbürger' apostrophiert und keine Ansprüche hegt als die auf ein häusliches Glück.[23]

Märchen-Voyeurismus ist überdies nicht die schlimmste Untugend; wenn man einmal bedenkt, daß im Märchen bei Basile ein Prinz eine im Walde schlafende Schöne überraschen und vergewaltigen darf, ohne daß das Mädchen erwacht; in diesen Märchen scheint dem prinzlichen Beischläfer eine zwar wunderbare aber höchst fragwürdige Freiheit gewährt zu sein; es spricht zwar für den Prinzen, aber kann ihn schwerlich entschuldigen, wenn er das Mädchen mitsamt den inzwischen geborenen Zwillingen später heimholt auf sein Schloß; die Freiheit, die der Märchenprinz sich bei Basile nehmen darf im Umgang mit seiner schlafenden Schönen wird auch nicht dadurch gerechtfertigt, daß man das prinzliche Gebaren schön und sein andringliches Tun nur bis zum Kniefall oder Kuß erlaubt und diese höfisch-galante oder bürgerlich-biedere Geschichte dann unter dem lieblichen Titel La Belle au bois dormant - so bei Perrault - oder als Dornröschen - so bei den Brüdern Grimm - als das echtere Märchen, als Volksmärchen ausgibt, denn der "verständige" Leser weiß doch: die höfischen Kulissen täuschen nicht hinweg über die heiklen Liebesgeschichten im Wald oder am Schwanensee.

Musäus als Autor und aufklärerischer Weimarer Professor läßt seinen Erzähler scheinbar wahrheitsliebend und wirklichkeitsgetreu berichten; er nennt gewissenhaft Ort und Zeit, etwa Zwickau und Erzgebirge, Naxos und Venedig und die Schlacht bei Lucka. Aber der Ernst im Spiel ist nichts als heitere Ironie[24], - wie der "verständige" Leser sicher schon bemerkt hat:

Ironisch ist die Deutung des Mythologems der Schwanenjungfrauen, sie seien die Ur-ur-ur-enkelkinder der Leda, die seinerzeit ein Olympier als "schalkhafter Schwan" berückte, der "hinterher den idealischen Donnerer spielte"[25], und die Folgerung, es könnte hier und da noch manch ein Mädchen geben, das bei näherer Selbstprüfung noch einen Tropfen Feenblut in den Adern führt und die Chance hat, sich ewig jung zu baden im Schwanensee bei Zwickau am Osthang der Sudeten.

Ironisch ist die Rokoko-Idyllik der Gärten[26] mit ihren Rosenhecken, Maßliebchen, Zeitlosen, Vergißmeinnicht und mit den unentbehrlichen Grotten, bei

---

[23] Richli a. a. O.. S. 39f.
[24] Bernhard Paukstadt: Paradigmen der Erzähltheorie. Ein methodengeschichtlicher Forschungsbericht mit einer Einführung in Schemakonstitution und Moral des Märchenerzählens. Freiburg: Hochschul-Verlag 1980. S. 419: P. spricht zu Recht von Musäus'"Witz", den derjenige besitzt, "in den wunderbaren Begebenheiten die typisch menschlichen Verhaltensweisen zu erkennen; wer aufgrund dieser Einsicht in ironischer Distanz zu den ewig-menschlichen Schwächen steht."
[25] Zaunert a. a. O.. II, 280.
[26] Zaunert a. a. O., I, 8ff. passim.

deren farbenfroher Ausmalung nicht vergessen wird, auf deren Zwecklosigkeit hinzuweisen, etwa wenn Benno in seiner Hütte am Schwanensee seinen Zögling wie folgt aufklärt:

Wenn ich nun am Rande meiner irdischen Wallfahrt einen ernsten Blick auf die Vergangenheit werfe, merk ich zwar mit einem gewissen Mißbehagen, daß ich mein Leben verschleudert habe wie ein reicher Prasser sein Erbgut, ohne Frucht und Genuß; es ist dahin geschwunden wie ein Traumgesicht in einer langen Winternacht, davon sich die Phantasie nicht loswinden kann, und das beim Erwachen mehr körperliche Ermattung als Erquickung hinterläßt. Doch tröst ich mich mit der Erfahrung, daß es das gewöhnliche Los der Sterblichen ist, ihr Leben zu verträumen, einer Phantasie, einer leeren Grille den besten Teil desselben aufzuopfern und ihre ganze Tätigkeit darauf zu steuren. Alle Schwärmerei und Herzenspoeterei, sie sei aufs Irdische oder Himmlische gestellt, ist eitel Tand und Torheit, und eine fromme Grille ist keinen Deut mehr wert als eine verliebte. Alle in sich gekehrte Menschen, sie seien in Klausen oder Zellen eingesperrt, wenn sie auch für Heilige gelten, oder sie mögen in Wäldern und Feldern herumirren, in den Mond schauen, ausgezupfte Blumen und Grashalmen trübsinnig in einen vorbeirauschenden Fluß werfen und als Märtyrer einer Leidenschaft unter dem Namen der Dulder und Dulderinnen den Felsen und Wasserbächen oder dem traulichen Monde ihre Elegien vorseufzen, sind unsinnige Träumer. Denn der Kontemplationsgeist, er sei von welcher Art und Natur er wolle, wenn er nicht hinter dem Ackerpfluge herwandelt oder mit der Hippe und dem Spaten sich vereinbart, ist das elendeste Possenspiel des menschlichen Lebens. Daß ich junge Fruchtbäume geimpft, Traubengeländer angepflanzt und Zuckermelonen gebaut habe, manchen ermatteten Wanderer damit zu erquicken, ist traun ein verdienstlicher Werk gewesen als alles Fasten und Beten und die Bußübungen, die meine Andacht in Ruf brachten; ist auch mehr wert als der Roman meines Lebens.[27]

Ironisch ist die gesamte "Rokoko-Szenerie"[28], in der ein Rübezahl gleichsam als "Rokokofürst"[29] die gleiche Rolle spielt wie Benno als Rokoko-Eremit, wo eine Nymphe mit dem ernüchternden Namen Emma in Rübezahls Springbrunnen im Riesengebirge das gleiche Nacktbad nimmt wie Zoe und Kalliste im Schwanensee bei Zwickau am Fuße der Sudeten, und wo die "Schäferspiele"[30]

---

[27] Zaunert a. a. O. II, 289.
[28] Richli a. a. O.. S. 27.
[29] Richli a. a. O.. S. 26.
[30] Richli a. a. O.. S. 26.

dadurch getrübt werden, daß ein "Platzregen"[31] dem "Laurer"[32] Rübezahl oder Benno die Augen blendet.

Musäus, der Weimarer Gymnassial-Professor als ironischer Spielverderber? Wir wissen: Der Professor und ehemalige Pagenerzieher war ein aufklärerischer Schulmeister, der wie Goethe am Rande der Stadt ein Gartenhäuschen besaß und von seiner idyllischen Abseitigkeit aus die vornehme Hofgesellschaft bespöttelte, deren verpflichtende Etikette den fleißigen Rezensenten, Romancier und Märchen-Erzähler und dem biederen Schrebergarten-Bürger Unbehagen bereitet. Musäus sitzt auf glühenden Kohlen - so zeichnete ihn ein Karikaturist als Teilnehmer an einer Weimarer Schöngeister-Gesellschaft[33]; ein Wissenschaftler aber beschreibt seine geistesgeschichtliche Situation:

[...] halten wir vorläufig fest, daß die geschilderte Landschaft durch die bürgerlich plumpen oder bürgerlichen sentimentalen Einsprengsel in einen Text, der sonst in einem geläufigen Schäferton dahinfließt, in ein neckisches Zwielicht gerückt wird. Das Sprachbild erinnert an die heiter problematische Stellung des Dichters zwischen höfischer und bürgerlicher Welt, zwischen Aufklärung und Rokoko.[34]

Ironisch aber ist zugleich mit der verspielten Aufstellung der Rokoko-Kulissen die Darstellung der empfindsamen Tändelei; obwohl vom Erzähler zugegeben wird, daß die Empfindsamkeit eine "Zwillings-Schwester der Liebe"[35] ist, spottet er doch zugleich über - wie er in der 'Vorrede' wissen läßt: "diese Herzgefühle"[36]. Ironisch aber ist auch die Haltung des ehemaligen Theologen zur Religion und gegenüber der Kirche: Benno ist durchaus kein Eremit, und schon gar kein Heiliger, sondern ein verliebter Ritter, der als Voyeur im Schilf lauert und nackte Mädchen beim Bade beobachtet.

Friedbert ist ein zweifelhafter Novize, der es seinem Meister nicht nur gleichtut, sondern ihn an frommen Werken überbietet: er verkauft am Ende an die gläubigen Anwohner die Fetzen des Mönchgewandes des verstorbenen Heiligen, die Splitter seines Pilgerstabes empfiehlt er sogar als hilfreiche Zahnstocher gegen Zahnweh; der Mönch nimmt sich eigenartig aus, als er beim Lichte des Kienspans fleißig zum Rosenkranz betet, während die nackte Kalliste in der Sonnwendnacht, Hilfe und Schutz suchend, um seine hell erleuchtete Hütte schleicht; der raffinierte Mönch gewinnt auf hinterhältig-frömmelnde Weise das

---

[31] Braunert a. a. O.. II, 287.
[32] Zaunert a. a. O.. II, 287.
[33] Scherf a. a. O.. S. 7.
[34] Richli a. a. O.. S. 27.
[35] Zaunert II, 298.
[36] Zaunert I, X.

Vertrauen des arglosen Mädchens und entpuppt sich schließlich als grandioser Liebhaber, wenn auch als ernsthafter Liebender.

Musäus' Umgang mit dem Wunder bedarf besonderer Aufmerksamkeit und zu erwarten ist auch hier seine ironische Haltung: Gottsched hatte im Sinne der Aufklärung zwar emphatisch Front gemacht gegen das "falsche Wunderbare", aber während des literarischen Streites hatten die Zürcher Bodmer und Breitinger immerhin das "lehrhafte Wunderbare" verteidigt und gerettet für die Literatur und nicht zuletzt für die Märchen; zu fragen wäre nun: was lehrt eigentlich das "lehrhafte Wunderbare"?

Für Musäus, den Gymnasial-Professor für lateinische Sprache mag der poetologische Streit längst entschieden sein im Sinne der 'Ars poetica' des Horaz:

Aut prodesse volunt aut delectare poetae
Aut simul ...[37]

Für Musäus ist das Wunderbare als delectare zugleich ein Medium des prodesse und damit der Aufklärung: das Wunder ist ganz natürlich und natürlich sind die wunderbaren Schwanenmädchen auch ganz natürlich. Benno und Friedbert staunen zwar ob des unnatürlichen Wunders, aber ihr Staunen fällt umso mehr auf, als das Wunder im Märchen doch eigentlich selbstverständlich sein sollte, und in die Verwunderung mischt sich daher ein berechtigter Zweifel - nicht nur am Wunder, sondern überhaupt am Märchen; als Benno seine schauerliche Turmgeschichte erzählt, bemerkt er zum Schwanen-Wunder-Mythos seines Befreiers Theophrast:

[...] ich verwunderte mich höchlich über seine Rede, wußte nicht, ob ich seinen Worten Glauben geben oder ihn Lügen strafen sollte, daß er mich durch ein Märchen äffen wollte.[38]

Und als sein Zögling Friedbert der schönen ihres Flugkleides beraubten Kalliste den Verlust des Schwanenschleiers zu erklären versucht, bemerkt der Erzähler:

[Friedbert] "dichtete ein Märchen von einem verwünschten Prinzen, welcher der Sage nach im Schwanenfelde herumtose und sein boshaftes Vergnügen darin finde, die geflügelten Badegäste zu äffen."[39]

Ironisch also die Haltung des Erzählers und seines Autors, wenn nicht gar - wie bemerkt worden ist und zugegeben werden darf - satirisch[40], vornehmlich

---

[37] Ars poetica' V. 333.
[38] Zaunert a. a. O.. II, 285.
[39] Zaunert a. a. O.. II, 297.
[40] Richli a. a. O.. Passim.

dann, wenn ein naiver Glaube erfordert wird für die wunderbaren Dinge in der Wirklichkeit und in der Poesie.

Musäus endet sein Märchen auf ironische Weise mit einem schrillen Mißklang: Friedbert ist nach fünfundzwanzig glücklichen Ehejahren am Tage der Silberhochzeit, genau fünfundzwanzig Jahre älter geworden, und seine Haare werden silbern, "wie wenn der erste Schnee auf den Hügeln und Bergen die Ankunft des Winters verkündet."[41] Und Kalliste? Der "verständige" Leser erinnert sich: sie besitzt ja immer noch oder wieder ihren Schwanenschleier, und warum sollte sie ihn nicht fleißig genutzt, warum sollte sie nicht regelmäßig zur Sonnenwende ihr Jungbad genommen haben? Sie hat, denn am Ende heißt es:

Die schöne Kalliste glich dagegen noch immer einer aufblühenden Rose in den Tagen des schönen Lenzes.[42]

Musäus also nimmt die zeitigende Zeit ebenso ernst wie das zeitlose Wunder; und dieser wunderlich-ironische Widerspruch ist vorgebildet in den zeitgenössischen Märchen, am deutlichsten in Perraults Märchen 'La Belle au bois dormant', der Vorläuferin vom Grimmschen 'Dornröschen'-Märchen: beide Prinzessinnen erwachen nach hundert Jahren. Als aber bei Perrault der Prinz neben dem Bett niederkniet, sagt die erwachende Belle:

Seid Ihr es, mein Prinz? Ihr habt lange auf Euch warten lassen.

Und dann heißt es weiter:

Unterdessen war der ganze Palast mit der Prinzessin aufgewacht. Jeder war darauf bedacht, seine Pflicht zu tun, aber da sie nicht alle verliebt waren, starben sie fast vor Hunger. Die Ehrendame, die es ebenso eilig hatte wie die anderen, wurde ungeduldig und sagte ganz laut zur Prinzessin, das Fleisch sei aufgetragen. Der Prinz half der Prinzessin beim Aufstehen. Sie war angekleidet, und sehr prächtig dazu. Aber er hütete sich wohl, ihr zu sagen, daß sie gekleidet war wie zu Großmutters Zeiten und sogar einen steifen Kragen trug; denn sie war deshalb nicht weniger schön. Sie gingen in einen Spiegelsalon und speisten dort zur Nacht, bedient von den Offizieren der Prinzessin. Die Geigen und die Oboen spielten alte Stücke, die ausgezeichnet klangen, obwohl sie schon seit fast hundert Jahren nicht mehr gespielt wurden, und nach dem Nachtessen vermählte der Hofgeistliche, ohne Zeit zu verlieren, die beiden in der Schloßkapelle, und die Ehrendame zog den Vorhang zu.[43]

Ob die Brüder Grimm bei der Rückprojektion ihres Märchens auf eine unbestimmte Vorzeit mit ihrer Berufung auf die zeitlose Naturpoesie recht haben oder nicht, bleibe dahingestellt, obwohl der "verständige" Leser weiß, daß auch

---

[41] Zaunert a. a. O.. II, 343.
[42] Zaunert a. a. O.. II, 343.
[43] Apel/Miller a. a. O.. S. 58-59.

bei Frauen wie Penelope und Kriemhild die Zeit nicht zeitigt, daß, als Basiles 'Dornröschen', das bei ihm Thalia heißt, nach hundert Jahren erwacht, in der Zwischenzeit sich auch nichts verändert hat. Daß bei den Brüdern Grimm zwischen dem "es war einmal" und dem "wenn sie nicht gestorben sind" die Zeit still steht, scheint also in der Tat eine volkstümliche Vorstellung und durchaus selbstverständlich zu sein im Märchen; aber die Brüder Grimm sammelten und schrieben, genauer: stilisierten ihre Märchen fast eine Generation nach Musäus und mehr als hundert Jahren nach Perrault, und die historisch und philologisch meisterhaft geschulten Wissenschaftler ignorierten damit demonstrativ das inzwischen erwachte historische Bewußtsein. Ob sie damit **das** Märchen entdeckten oder anachronistisch erfanden, bleibt eine Streitfrage, die sich nur löst, wenn der "verständige" Leser und der wissenschaftliche Interpret einräumt, es handle sich bei ihren Märchen um den Typus Grimm und nicht um **das** Märchen, geschwige den um **das** Volksmärchen.

Auch bei Musäus ist - wie bei Perrault - trotz des ironischen Spiels und der historischen Anspielungen, die Zeit im Märchen aufgehoben im immerwährenden Jetzt; auch bei ihnen ist das Märchen die Beschwörung des verlorenen Paradieses, aber die Beschwörung ist im Unterschied zum Grimmschen Kinder-Paradies eine bewußte und immer wieder gestörte Illusion mitten im Gestrüpp der Historie. Musäus erzählt nicht für Kinder, sondern regt den "verständigen" Leser an zu der Frage: Was ist das - ein Märchen? Im immerwährenden und nimmer endenden Streit um Gattungsbegriffe wie Volks-Märchen, Kunst-Märchen, Kinder-Märchen, Zauber-Märchen, Feen-Märchen, Warn-Märchen, Droh-Märchen, Wunsch-Märchen, Glücks-Märchen, Wunder-Märchen, Dummlings-Märchen, Tier-Märchen, Erlösungs-Märchen, Schwank-Märchen, Legenden-Märchen, Novellen-Märchen, Anti-Märchen usf. schaut man sich immer hilfloser um nach einem der sich traute und traut, die Frage definitorisch und definitiv zu beantworten - was ist das: ein Märchen? Musäus jedenfalls, der Weimarer Gymnasial-Professor, schreibt an den historischen Rändern zwischen Aufklärung und Romantik seine Märchen inmitten und entgegen einer literarischen Strömung, die man die empfindsame Epoche nannte und nennt, weil das Wort seit Lessings Empfehlung an J. J. Bode im Jahre 1768, Laurence Sternes englischen Titel 'Sentimental Journey' mit 'Empfindsame Reise' zu übersetzten, leitmotivisch und gleichsam modisch wurde, nicht zuletzt verstärkt durch Richardsons empfindsame Romane 'Pamela', 'Clarissa' und 'Grandison', in denen ein tugendhaftes Gefühl zum humanistischen Ideal wurde in Europa. Der aufklärerische Professor muß genauer zitiert werden aus seinem 'Vorbericht':

die Herzgefühle eine Zeitlang ruhen zu lassen, das weinerliche Adagio der Empfindsamkeit zu endigen und durch die Zauberlaterne der Phantasie das en-

nüyierte Publikum eine Zeitlang mit dem schönen Schattenspiel an der Wand zu unterhalten.[44]

Gewiß: daß eine ironische Vernunft der tugendsamen Empfindsamkeit oder der empfindsamen Tugend aufklärerisch zusetzt, ist deutlich genug, deutlich ist aber auch: überrascht, überführt und gerechtfertigt wird hier letzthin die sich immer gleich bleibende poetische und voyeuristische Phantasie.[45]

An dieser Stelle sei ein kleiner Exkurs erlaubt:

Die Schwäne also sind verkleidete Mädchen, die sich am Gestade geheimnisvoller Seen ihrer Gewänder entledigen und nackt in den Fluten baden. Der Voyeur ist ein Mann - wie wäre es, wenn er seinerseits, verwandelt oder verkleidet als Schwan, sich unter die badenden Mädchen mischte? Musäus schon erinnert uns an einen solchen Schwan, der ein Mann war, an einen Gott, an den "idealischen Donnerer" mit dem Namen Zeus. Wir kennen den Mythos von jenem Gott, der sich in der Gesalt eines Schwans der Pharsalischen Königin Leda näherte und mit ihr Helena zeugte. Wir kenen diese Szene aus den Bildern von Correggio, Michelangelo und anderen. Goethe aber hat im zweiten Teil seines 'Faust' die göttliche Schwanen-Erscheinung in einem menschlichen Traum beschworen; gleichsam zur Einstimmung in die Klassische Walpurgisnacht wird der Zuschauer im Parkett durch die suggestive Traumvision des Homunkulus im Sinne des Wortes zum Voyeur:

HOMUNCULUS erstaunt. Bedeutend! -
Die Phiole entschlüpft aus Wagners Händen, schwebt über
Faust und beleuchtet ihn.
Schön umgeben! - Klar Gewässer
Im dichten Haine! Fraun, die sich entkleiden,
Die allerliebsten! - Das wird immer besser.
Doch eine läßt sich glänzend unterscheiden,
Aus höchstem Helden-, wohl aus Götterstamme.
Sie setzt den Fuß in das durchsichtige Helle;
Des edlen Körpers holde Lebensflamme

---

[44] Zaunert a. a. O.. I, X.
[45] Moritz Müller a. a. O.. S. 64: "selbst seine übersinnlichsten geisterhaftesten Geschöpfe rückt er [...] uns dadurch näher, daß er ohne sie zu Zwischenwesen zu machen, ihnen doch immer eine menschliche Seite abgewinnt"; "auch in diesen seinen so wunderbaren Mährchen ist er [...] unendlich oft voll Schäkerei und schäumenden Muthwillens, kraft derer er sich in den die Brust lustig umspielenden Wellen seelischen Wohlbehagens badetund jauchzend, neckisch darin plätschert. Aber S. 65: "die über den Leser ausgespannte Mährchenwelt sollte ihr Reflexe verklärend und erhebend, läuternd und sittigend auf die gewöhnlichen Zustände des Erdendaseins, auf Geist und Gemüth der sitlichen Schöpfung werfen".

> *Kühlt sich im schmiegsamen Kristall der Welle. -*
> *Doch welch Getöse rasch bewegter Flügel,*
> *Welch Sausen, Plätschern wühlt im glatten Spiegel?*
> *Die Mädchen fliehn verschüchtert; doch allein*
> *Die Königin, sie blickt gelassen drein*
> *Und sieht mit stolzem weiblichem Vergnügen*
> *Der Schwäne Fürsten ihrem Knie sich schmiegen,*
> *Zudringlich zahm. Er scheint sich zu gewöhnen. -*
> *Auf einmal aber steigt ein Dunst empor*
> *Und deckt mit dichtgewebtem Flor*
> *Die lieblichste von allen Szenen.*[46]

Goethe aber läßt es bei der Traum-Szene nicht bewenden; sie wiederholt sich in der Walpurgisnacht noch einmal - diesmal als Tagtraum und in deutlicher Nähe zur historischen Wirklichkeit.

Faust hört am Ufer des Peneios im Schilf- und Wellengeflüster die Nymphen singen, dann aber ...

> *Peneios umgeben von Gewässern und Nymphen.*
> PENEIOS. *Rege dich, du Schilfgeflüster!*
> *Hauche leise, Rohrgeschwister,*
> *Säuselt, leichte Weidensträuche,*
> *Lispelt, Pappelzitterzweige,*
> *Unterbrochnen Träumen zu!...*
> *Weckt mich doch ein grauslich Wittern,*
> *Heimlich allbewegend Zittern*
> *Aus dem Wallestrom und Ruh'.*
> FAUST, *an den Fluß tretend.*
> *Hör' ich recht, so muß ich glauben:*
> *Hinter den verschränkten Lauben*
> *Dieser Zweige, dieser Stauden*
> *Tönt ein menschenähnlichs Lauten.*
> *Scheint die Welle doch ein Schwätzen,*
> *Lüftlein wie - ein Scherzergetzen.*
> NYMPHEN *zu Faust: Am besten geschäh' dir,*
> > *Du legtest dich nieder,*
> > *Erholtest im Kühlen*
> > *Ermüdete Glieder*

---

[46] HA XI, 212.

MUSÄUS: DER GERAUBTE SCHLEIER

Genössest der immer
Dich meidenden Ruh;
Wir säuseln, wir rieseln,
Wir flüstern dir zu.
FAUST. *Ich wache ja! O laßt sie walten*
Die unvergleichlichen Gestalten,
Wie sie dorthin mein Auge schickt.
So wunderbar bin ich durchdrungen!
Sind's Träume? Sind's Erinnerungen?
Schon einmal warst du so beglückt.
Gewässer schleichen durch die Frische
Der dichten, sanft bewegten Büsche,
Nicht rauschen sie, sie rieseln kaum;
Von allen Seiten hundert Quellen
Vereinen sich im reinlich hellen,
Zum Bade flach vertieften Raum.
Gesunde junge Frauenglieder,
Vom feuchten Spiegel doppelt wieder
Ergetztem Auge zugebracht!
Gesellig dann und fröhlich badend,
Erdreistet schwimmend, furchtsam watend;
Geschrei zuletzt und Wasserschlacht.
Begnügen sollt' ich mich an diesen,
Mein Auge sollte hier genießen,
Doch immer weiter strebt mein Sinn.
Der Blick dringt scharf nach jener Hülle,
Das reiche Laub der grünen Fülle
Verbirgt die hohe Königin.
Wundersam! auch Schwäne kommen
Aus den Buchten hergeschwommen,
Majestätisch rein bewegt.
Ruhig schwebend, zart gesellig,
Aber stolz und selbstgefällig,
Wie sich Haupt und Schnabel regt...
Einer aber scheint vor allen
Brüstend kühn sich zu gefallen,
Segelnd rasch durch alle fort;
Sein Gefieder bläht sich schwellend,
Welle selbst, auf Wogen wellend,
Dringt er zu dem heiligen Ort...

DIETER ARENDT

Die andern schwimmen hin und wider
Mit ruhig glänzendem Gefieder,
Bald auch in regem prächtigen Streit,
Die scheuen Mädchen abzulenken,
Daß sie an ihren Dienst nicht denken,
Nur an die eigne Sicherheit.[47]

Goethes Faust als Voyeur? Und mit ihm sein Autor und sein Publikum? Der Protest vonseiten der seriösen Interpreten kann mit überzeugenden Argumenten aufwarten: Faust, der Repräsentant des hohen Geistes aus dem schaurigen Norden mit seiner Sehnsucht nach der klassischen Schönheit des Südens, nähert sich traumhaft schweifend und tastend dem Phantasie-Bild Helena. Eine hohe Allegorik. Fausts Annäherung an Helena aber nimmt ihren Anfang schon bei der Verführung ihrer königlichen Mutter Leda durch den Schwan - warum eigentlich? Und warum das zweimalige Erscheinen der Schwäne bei den badenden Mädchen und dies mit dem unzweideutigen Hinweis auf die hinter Busch und Laubwerk am Ufer des Peneios sich ereignende "lieblichste von allen Szenen"?

Ist diese im Mythos überlieferte und oft gemalte Szene für den nördlichen Faust nicht doch ein blindes Motiv, da die Begegnung mit der südlichen Helena doch der eigentliche Inhalt der Fabel? Apropos: Fabel! Gleich eingangs der klassischen Walpurgis-Szene wird betont: alles spielt im "Fabelreich"[48]. Fausts Annäherung an die Fabelwesen in diesem "Fabelreich" vollzieht sich ebenso behutsam wie gründlich, aber das Fabelkind Euphorion ist nicht lebensfähig und kommt um. Aber: In den Gewändern der Fabel ist jede Verkleidung, jede Rolle, jedes Spiel möglich, warum nicht dies: Wenn in den Mythen, Märchen und Sagen Männer beobachten, wie Schwäne als Mädchen in Wundergewässern baden, warum nicht auch gleich Männer als Schwäne unter badenden Mädchen? Im Fabelland gibt es keine Grenzen für die Phantasie.

***

Am Ende stellt sich die Frage: Was ist das, die Phantasie. Aber bleiben wir bei Musäus und fragen bescheidener: Was beabsichtigt Musäus mit seiner "Zauberlaterne der Phantasie"?

Ist Phantasie etwa eine glückliche Verbindung zwischen einer kritischen Vernunft und einem duldsamen Herzgefühl, zwischen Denken und Empfinden, zwischen Reflexion und Illusion, zwischen gesellschaftlichem Sein und phanta-

---

[47] HA XI, 222-223.
[48] HA XI, 216.

stischem Schein, zwischen Wirklichkeit und Wunderbarem - gleichsam die längst gefundene Synthese des zwischen Achim von Arnim und den Brüdern Grimm ernsthaft geführten Streitgesprächs über Kunst-Poesie und Natur-Poesie?

Musäus hatte damit in der Tat durch seine Märchen den inneren Widerspruch der Aufklärung, dem die Empfindsamkeit nicht zufällig parallel ging, aufgelöst, etwa im Sinne Pascals, der lange genug zuvor in seinen Pensées die "connaissance du coeur"[49] variiert, oder Vauvenargues, der geschrieben hatte: "Les grandes pensées viennent du coeur."[50] Und im Rousseauismus lag das Wort von der raison du coeur nahe, und wie oder wo wäre eine solche Raison anschaulicher zu praktizieren und zu poetisieren möglich gewesen als mittels der Phantasie im Märchen?!

Literaturwissenschaftliche Epochen-Begriffe mögen näherliegen für die literarhistorische Einordnung des Märchen-Dichters Musäus: Er hatte zuvor Richardsons vielgelesenen Briefroman 'Sir Charles Grandison' parodiert und das modische Tugend-Ideal mittels einer Karikatur des selbstlosen und großmütigen Sir Charles bespöttelt. Der Parodist hatte damit den verdrängten Widerspruch zwischen Vernunft und Sinnlichkeit, Rationalität und Empfindsamkeit auf peinliche Weise aufgedeckt und mit halben Enthüllungen und lüsternen Andeutungen ein frivoles Spiel getrieben; dadurch trat sowohl die in familiäre Sittigkeit eingefangene als auch die durch phantasievolle Läßlichkeit sich verwirklichende Erotik ausdrucksvoll und eindrucksvoll in Erscheinung als Kunst des Rokoko.[51]

Rokoko - wer vermag bündig zu definieren, welche Stile, Motive und Tendenzen kennzeichnend sind für diese ebenso verspielte wie ernste Epoche? Eines ist sicher: trotz der buhlerischen Reim-Tändelei und lasziven Porzellan-Erotik ist die untergründige Emfpindlichkeit, Empfindsamkeit und Empfindelei ebensowenig abzuleugnen wie ihre gleichzeitige Ironie.

Musäus übrigens war nicht der einzige Dichter, der sich damals lustig machte über die naturschwärmerischen "Herzgefühle" einer Phantasie der Empfindsamkeit, die ebenso tugendhaft wie lüstern, ebenso bieder wie frivol, ebenso keusch wie sinnenhaft sich in Liebe und Ehe zeugungs- und gebärfreudig zu verwirklichen trachtete.

Goethe etwa spottte in Weimar zu eben dieser Zeit, da Musäus seine Märchen schrieb, selbstkritisch über eben dieses empfindsame Thema. Beispielhaft thematisiert in seinem Spiel mit dem ironischen Titel: 'Triumpf der Empfindsamkeit': Eine Puppe wird zum leidenschaftlichen Objekt der Liebe; aus der ge-

---

[49] Blaise Pascal: Pensée sur la religion. 1670. Ed. Brunschwicg.Paris. Machette o. J. 1961. S. 459. Nr. 282.
[50] Vauvenargues: Reflexion et maximes: paris. 1746. Ed.
[51] Grandison der Zweite oder Geschichte des Herrn N. in Briefen entworfen. Eisenach 1760-1762.

liebten und schließlich geöffneten Puppe fallen am Ende mit dem Häckerling auch Bücher heraus, auf den ersten Blick der Kommentar: "Empfindsamkeiten"[52]; dann ein damals wertherisch-epigonal umschwärmter Titel: 'Siegwart, eine Klostergeschichte, in drei Bänden': und dann folgt eine aufschlußreiche Regieanweisung: "Es bleibt den Schauspielern überlassen, sich hier auf gute Art über ähnliche Schriften lustig zu machen."[53] Dann aber ist die Rede von einer "Grundsuppe" und es folgen noch zwei Titel: 'Die neue Heloise' und - man höre: 'Die Leiden des jungen Werthers'![54]

Musäus also ertappt und entlarvt den "verständigen" Leser als sentimental-empfindsamen Voyeur, aber zugleich damit erhält eben dieser Leser Pardon sofern er zugegebenermaßen erkennt: Jeder Mann lauert nämlich mit Wölund, Hasan, Benno und Friedbert an irgendeinem Schwanensee und schaut den Schwanen-Jungfrauen zu bei ihrem FKK-Bad; und während er zuschaut, überkommt auch ihn der Wunsch, daß er gerne eines dieser Mädchen einfangen möchte, sehr wohl wissend, daß diese Werbung eher hinterhältig als redlich ist. Und der "verständige" Leser als redlicher Mann weiß doch, daß ihm das Mädchen bzw. die Frau wieder davon fliegen würde, weiß nun aber auch plötzlich, daß er die beschwerliche Reise übe Naxos nach Übersee und um die Welt, durch Urwälder und Wüsteneien, gegen Urtiere und Vipern kämpfend, wagen würde, um das flüchtige Mädchen bzw. die geliebte Frau wiederzufinden und zurückzuerobern, hoffentlich mit Glück und mit Hilfe freundlicher Feen.

Musäus war im Oktober 1792 verstorben. Herder hatte die Trauerrede gehalten, und viele Honoratioren Weimars waren seinem Sarg gefolgt.

Im Jahre 1803 aber veranstaltet der einstige Weimarische Prinzenerzieher, der siebzigjährige Hofrat Christoph Martin Wieland eine Neuausgabe seiner Märchen und begleitete sie mit einem Vorwort: Dort stehen die Sätze:

Die ganz eigentümliche und unnachahmliche, naiv-witzige und gutmütig-schalkhafte Laune des Verfassers mache gerade den vorzüglichsten Reiz dieser Erzählungen aus, und wer viel daran kritteln und schnitteln, feilen und polieren wollte, würde Gefahr laufen, mehr zu verderben als gut zu machen.[55]

Wieland hat doch wohl ein wenig zuviel geschnittelt und poliert, aber das mag hingehen, weil es besten Willens geschah. In eben diesem Vorwort steht auch der Passus:

---

[52] WA I, 17, 55.
[53] WA I, 17, 56.
[54] WA I, 17, 56.
[55] Christoph Martin Wieland: Vorrede zu der neueren Ausgabe der Volksmärchen von Musäus. Gotha 1804. In: Wieland's Werke. Berlin. Gustav Hamel o. J. 38. Theil. Zur deutschen Sprache, Dichtung und Literatur. S. 520. Ferner in: Deutsche National-Litteratur. Hrsg. v. Joseph Kürschner. Berlin/Stuttgart o. J. 57. bd. s. 159.

> *mit einem Wort, ungeachtet auch ihm wie allen anderen zuweilen was Menschliches begegnet ist, werden sie dennoch unter dem Besten, was das letzte Viertel des achtzehnten Jahrhunderts in dieser Gattung hervorgebracht, zumal unter den Unterhaltungsschriften, welche die Jugend ohne Schaden und vielmehr mit Gewinn für Kopf und Herz lesen kann, ihren wohlverdienten Platz nie verieren.*[56]

Musäus Märchen-Erzählung 'Der graubte Schleier' richtet sich, wie penetrant wiederholt, an den "verständigen" Leser und das heißt nicht zuletzt: an den Interpreten und Literaturwissenschaftler. Ob dieser sein Märchen nun mythologisch, ethnologisch, psychologisch, literarästhetisch oder anthropologisch liest und verstehen möchte, ist zunächst seine Sache; aber er wird bei seinem hermeneutischen Verfahren nicht umhin kommen, einzuräumen, daß er nicht im historischen Vakuum operiert, sondern einen konkreten Standpunkt hat in seiner Gegenwart.

Einen solchen hermeneutischen Transfer von der Geschichte zur Gegenwart zuzugeben, wäre somit redlich.

Mit anderen Worten: Die historische oder gar historistische Analyse des Märchens kann nicht die einzige Art der Rezeption sein, ein aktualisierender Bezug ist nicht nur möglich und gestattet, sondern unumgänglich für den sowohl wissenschaftlich voreingenommenen wie insbesondere natürlich für den unwissenschaftlichen und unvoreingenommenen Leser. Der "verständige" Leser ist mithin geradezu aufgefordert, die Frage nach der kausalen Kondition des Märchens zu ergänzen durch die finale Betrachtung, das heißt, die historisch bedingte und relative Intention zu enthistorisieren und sich das einstmals erzählte Märchen unmittelbar im Hier und Jetzt erzählen zu lassen, um zu spüren - ob Kind, Frau oder insbesondere beim vorliegenden Märchen, der Mann: tua res agitur.

Wilhelm Raabe, der Erzähler vieler Novellen und Romane, war als Vielleser auch ein Liebhaber und Kenner der Musäus-Märchen; bezeichnenderweise gibt es von ihm einen Aufsatz mit dem Titel: 'Der alte Musäus'. Dort schreibt er am Ende:

> *Die Welt will immer sich "was erzählen" lassen; gestern scherzte die Ironie des Rokoko, heute hat die bittersüße Gegenwart das Wort, und wieder nach achtzig Jahren wird wieder ein Anderer unter der Linde sitzen und die alte Fabel, das Märchen, welches man nicht "macht", mit dem Gewande des Tages, der dann sein wird, bekleiden.*[57]

---

[56] A. a. O.. S. 160.
[57] Raabe-Bibliographie von Fritz Meyen (Braunschweiger Ausgabe Erg..Bd.), 123-124) verzeichnet folgende Ausgaben: Der alte Musäus. [Von Wilhelm] R[aab]e. - In: Freya. Illustrirte Blätter für die

DIETER ARENDT

Aber wie das Märchen zu allen Zeiten und bei allen Völkern seine Gewänder wechselt, so dürfte der "verständige" Leser als Betrachter wissen: unter den Kleidern sind alle Menschen gleich: nämlich nackt.

---

gebildete Welt, Jg 7, Stuttgart 1867, S. 307-310. Der alte Musäus. Von Wilhelm Raabe. - In: Mitteilungen für die Gesellschaft der Freunde Wilhelm Raabes, Jg 2, Berlin 1912,Nr. 2, S. 25-30.Der alte Musäus. - In: Wilhelm Raabe. Sämtliche Werke, 1.-10.Taus,. Berlin-Grunewald: Klemm [1916], Serie 3, Bd 6, S. 534-540.Klemm [1934], Serie 3, 20-13. Taus., Bd 5, S. 393-398.

Thomas Clasen
"Den Trieb haben doch alle Menschen."
Sexualobsessionen in den Dramen des J.M.R. Lenz

Ein Hofmeister, ein bürgerlicher Hauslehrer also, zeugt seiner adligen Schülerin ein Kind. Die Standesgrenzen des 18. Jahrhunderts schließen eine Heirat der Beiden selbstverständlich aus. So kommt es zur Flucht des Hofmeisters mit dem sprechenden Namen "Läuffer" aus dem Adelshaus, zum Mordversuch an ihm, zur Selbstkastration, zur Flucht auch des adligen, doch entehrten Mädchens und zu deren Suizidversuch. Wie diese Katastrophe dennoch zu einem - freilich äußerst unglaubwürdigen - happy end führen kann, sei nicht verraten.

Die Geschlechter- und Standesverhältnisse lassen sich jedoch auch umkehren: Eine bürgerliche Kaufmannstochter läßt sich mit einem adligen Offizier ein, träumt von einer Heirat, was die Standesgrenzen natürlich nicht zulassen. Das bürgerliche Mädchen flieht auf der Suche nach ihrem Offizier aus dem wohlbehüteten Elternhaus, verelendet auf der Straße und wird, einmal entehrt, als Gassenhure behandelt. Ihr Schicksal führt zu zwei gelingenden Giftmorden und einem Selbstmord. Und dennoch endet auch diese Katastrophe - wenigstens halbwegs - in einem happy end.

Ein wirkliches happy end kann in der Gesellschaft des 18. Jahrhunderts wohl nur gelingen, wenn die Standesschranken und Familienverhältnisse durch Vertauschung und Verwirrung ad absurdum geführt werden und damit wenigstens scheinbar ihre Macht über die Menschen verlieren. Auch dafür ein Beispiel: Ein "edler Wilder", ein Kronprinz zwar, doch aus dem außereuropäischen Phantasieland Cumba - was seine hochadlige Herkunft zunächst zu relativieren scheint - begehrt die Tochter seines bürgerlich denkenden, dem kleinen Landadel zugehörigen deutschen Gastgebers. Ein lüsterner Graf, ein typischer Libertin des verrotteten Adels, steht zwischen dem jungen Paar. Der Graf versucht, das schöne, bürgerlich-sittsame Mädchen zu verführen. Intrigen werden gesponnen, ein Maskenball und ein aphrodisierendes Getränk werden vorbereitet, ein Mord, ein Mordversuch, ein Selbstmord und die sich als Furie gebärdende Ehefrau des adligen Lüstlings beleben die Szene. Doch die Tugend und die Standhaftigkeit des Mädchens wie auch des "edlen Wilden" und nicht zuletzt die spät entdeckte hochadlige Herkunft der als Säugling vertauschten und daher unechten Tochter des braven Landedelmannes sorgen am Ende für Tränen der Rührung.

Auf den ersten Blick scheinen die hier als Beispiel kurz und - zugegeben - grob skizzierten Dramen des Sturm und Drang-Dichters Jakob Michael Reinhold Lenz, "Der Hofmeister", "Die Soldaten" und "Der neue Menoza", einen typischen Konflikt des 18. Jahrhunderts in Szene zu setzen: die Liebe und ihre sozial bedingte Gefährdung oder sogar ihr Scheitern an der gesellschaftlichen Macht der Standesgrenzen. Sozialkritische Interpretationen besonders für einen die Literatur funktionalisierenden Schulunterricht, der mit Hilfe von Kunst den Kampf der beginnenden bürgerlichen Gesellschaft gegen die Feudalherrschaft oder die Macht von Klassenverhältnissen meint dokumentieren zu können, böten sich an.

Doch dem aufmerksamen Beobachter wird nicht entgangen sein, daß in den knappen Inhaltsskizzen der wohl bekanntesten Dramen des Sturm und Drang-Dichters das Wort "Liebe" bewußt vermieden wurde. Vom Begehren, vom Sich-Einlassen und vom Zeugen eines Kindes war die Rede, denn eine genaue Analyse der Lenzschen Tragikomödien zeigt, daß nicht die Liebe, sondern die - allenfalls für Liebe gehaltenen - sexuellen Triebe die Maschinerie der meisten Lenz-Dramen in Gang setzen und die Katastrophe fast zwangsläufig herbeiführen. Insofern unterscheiden sich diese Dramen von den vielen Liebestragödien und -romanen seiner Zeitgenossen, in denen die "Wahrheit und Schönheit" der Liebe die gesellschaftlichen Konventionen entweder zur sprengen vermögen oder wenigstens mit der Apotheose der absoluten Liebe ein sinnvoll tragisches Ende herbeiführen. Das Thema aber der Dramen von Lenz ist die Sexualität und ihre Zerstörungskraft, die - nach dem Menschenbild des Dichters jedenfalls - der Liebe geradezu entgegensteht und damit das Mensch-Sein in einer menschlichen Gesellschaft verhindert. Da Lenz Sexualität als nahezu übermächtig obsessive Triebhaftigkeit darstellt, bietet sich kein Ausweg. "Den Trieb haben doch alle Menschen", resigniert am Ende der "Soldaten" der aufgeklärte Obrist Graf von Spannheim und stimmt damit dem Vorschlag der Gräfin La Roche zu - als Dramenfigur eine Hommage an die von Lenz verehrte empfindsame Dichterin Sophie von La Roche - für das "Ungeheuer Soldat" staatlich geförderte Hurenhäuser einzurichten ("Die Soldaten", V, 5; auch I, 4).

Damit ist offensichtlich, daß die Lenzschen Dramen das Thema des Kolloquiums "Das Erotische in der Literatur" kaum oder besser: nur in seiner Verzerrung berühren können. Denn Erotik und triebhaft obsessive Sexualität schließen einander aus. Erotik setzt, wenn auch vom Sexualtrieb initiiert, die Freiheit vom Zwang zur Triebbefriedigung, setzt die Fähigkeit zum phantasievollen Spiel mit sexuellen Reizen voraus. Triebbeherrschung, beobachtende Distanz und damit ein souveräner Umgang mit der Sexualität sind, in der Kunst wie im Leben, Bedingung jeder erotischen Spannung. Daher ist gerade nicht die Entblößung und die Darstellung kreatürlicher Nacktheit, sondern die Kunst des die Phantasie stimulierenden Verhüllens das bedeutendste Mittel des erotischen Reizes. Die Dramenfiguren bei Lenz, aber wohl auch der Dichter selbst, dessen psychische Krankheit auch mit seiner gewaltsam unterdrückten Sexualität in einen Zusammenhang gebracht werden kann, beherrschen diese Kunst nicht. Im Gegenteil:

Sie werden beherrscht von ihrer Sexualität, was ihre Ausweglosigkeit, die sich niemals zur Tragik steigern kann, und ihre absurden Handlungen begründet. Die Dramen des Dichters Lenz zeigen in ihren Handlungen, wie wenig obsessive Triebhaftigkeit mit Liebe oder auch nur Erotik zu vereinbaren ist, zum Beispiel im "Hofmeister": Gustchen, die adlige Schülerin, "liegt auf dem Bette", Läuffer, der bürgerliche Hauslehrer "sitzt am Bette", bestimmen die Regieanweisungen für die fünfte Szene des zweiten Aktes. Der Zuschauer erwartet zu Recht eine erotische Szene, weiß er doch längst, daß es die sexuellen Reize des Mädchens sind, die den ausgebeuteten Hofmeister noch im Adelshaus festhalten. Doch der Zuschauer wird enttäuscht. Er erlebt offensichtlich eine Szene nach dem Geschlechtsakt, die zeigt, daß von Liebe und Erotik zwischen den Beiden nicht die Rede sein kann. Läuffer beklagt "am Bette" die bevorstehende weitere Gehaltskürzung und das schon schwangere Gustchen schwärmt "im Bette" von ihrem "Romeo", dem entfernten wahren Geliebten, während sie in Gedanken an diesen Läuffers Hand liebkost.

Diese Kernszene des "Hofmeister" desillusioniert den Zuschauer in zweierlei Hinsicht. Zum einen verdeutlicht sie das lieblose Verhältnis zwischen Gustchen und Läuffer, weshalb nach der Flucht des Hofmeisters und der davon getrennt ablaufenden Flucht des entehrten Mädchens gegenseitige Sehnsüchte, die Suche nach dem Anderen oder gar Liebeskummer in Bezug auf den einstigen Sexualpartner keinen Platz im weiteren Handlungsverlauf finden. Zum anderen enthüllt diese Szene den - nach Lenz - wahren Charakter der Sexualität, erweisen sich die Objekte der Triebbefriedigung doch als austauschbar. Ist das Objekt der sexuellen Sehnsucht unerreichbar, findet sich ein Stellvertreter: der Hofmeister erfüllt diese Funktion für Fritz von Berg, der Offizier Mary genießt sie in den "Soldaten" stellvertretend für seinen Regimentskameraden Desportes und Don Prado hat in "Die Freunde machen den Philosophen" nur "als Abgeordneter" des Philosophen Strephon die von beiden geliebte Seraphine geheiratet, weshalb er, nachdem Seraphines Liebe zu Strephon entdeckt ist, kurz vor der beginnenden Hochzeitsnacht und aus wahrer Liebe leicht zugunsten Strephons auf die ihm zustehende sexuelle Vereinigung mit Seraphine verzichten kann (V, 3). Als happy end dieses Dramas bietet uns Lenz eine Ménage à troi an. Der adlige und edelmütige Ehemann, der wahre Menschenliebe und Sexualität zu trennen weiß, entsagt der Triebbefriedigung, denn "die Wollust einer großen Tat wiegt die Wollust eines großen Genusses auf" (ebda.), während der ohnehin tatenlose bürgerliche Philosoph sich zukünftig der sexuellen Wollust und zugleich der Wollust, "einen Menschen (den Triebverzicht leistenden Ehemann nämlich, Th. C.) anzubeten", hingeben kann (ebda.). Mit dem bei Lenz auffällig häufigen Stellvertreter-Motiv in Sexualhandlungen oder sexuellen Anspielungen wird sogar Schabernack getrieben. So in den "Soldaten", wo dem ständig geilen Offizier mit

Namen "Rammler" anstelle der erwarteten jungen Schönheit zunächst ein alter Jude (III, 1) und später eine häßliche Witwe ins Bett gelegt wird (IV, 2).

Neben dem Stellvertreter-Motiv zeugen weitere Motive davon, wie sehr Lenz die Sexualität von der Liebe abspaltet. Fast immer sind Verführung, Betrug, List, Bestechung und Käuflichkeit, wahrlich keine Begleiter der Liebe, im Spiel, wenn ein Drama die Anziehungskraft der Sexualität thematisiert. So sieht der Hofmeister in der Triebbefriedigung mit Gustchen eine Entschädigung für den ständig gekürzten Lohn. Mariane läßt sich in den "Soldaten" durch das vorgetäuschte Heiratsversprechen des Adligen, durch Komödienbesuche und vor allem durch "Präsente" blenden und Graf Camäleon läßt im "neuen Menoza" ein Pülverchen in den Punsch schütten, um die tugendhafte Wilhelmine widerstandslos ins Séparée führen zu können.

Diese wenigen Beispiele verdeutlichen nicht nur die Trennung von Sexualität und Liebe bei Lenz, sie zeigen auch, wie sehr die sexuelle Befriedigung als Ware gehandelt wird, die einen Preis, eine Gegenleistung einfordert, will sie nicht, wie in den Beispielen, als blanker Betrug erfahren werden. Als gesellschaftlich anerkannte Preisnorm für das sexuelle Erlebnis gilt die Heirat, jedenfalls für das Bürgertum. Hier befindet sich Lenz in bester Gesellschaft, hat doch sein Lehrer Kant die Ehe als "Vertrag zum gegenseitigen Gebrauch der Geschlechtswerkzeuge" definiert, dem - auch nach Lenz - die Frauen ihren Lebensunterhalt und ihre soziale Stellung schulden. Denn "jedes Frauenzimmer weiß, daß sie dem Triebe ihre ganze künftige Glückseligkeit zu verdanken hat", räsoniert in den "Soldaten" der aufgeklärte Feldprediger Eisenhardt (I, 4). Kann der Preis, das Ehegelöbnis, entweder wegen der Standesschranken oder durch männliche Schurkerei verursacht nicht entrichtet werden, müssen zur Kompensation andere Versorgungsleistungen geboten werden, um wenigstens halbwegs das Ansehen und die Zukunft einer entehrten Frau wiederherzustellen. Die Stellung als Gesellschafterin bei einer tugendhaften Adligen, wie sie die Gräfin La Roche der gestrauchelten Mariane in den "Soldaten" vorschlägt, und das Aussetzen von tausend Talern als Aussteuer, als Ersatz für die verlorene Ehre im Falle einer späteren bürgerlichen Heirat, bieten sich dazu an (III, 10). Wie hoch der Marktwert der Jungfräulichkeit einzuschätzen ist, demonstriert in den "Soldaten" vor allem das Schicksal des Galanteriehändlers Wesener, dessen zunächst blühendes Geschäft durch den Fehltritt seiner Tochter zugrundegeht.

Sexualität als Ware bedeutet aber mehr als ihre Abspaltung von der Liebe. Als Ware ist sie dem Menschen äußerlich, gehört sie nach der Anthropologie des pietistischen Protestantismus und dem ihr folgenden Menschenbild des Dichters Lenz nicht zum Wesen des Menschen. Gleichzeitig erfaßt sie jedoch, wie gerade Lenzens Dramen zeigen, zuweilen den ganzen Menschen, bestimmt sein Schicksal und bedroht in Form des Sittenverfalls sogar die menschliche Gesellschaft insgesamt. Ein immanenter Widerspruch in den Dramen des Sturm und Drang-Dichters? Nein, denn nach den Vorstellungen der Aufklärung hat der Mensch sein vernunftbestimmtes Mensch-Sein noch nicht erreicht, ist er noch immer auch dem naturhaft Animalischen verhaftet, wogegen der Prozeß der Aufklärung - und mit ihm Lenz - den Kampf aufgenommen hat. Und beim pietistisch geprägten Lenz ist es gerade der Sexualtrieb, der für diese Anthropologie den Beweis liefern muß. Daher ist es nicht verwunderlich, daß Lenz den Sexualtrieb weder mit Liebe und Zärtlichkeit in Verbindung bringt noch dessen Entgleisung als eine zum Menschen gehörende, verzeihliche Schwäche oder gar als "läßliche Sünde" akzeptieren kann. Im Gegenteil, sie wird als "Rausch viehischer Ausschweifungen" ("Über die Soldatenehen", Damm 2, S. 822) vom menschlichen Wesen ausgegrenzt und als bloßer Genuß der animalischen Natur zugeordnet, denn "das Tier genießt auch", behauptet der unverdorbene Prinz Tandi im "neuen Menoza" und widerlegt damit den Baccalaureus Zierau, der das Genußstreben einschließlich der Wollust als menschliche Eigenschaft zu verteidigen sucht (II, 6). Und im Drama "Der Engländer" läßt Lenz den liebestollen Robert unter dem Schlafzimmer der Prinzessin Armida in Sexualmetaphern seufzen: "O wie unglücklich ist doch der Mensch! In der ganzen Natur (sic!) folgt alles seinem Triebe. Der Sperber fliegt auf seine Beute (sic!), die Biene auf ihre Blume, der Adler in die Sonne selber - der Mensch, nur der Mensch - -" womit gleich zu Beginn des Dramas verständlich wird, warum Robert wahnsinnig werden muß und sich im Selbstmord, im Verzicht auf das Mensch-Sein, der Natur übergibt (I, 1).

Aus dieser Anthropologie, dieser Gegenüberstellung von Mensch und triebhafter Natur läßt sich ein merkwürdiger Widerspruch in den Lenzschen Dramen erklären. Sie enthalten nämlich eine Fülle von - wenn man so will - frauenfeindlichen Äußerungen, die die Schuld an sexuellen Verfehlungen den Frauen zuweist, obwohl es in den Dramenhandlungen, von gelegentlichen weiblichen Koketterien einmal abgesehen, immer die aktiven Männer sind, die ihre sexuellen Sehnsüchte auf Kosten der passiven Frauen in die Tat umsetzen. "Die Weiber sind an allem Unglück in der Welt schuld", kommentiert Herr von Biederling im "neuen Menoza" knapp die Erzählung Prinz Tandis vom Ehebruchsversuch im heimischen Herrscherhaus (I, 1). "Sie (sic!) kann es sich und ihren Reizungen nicht verzeihen, einen Menschen so gänzlich um seinen Verstand gebracht zu haben", berichtet Lord Hot von der Prinzessin Armida in "Der Engländer", obwohl diese doch völlig passiv den Sehnsüchten seines Sohnes Robert ausgesetzt war (II, 2). "Die Schamhaftigkeit ist von unseren Weibern gewichen", diagnostiziert Lenz in seiner Schrift "Über die Soldatenehen" den gesellschaftlichen Sittenverfall (Damm 2, S. 796), obwohl es in den "Soldaten" doch die Männer sind, die schamlos die schüchternen Bürgermädchen sexuell bedrängen.

Auf den ersten Blick ließen sich derartige Äußerungen als Projektionen der Männer und des männlichen Dichters deuten, mit denen sie ihren Schuldkomplex gegenüber den Frauen-Opfern zu entlasten suchen. Die Anthropologie der Aufklärung legt jedoch eine weitergehende, den Widerspruch lösende Erklärung nahe. Frauen nämlich sind nach dieser Anthropologie per se und biologisch bedingt weniger mit der den Menschen auszeichnenden Vernunft begabt und damit weit mehr als Männer der Natur verhaftet. Da der sexuelle Trieb, wie oben beschrieben, dem Reich der Natur zugeordnet wird, sind Frauen auch eher gefährdet, ihm zu unterliegen. Die Abspaltung der Sexualität vom Mensch-Sein, was demnach vor allem Mann-Sein bedeutet, führt zur Lokalisierung der Triebhaftigkeit in der naturverhafteten Frau, mögen die Beobachtungen der Realität und deren wirklichkeitsnahe Wiedergabe in den Lenzschen Dramen dem auch entgegenstehen.

Auf dem Hintergrund dieser Anthropologie der Aufklärung lassen sich die Dramen von Lenz daher als Kampf des aufgeklärten Menschen gegen die Natur am Paradigma der Sexualität, als Widerstreit von menschlicher Vernunft und naturhaften Triebobsessionen lesen. Dabei ist es das wichtigste ästhetische Prinzip dieses Sturm und Drang-Dichters, den Kampf in seinen Dramen realistisch zu gestalten. In seiner theoretischen Schrift "Anmerkungen übers Theater" fordert er vom Dichter die Fähigkeit, "den Gegenstand zurückzuspiegeln" (Damm 2, S. 648), ihn "in g e t r e u e r Nachahmung zum andernmal wieder hervorzubringen" (Damm 2, S. 649) und selbst um den Preis, Karikaturen zu zeichnen, die Bühnenfiguren in "Genauigkeit und Wahrheit" darzustellen (Damm 2, S. 653). In seiner Selbstrezension des "neuen Menoza" beansprucht er für sich die "halbe Authentizität eines Geschichtsschreibers" (Damm 2, S. 701) und im satirischen Dramolett "Pandämonium Germanicum" beschreibt er als Selbstcharakterisierung sein poetisches Vorhaben, "ein Maler der menschlichen Gesellschaft zu werden" (I, 4).

Dieser Realismus-Anspruch muß dem Zuschauer, sofern Lenz Sexualkonflikte wirklichkeitsnah dramatisiert, Einblicke in die intimsten Handlungsorte gewähren. Wohl kaum ein Dramatiker des 18. Jahrhunderts hat denn auch so viele Schlafzimmer-Szenen auf die Bühne gebracht wie Lenz - die jedoch aus den erklärten Gründen in der Dramenhandlung jede erotische Spannung vermissen lassen. Im "Hofmeister" erleben wir, wie Gustchen und Fritz von Berg im Schlafzimmer des Mädchens am Kanapee (sic!) zum Treueschwur niederknien (I, 5), wir erleben die schon beschriebene lieblose "Szene danach" (II, 5) oder die Schlafkammer des inzwischen selbstkastrierten ehemaligen Hauslehrers, der als degradierter Adjunkt eines Dorfschullehrers und Eunuch einem naiven Bauernmädchen einen Heiratsantrag macht (V, 10). Das Drama "Der Engländer" beginnt zwar nicht direkt im Zimmer, aber unmittelbar unter dem Schlafzimmerfenster der Prinzessin Armida, wo der vor Sehnsucht wahnsinnige Robert einen Schuß aus dem Gewehr abfeuert und damit symbolträchtig zum Ausdruck bringt, welcher Natur sein Verlangen nach Armida ist. Und das Drama "Die Freunde machen den Philosophen" endet laut Regieanweisung im "Brautgemacht in Don Prados Hause", in das der eifersüchtige Strephon nachts mit dem Ziel einsteigt, sich im Anblick des Hochzeitsvollzugs zu erschießen (V, 3) - um nur einige Beispiele zu nennen.

Neben dem Realismus-Anspruch, der das Schlafzimmer als dramatischen Handlungsort nicht ausspart, sind die Lenzschen Dramen von einer zweiten wichtigen ästhetischen Maxime der Sturm und Drang-Literaturepoche geprägt. Es ist die Konzeption des "poetischen Genies", die seine Dramaturgie bestimmt, freilich in einer Lenz-spezifischen Weise. Nach Lenz besteht die Fähigkeit des Genies zunächst darin, daß es im Gegensatz zum Alltagsbürger einen "Standpunkt" einzunehmen vermag, der ihm eine überbegriffliche, das Wesen der Dinge anschaulich erfassende Erkenntnis ermöglicht ("Anmerkungen übers Theater", Damm 2, S. 648, "Der neue Menoza", II, 4). "Wir nennen die Köpfe Genies, die alles, was ihnen vorkommt, gleich so durchdringen, durch und durch sehen, daß ihre Erkenntnis denselben Wert, Umfang und Klarheit hat, als ob sie durch Anschauung oder alle sieben Sinne zusammen wären erworben worden" ("Anmerkungen übers Theater", Damm 2, S. 648). Das Sammeln von Erkenntnissen, und seien es die der scharfen Gesellschaftsanalyse, die Lenzens Dramen auszeichnen, bleibt jedoch ein rezeptiver Vorgang, der möglicherweise Wissenschaft, aber keine Kunst hervorbringt. Daher nimmt Lenz als Steigerung und Wendung des Genie-Begriffs ins Produktive den von Gerstenberg vermittelten Terminus des "poetischen Genies" auf, dem es gegeben ist "den Gegenstand zurückzuspiegeln" ("Anmerkungen übers Theater", Damm 2, S. 648), ihn also in der gleichen Erkenntniswahrheit und Anschaulichkeit, wie ihn das Genie selbst erfaßt hat, dem Publikum nahezubringen.

Beides, die Fähigkeit zur wahren Erkenntnis und die Fähigkeit, diese im poetischen Werk "zurückzuspiegeln" setzt Distanz voraus. Besteht da nicht die Gefahr der Entfernung von der gesellschaftlichen Wirklichkeit, die den Realismus-Anspruch gefährden muß? Nicht nach Lenzens ästhetischer Theorie und der Genie-Konzeption des Sturm und Drang. Das Genie nämlich schaut wie ein Gott in die Welt: von oben, alles sehend und alles miteinander in die wahre Verbindung setzend. Dies ist der "Standpunkt" des Genies, daher spricht Lenz von den Künstlern als "kleinen Göttern" ("Anmerkungen übers Theater", Damm 2, S. 648), und dieser "Standpunkt" bedingt die Perspektive, den "Blick der Gottheit in die Welt" ("Anmerkungen übers Theater", Damm 2, S. 654), nach dem seine Dramen gestaltet sind und die der Zuschauer nachvollziehen soll. In der Literatur- und Gesellschaftssatire "Pandämonium Germanicum" beschreibt der

Dichter anschaulich und witzig, wie Goethe, das anerkannte Genie, und auf seinen Spuren kriechend und stolpernd der Dichter Lenz selbst diesen "Standpunkt", den Parnaß erklettern und spöttisch auf die Gesellschaft von Kritikern, Journalisten, Pfaffen und Schreiberlingen wie Wieland, Rabener oder Hagedorn hinabschauen. Der Zuschauer der Lenzschen Dramen erlebt diesen "Standpunkt" am deutlichsten, wenn ihm örtlich entfernte, doch synchrone Handlungsstränge auf der Bühne dargeboten werden. Er blickt mit Lenz im "Hofmeister" zum Beispiel wie ein allessehender Gott auf das Treiben der Studenten in Leipzig und kurz darauf auf das zeitgleich sich vollziehende Schicksal des armen Gustchens oder Läuffers in Ostpreußen. Gert Mattenklott hat zu Recht dieses modern anmutende Charakteristikum der Lenzschen Dramatik mit der synchronen, die Brüche der Realität in der Schnittechnik darstellenden Perspektive des Kinofilms verglichen (Gert Mattenklott, Melancholie in der Dramatik des Sturm und Drang, Stuttgart 1968, S. 139).

Doch damit ist das Problem der Realitätsferne durch den distanzierten "Standpunkt von oben" noch nicht gelöst. Ein Gott vermag aus weiter Ferne dem Menschen nahe zu sein, aber das Genie, ein eben nur "kleiner Gott" und Mensch? Lenz weiß Rat. Das Genie nämlich benötigt nach Lenz ein Hilfsmittel, um aus der Höhe über der Gesellschaft den einzelnen Gegenstand klar und in seiner wahren Größe erkennen zu können. Es schaut durch spezifisch geschliffene Gläser, wie es in den "Anmerkungen übers Theater" heißt (Damm 2, S. 647), es benutzt ein Fernglas, während sich die "Gaffer" unten, wie im "Pandämonium Germanicum" beschrieben, (I, 2) mit der betrügerischen Lorgnette vergucken. Es ist das "Fernglas der Vernunft", das dem Genie - und nur dem Genie - zur Verfügung steht und mit dem es, wie Prinz Tandi im "neuen Menoza", "von einigen Standpunkten aus ... Nationen beschauen" kann (II, 4). Dieses geniale "Fernglas der Vernunft" vergrößert den Sieg der menschlichen Vernunft über das Laster ebenso, wie es ihr Scheitern überdeutlich vor Augen führt.

Nimmt man die Metapher des Fernglases ernst, so ist neben der Synchronität von brüchigen Handlungssträngen ein weiteres ästhetisches Mittel des Kinofilms in Lenzens Dramen zu finden: die Perspektive des vergrößernden Teleobjektivs, der Nahaufnahme. Auf dem Theater? Auf dem Theater, freilich übersetzt in die Mittel des Theaters. Als vergrößernde Nahaufnahme des Theaters lassen sich die große Geste, das geschriene Wort und die Handlungsübertreibung beschreiben. Und Übertreibungen weisen die Lenzschen Dramen - mit einem ästhetischen Sinn, wie wir Dank der Fernglas-Metapher wissen - in Sprache, Bild und Handlung häufig auf. Nur zwei Beispiele, eines für die Nahaufnahme der triebhaften Unvernunft und eines für die Nahaufnahme der liebenden Vernunft, seien genannt - womit wir nach diesem notwendigen Ausflug in die Lenzsche ästhetische Theorie zu seinen Dramen und also auch zu den Schlafzimmern zurückkehren.

Die turbulenteste Szene der Lenzschen Dramatik finden wir in der Peripetie des "neuen Menoza", in der Maskenball-Szene (IV, 6). Donna Diana, die Ehefrau des lüsternen Grafen Camäleon, hat im Séparée - auch im Wortsinne - die Maske fallen lassen, während sich der Graf erwischt und betrogen fühlt, vermutete er hinter der Maske doch sein Triebobjekt, das schöne, tugendhafte Mädchen. Die beiderseits betrogenen Eheleute beginnen sich unter einem "schröcklichen Getös" zu würgen und zu erstechen, ein dicker Mann "rennt die Tür auf", alles schreit durcheinander, die Sturm und Drang-Furie Donna Diana faßt den kupplerischen Baccalaureus Zierau "an Schopf und wirft ihn zum (sterbenden, Th.C.) Grafen auf den Boden" und der mitschuldige Diener "Gustav erscheint in einem Winkel hat sich erhenkt". Hier zeigt uns Lenz in einer heute kaum noch zu ertragenden Übertreibung, in einer dramatischen Großaufnahme also, wohin die mangelnde Unterdrückung des animalischen Sexualtriebes führt. Die Regieanweisungen geben die Perspektive vor und die häßlichen "Fratzengesichter" ("Pandämonium Germanicum", I, 4) und Karikaturen der Menschheit, die Lenz nach seinem Realismus-Anspruch darzustellen sich verpflichtet sieht, erschrecken den Zuschauer des 18. Jahrhunderts wie uns heute die Nahaufnahmen der - auch dem Thema nach verwandten - sex- and crime-Filme.

In einer Großaufnahme der triebentsagenden, liebenden Vernunft endet dagegen das Drama "Die Freunde machen den Philosophen". Hier siegt mit großen Gesten wahre Menschenliebe, und das heißt allemal: echte Männerfreundschaft, über den Trieb. Während Seraphine vor dem Geliebten niederkniet, erfaßt dieser die Hand des entsagenden Ehemanns "und sieht ihm fest in die Augen". Der Ehemann umarmt den Nebenbuhler "schluchzend"; dieser "windet sich los aus seinen Armen" und "indem er ihm die Knie umschlingt" betet er den aus Liebe verzichtenden Ehemann an. Welches happy end eines Liebesfilms heute könnte schöner - und kitschiger - enden und uns, wie hier das Publikum des 18. Jahrhunderts, mehr zu Tränen rühren?

Der Realismus-Anspruch, der nicht vor der extremen Darstellung der Häßlichkeit zurückscheut, wie die Perspektive der Handlungssynchronität und der Nahaufnahme zeichnen die Dramen von Lenz aus, lassen sie ästhetisch modern erscheinen. Doch sie bedeuten gleichzeitig auch eine Gefahr, der Lenzens Dramen in manchen Szenen unterliegen. Denn das "Fernglas der Vernunft" kann auf seiner Suche nach unverhüllter Realität leicht zum Fernglas des Spanners werden, die Perspektive des Teleobjektivs leicht zum Blick durchs Schlüsselloch. (In Hitchcocks Kriminalfilm "Das Fenster zum Hof" wird die Teleobjektiv-Kamera, die eigentliche Haupt-"Person" der Handlung, von einer Akteurin als "tragbares Schlüsselloch" bezeichnet.) Vor dem Voyeurismus der Komödien, in denen man lernt, die Frauen "malhonett zu machen", wie Lenz den Feldprediger Eisenhardt in den "Soldaten" sie charakterisieren läßt (I, 4), sind seine eigenen Dramen nicht gefeit, zeigt uns eine Szene in "Die Freunde machen den Philosophen" doch "das Brautgemach in Don Prados Hause. Das Brautbett aufgeputzt. Auf einem Winkeltisch eine halb ausgebrannte Wachskerze. Seraphine sitzt an demselbigen auf einem Stuhl, die Hand auf den Tisch gestützt, mit der sie die Augen bedeckt, in einem reizenden Négligé. Graf Prado im Schlafrock steht vor ihr" (Regieanweisung, V, 2). Der Zuschauer wird Seraphines keuscher Geste nicht folgen und die Augen bedecken, und er wird auch genau hinhören, wenn sich die Offiziere in den "Soldaten" über Rammlers mißglückte Sex-Abenteuer lustig machen (IV, 2 und IV, 9).

Hier wird der "Standpunkt" des Genies, der doch dem eines asexuellen Gottes gleichen und dessen Blick an den Zuschauer "zurückgespiegelt" werden soll, zum Standort des "lüsternen Mondes" ("Die Freunde machen den Philosophen", V, 1), der - eine auffällig häufige Verwendung der Mond-Metapher bei Lenz - in die Schlafzimmer schaut. Was er und die Zuschauer dann bei Lenz wirklich sehen, muß als unerotische "reine" Liebe enttäuschen oder als dargestellte häßliche Triebobsession entsetzen. Dennoch wird die Phantasie des Zuschauers, und nicht zufällig gilt der Mond als Hort und Metapher der erotischen Phantasie, durch Perspektive und Handlungsort angeregt, hinzufügen, was die Dramenhandlung verweigert. "Was hilft es, die Sinnlichkeit zu zähmen, den Verstand zu bilden, der Vernunft ihre Herrschaft zu sichern? Die Einbildungskraft lauert als der mächtigste Feind ..." beklagt Goethe 1805 in den Tag- und Jahresheften die vernunftwidrige Macht der Phantasie, die auch das pädagogische Ziel der Dramen von Lenz gefährdet. Durch die Vorstellungskraft des Zuschauers nämlich, auf die Lenz eher als Mittel der Aufklärung setzt, und durch Lenzens ebenfalls als Aufklärungsmittel gemeinten Realismus und die Perspektive entstehen gegen die Intention des Dichters nun doch noch Momente des erotischen Voyeurismus, wie wenig sie auch in den Handlungen Nahrung finden.

Damit hat die Dichtung von Lenz selbst teil an der sich mit der Frühaufklärung entwickelnden Doppelmoral der bürgerlichen Gesellschaft, die er in seinen Dramenhandlungen so heftig anprangert. In der Doppelmoral rächt sich der Bürger an einer die bürgerlich-gesellschaftlichen Normen bestimmenden Anthropologie, die meint, Sexualität als animalischen Trieb vom Menschen abspalten zu können. Diese Normen vermögen zwar den Menschen in einen "sauberen", unkörperlichen Bürger oberhalb der Gürtellinie und einen menschlich allzu menschlichen,verheimlichten Körperbereich unterhalb der Gürtellinie zu teilen, aber eine gänzliche Abtrennung der Sexualität vom Menschen gelingt ihnen natürlich nicht. So zeigt sich in der bürgerlichen Doppelmoral das Scheitern der Anthropologie der Frühaufklärung mit ihrem Versuch der Verbannung der Sexualität aus dem Wesen des Menschen. Der realistischen und präzisen Gesellschaftsbeobachtung des J.M.R. Lenz kann das Scheitern dieser Anthropologie nicht entgangen sein. Daneben wird mehr noch die eigene unterdrückte und daher als Qual empfundene Sexualität des Dichters Einfluß auf sein Denken und Dichten genommen haben. Doch anstatt sein anti-sexuelles Menschenbild in Frage zu stellen, sucht er in der Verstärkung des Kampfes gegen die Sexualität nach Auswegen, die ihn in viele Sackgassen führen. Nur so sind seine körperfeindlichen, von Selbsthaß geprägten Triebdestruktionen zu erklären, die er in seinen Dramen und theoretischen Schriften ernsthaft zur Diskussion stellt. Natürlich finden wir hier als noch "milde" Formen der Triebunterdrückung alle Askesevorschriften, die die Pädagogik des 18. Jahrhunderts entwickelte und die zum Teil bis in unser Jahrhundert hinein gewirkt und psychisches Unheil angerichtet haben: den totalen Triebverzicht, der durch das Verbot von körperlichen Genüssen überhaupt, von stark gewürzten Speisen, Alkohol, langem Schlafen, Tanzen, Faulenzen, etc. und durch das Verbot von phantasieanregenden Tätigkeiten wie Bücherlesen und Komödienbesuche ermöglicht werden soll. Als Gegenmittel gegen dennoch auftretende sexuelle Gelüste wird uns die harte körperliche Arbeit auf dem Bauernacker und das Beten vorgestellt. Diese Vorschläge, die das gesamte dramatische Werk von Lenz durchziehen, steigern sich im Fragment "Catharina von Siena" zum Mittel der körperlichen Selbstgeißelung (1. Bearbeitung, Damm, S. 430). Lassen sich auch damit die Triebe nicht abtöten, bleibt als Totalangriff auf die männliche Sexualität die Selbstkastration. In ihr wird körperlich konkret vollzogen, was die Anthropologie der protestantisch-triebfeindlichen Aufklärung gedanklich vorgibt: die Abtrennung des Sexualtriebes vom Menschen. Doch der "Hofmeister" in dem die Selbstkastration inszeniert wird (V, 3), zeigt auch, daß selbst mit dieser Radikalkur die eigentliche Sünde, die Libido, nicht besiegt wird, wirft der Eunuch doch weiter in der Kirche begehrliche Blicke auf die blonde Lise (V, 9). Einen wirklichen Ausweg und zugleich eine Kapitulation vor dem naturhaften Trieb bietet dann nur noch der Selbstmord, die Rückgabe des Körpers an die Natur, wie ihn Robert in "Der Engländer" vollzieht (V, 1).

Natürlich sind Kastration und Selbstmord zwar symptomatische, doch individuelle Verzweiflungsakte, auch bei Lenz, die als radikale Formen der Triebbekämpfung ebensowenig den von Lenz kritisierten gesellschaftlichen Sittenverfall aufhalten können wie die "milderen", aber wenig wirksamen Askesevorschriften oder die ebenfalls gedanklich durchgespielte asexuelle Geschwisterehe (vgl. "Der neue Mezoza" III, 3, 11, 12 und V, 1). Daher unterbreitet uns Lenz Vorschläge, die wenigstens die schlimmsten Auswüchse der Sexualität durch eine Kanalisation des Triebes verhindern sollen und zudem eine gesellschaftliche Breitenwirkung aufweisen. Für das Trieb-"Ungeheuer Soldat" fordert er in einer eigenen Schrift, die zeigt, wie stark ihn das Triebproblem als politisch-gesellschaftlicher Konflikt bewegt, die Heiratserlaubnis ("Über die Soldatenehen", Damm 2, S. 798 ff), eine Unmöglichkeit für die damalige Zeit. Und er fordert, wie schon erwähnt, die Einrichtung von staatlich unterhaltenen Hurenhäusern für die unverheirateten Soldaten ("Die Soldaten", V, 5), um sie von den Bürgermädchen fernzuhalten. Im Drama "Der Engländer" hören wir von Lenz, dem Verfechter der Askese als pädagogischer Maxime, sogar den Vorschlag, ein Vater solle seinem Sohn eine Hure aufs Zimmer schicken, um ihn von seinem irrtümlich für Liebe gehaltenen Sexual-Wahn zu kurieren, was der Vater im Drama und Vernunftmensch natürlich erschreckt zurückweist.

Die aufgezählten Beispiel zeigen, wie sehr Lenz nach individuellen wie gesellschaftlichen Lösungsmöglichkeiten der Sexual-Konflikte seiner Zeit sucht und dabei ins Experimentieren gerät. Die Literatur wird zum Labor, ihre Handlungsführungen zum Durchspielen von Versuchen, wobei jedoch niemals die Sexualität selbst und ihre unterschiedlichen Möglichkeiten der Triebbefriedigung, sondern ausschließlich Formen der Triebunterdrückung oder wenigstens -kanalisierung zum Gegenstand des Experiments werden. Alle Experimente auf der Suche nach der "richtigen" Lebensform müssen jedoch scheitern, weil sie als Prämisse die Möglichkeit einer Abspaltung der Sexualität vom Menschen voraussetzen. So findet der Stürmer und Dränger keinen Ausweg aus dem Sexualdilemma des Dichters und Menschen Lenz und des 18. Jahrhunderts, der nicht entweder in der körperlichen wie psychischen Zerstörung oder der bürgerlichen Doppelmoral endete.

Neben dem persönlichen Sexualproblem des Dichters Lenz, das sicherlich auch in seinem lebenslangen, quälenden Über-Ich-Verhältnis zu seinem preußisch-protestantischen und moral-tyrannischen Pastorenvater begründet ist, zeigen Lenzens Dramen in der Gestaltung der Sexualität typische Aporien des Sturm und Drang. Die Literatur dieser Epoche nämlich ist prüde, obwohl sie den kalten Rationalismus der Frühaufklärung kritisiert und dagegen die Emotionen des Menschen in den Mittelpunkt stellt. Vor der Sexualität aber müssen diese Emotionen haltmachen. Sie dürfen nicht den ganzen Menschen ergreifen, sondern sollen Empfindungen des Herzens bleiben. Um ein Bild zu gebrauchen: Versteht die Frühaufklärung den Menschen als nur rationales Kopf-Wesen, als körperlose Porträtbüste, fordert der Sturm und Drang seine Darstellung "mit Herz" im Brustbild. Doch er legt dem Menschen unterhalb des Herzens einen Schnürleib an, damit der Sturm der Gefühle nicht unter die Gürtellinie drängt. Es ist die "Reinheit", nicht die Ganzheit des Gefühle, die die Literatur des Sturm und Drang gegen den Aufklärungsrationalismus gestaltet. Sie zeigt sich in asexuellen Liebesschwärmereien, Männerbünden und Tränen der Rührung.

Die Literatur dieser Epoche ist außerdem prüde, obwohl sie mit großem Pathos Freiheitsideale in den Mittelpunkt stellt. Vor einer Befreiung der unterdrückten Sexualität aber schreckt das Freiheitspathos zurück. Zu sehr und irrtümlich ist der Gedanke an eine befreite Sexualität mit der Vorstellung einer Sexual-Libertinage verbunden, in der der verhaßte Adel, gegen den das Freiheitspathos gerichtet ist, sich vergnügt. Die Vertreter des Sturm und Drang empfinden dies nicht als Relativierung ihres Freiheitsstrebens, als Aufgabe der Forderung nach absoluter Freiheit, bietet hier die protestantische Ethik - und der Sturm und Drang ist insgesamt eine protestantische Bewegung - doch eine Argumentationshilfe. Zur "Freiheit des Christenmenschen", wie sie Luther beschreibt, gehört zwar die Ablehnung der ungerechten äußeren Gewalt, zugleich aber auch die Bejahung des inneren, selbstauferlegten Zwangs in Form der internalisierten Moral, die die wahre Freiheit des Christenmenschen erst ausmacht und daher nicht als Gewalt empfunden oder beurteilt werden kann.

Und die Literatur des Sturm und Drang ist prüde, obwohl sie mitwirkt am Prozeß der bürgerlichen Identitätssuche, die als Identitätsbildung des Menschen verstanden wurde. Identität aber bedeutet Unteilbarkeit, geschlossene Ganzheit und Authentizität des Menschen, was Sexualität einschließen müßte, sofern man sie als Teil des Menschen akzeptierte. Die beschriebene radikale Ausgrenzung der Sexualität als einen nicht-menschlichen, animalischen Trieb findet also auch eine Begründung darin, daß es Lenz nur auf dem Wege der Reduktion des Menschenbildes möglich war, anti-feudales und damit anti-libertäres Freiheitspathos, protestantische Ethik und Identitätsideal miteinander in Einklang zu bringen. Daher auch die scharfe Kritik der Sturm und Drang-Dichter an jeder literarischen libertären Rokoko-Tändelei, für die als Chiffre die Dichtung Wielands steht, denn diese schließt zum einen Sexualität in ihr Menschenbild ein und bejaht zum anderen das Spiel des Menschen mit dem Menschen, ein Rollenverhalten also, das als nicht-authentische Handlung das bürgerliche Identitätsstreben zu gefährden droht.

Im Paradigmawechsel späterer Literaturepochen wurden diese Aporien des Sturm und Drang auf unterschiedliche Weise überwunden. In Goethes durch Winkelmann beeinflußten Hinwendung zur Antike zum Beispiel bot sich ein Ausweg aus dem dargestellten Sexualdilemma des Sturm und Drang. Die Antike nämlich bejahte die Nacktheit, indem sie diese durch die ästhetische Gestaltung der Kreatürlichkeit enthob. Hier wurde der stoffliche Schleier durch den ästhetischen Schleier ersetzt. So kann auch die an der Antike orientierte Literatur der Weimarer Klassik den ganzen Menschen einschließlich seiner - freilich verklärten - Nacktheit und Sexualität darstellen, sorgt doch die Kunst ihrer Gestaltung für die notwendige Distanz zur Triebhaftigkeit, womit sie im Spiel mit dem ästhetischen Schleier zugleich erotische Spannung ermöglicht.

THOMAS CLASEN

Büchner dagegen, der Mediziner mit dem sezierenden, jeden Schleier zerschneidenden Blick, geht den radikaleren Weg zur Überwindung der Aporien in den Dramen des Dichters Lenz, von denen er sonst stark beeinflußt wurde. Wie Lenz diagnostiziert Büchner die Herrschaft der Triebe in der Gesellschaft seiner Zeit, stellt er sie in seinen Dramen schonungslos dar. Aber im Gegensatz zu Lenz akzeptieren die Dramen Büchners den Sexualtrieb als ein Wesensmerkmal des Menschen, womit ihm die dramatis personae zu menschlichen Kreaturen oder kreatürlichen Menschen werden, was das bürgerliche Menschenbild revolutionär in Frage stellt. Auch hierin also bedeuten die Dramen Büchners eine Radikalisierung und zugleich eine Antwort auf die Dramen des J.M.R. Lenz - doch dies wäre bereits ein neues, nicht weniger spannendes Thema.

(Die Dramen und Schriften von Lenz wurden zitiert nach: Jakob Michael Reinholf Lenz, Werke und Briefe in drei Bänden, hrsg. von Sigrid Damm, Leipzig 1987; hier abgekürzt mit: Damm)

ERWIN LEIBFRIED

LIEBE.
ZU IHRER PHÄNOMENOLOGIE IN DER LITERATUR

Die hier vorgelegten Proben sind aus einer längeren Untersuchung, die dem Phänomen der Identität der Gegensätze nachgeht. So ist im *Ödipus* des Sophokles der Sucher zugleich der Gesuchte und in Kleists *Zerbrochnem Krug* ist der Richter zugleich der Täter. Auch auf dem erotischen Feld ist diese Struktur einer quasi binären Codierung auffindbar.

(1)

OMNE ANIMAL POST COITUM TRISTE

Brentano wird einen erotischen Stich gesehen haben; seine Zeit war daran nicht arm. Was uns Playboy, lui und Penthouse und die Pornos aus Flensburg und Dänemark liefern, das hatte man als Kupferstich. Es ist, was abgebildet ist, die Situation danach. Kaputt liegen sie da die zwei, ausgeleert und vollgepumpt.

Aber: was dem poetischen Blick aus dieser weißgott doch intimen, fürs Öffentliche gemeinhin nicht bestimmten Sache wird:

Über eine Skizze
Verzweiflung an der Liebe in der Liebe

In Liebeskampf? In Todeskampf gesunken?
Ob Atem noch von ihren Lippen fließt?
Ob ihr der Krampf den kleinen Mund verschließt?
Kein Öl die Lampe? oder keinen Funken?

Der Jüngling - betend? tot? in Liebe trunken?
Ob er der Jungfrau höchste Gunst genießt?
Was ist's, das der gefallne Becher gießt?
Hat Gift, hat Wein, hat Balsam sie getrunken.

Des Jünglings Arme, Engelsflügel werden -
Nein Mantelsfalten - Leichentuches Falten.
Um sie strahlt Heil'genschein - zerrauft Haare.

ERWIN LEIBFRIED

Strahl' Himmelslicht, flamm' Hölle zu der Erde
Brich der Verzweiflung rasende Gewalten,
Enthüll' - verhüll' - das Freudenbett - die Bahre.

Weil's Kunst ist, ein Sonett, könnt man das Buch voll schreiben, ohne ins Ende zu gelangen. Denn Kunst ist, nach einem Wort Hegels, was zur deutenden Betrachtung uns einlädt. Die gehäuften Fragen, die Antithesen, das ironische Pathos: ob er der Jungfrau höchste Gunst genießt? Auch Unstimmigkeiten: wär' 'genoß' nicht besser, gibt's Reimzwang, syntaktische Notwendigkeiten in der 4. Zeile des 2. Quartetts: Hat Wein, hat Gift ... Warum nur sie? Auch er. Also: haben Gift, haben Balsam sie getrunken. Und warum fehlt das Fragezeichen?

Jedenfalls fast ins Expressionistische gehende Sprachzerstückelung: zerraufte Haare. Zerrauft von Lust oder Schmerz? Und die Koexistenz der Entgegengesetzten: Freudenbett und Bahre.

Der poetische Blick ist ambivalent, nicht mehr kräftig genug, bestimmt sich zu entscheiden und zu sehen. Denn was wirklich ist, wäre so und so sehbar. Es geht ihm wie der Vpn[1] im Psychotest, die das Vexierbild vor sich hat: ist drauf die alte Oma oder wie die Tschechen sagen das hezka divka, das so hübsche Mädchen?

Die Situation nach der Liebe ist die Doppeldeutigkeit: ob Leben oder Tod. Die Welt, hier konkret der Skizze, ist rätselhaft. Es ist das eine, aber auch das andere; es ist deshalb - obwohl auch im Satz, den der Leser liest, durch das 'deshalb' Logik vorgetäuscht wird - keine Logik. Das Gegensätzliche ist, wenn nicht identisch, so doch trotz seiner Verschiedenheit nicht unterscheidbar. Es ist das eine, zugleich aber, was vernünftig nicht sein darf, das andere. Dem so sehenden Subjekt verwirrt der Blick in die Welt sich. Und wäre Verwirrung denn nicht ein Zentralmotiv romantischer Poesie!

---

[1] Versuchsperson

LIEBE

(2)

GOTT ODER TEUFEL: QU'IMPORTE!
CHARLES BAUDELAIRE

> Il y a dans tout homme, à tout heure, deux postulations
> simultanées, l'une vers Dieu, l'autre vers Satan.
>
> Ch. Baudelaire

Hymne a la Beauté

Viens-tu du ciel profond ou sors-tu de l'abîme,
O Beauté? ton regard, infernal et divin,
Verse confusément le bienfait et le crime,
Et l'on peut pour cela te comparer au vin.

Hymne an die Schöne[2]

[Kommst du vom hohen Himmel oder steigst du aus dem Abgrund,/Schöne? Dein Blick ist teuflisch und göttlich,/Verwirrt das Gute und das Schlechte,/Und deshalb kann man dich vergleichen mit dem Wein.]

Tu contiens dans ton oeil le couchant et l'aurore;
Tu répands des parfums comme un soir orageux;
Tes baisers sont un philtre et ta bouche une amphore
Qui font le héros lâche et l'enfant courageux.

[In deinem Aug' ist Schlafen und Erwachen./Du verströmst Gerüche wie ein Gewitterabend;/Deine Küsse sind ein Liebestrank und dein Mund eine Vase,/Sie machen Helden müde und Kinder mutig.]

Sors-tu du gouffre noir ou descens-tu des astres?
Le Destin charmé suit tes jupons comme un chien;

---

[2] Die Schöne meint im Deutschen: 1. die Schönheit (als Abstraktum, als Idee), sodann 2. das schöne weibliche Wesen (die Göttin). Im Vers: Die Schöne ist sich selber selig (Goethe, Faust II) schwingen beide Bedeutungen mit. Bekannte Baudelaire-Übersetzungen (von Stefan George etwa) setzen: die Schönheit. - Der französische Text wird nach der Ausgabe der *Fleurs du Mal* bei Reclam wiedergegeben; deutsch von E.L.

Tu sèmes au hasard la joie et le désastres,
Et tu gouvernes tout et ne réponds de rien.

[Entsteigst du schwarzem Schlunde oder kommst du von den Sternen?/Das von dir becircte Schicksal folgt deinen Röcken wie ein Hund/Du verstreust ganz nach Zufall Freude und Unheil/Und du beherrschst alles, ohne Rechenschaft zu geben.]

Tu marches sur des morts, Beauté, dont tu tu moques;
De tes bijoux l'Horreur n'est pas le moins charmant,
Et le Meurtre, parmi tes plus chères breloques,
Sur ton ventre orgueilleux danse amoureusement.

[Du gehst über Tote, Schöne, und machst dich lustig über sie;/Von deinem Schmuck ist der Schrecken nicht der am wenigsten anziehende,/Und der Mord ist unter deinen schönsten Begleitern,/Auf deinem hochmütigen Leib tanzt er verliebt.]

L'éphémère ébloui vole vers toi, chandelle,
Crépite, flambe et dit: Bénissons ce flambeau!
L'amoureux pantelant incliné sur sa belle
A l'air d'un moribond caressant son tombeau.

[Die geblendete Mücke fliegt auf dich, Kerze,/Knistert, brennt und sagt: Gesegnet sei dies Licht!/Der keuchende Liebende neigt sich über seine Freundin/Wie ein Sterbender, der sein Grab liebkost.]

Que tu viennes du ciel ou de l'enfer, qu'importe,
O Beauté! monstre énorme, effrayant, ingénu!
Si ton oeil, ton souris, ton pied, m'ouvrent la porte
D'un Infini que j'aime et n'ai jamais connu?

[Ob du vom Himmel oder aus der Hölle kommst, was solls/Du Schöne, Riesenmonster, schrecklich, und auch kindhaft/Wenn dein Auge, dein Lächeln, dein Fuß mir die Tür öffnen/In ein Unbegrenztes, das ich liebe und doch nie gesehen habe.]

De Satan ou de Dieu, qu'importe? Ange ou Siréne,
Qu'importe, si tu rends, - fée aux yeux de velours,
Rhythme, parfum, lueur, ô mon unique reine! -

LIEBE

L'univers moins hideux et les instants moins lourds?

[Gott oder Teufel, was solls, Engel oder Sirene,/was solls, wenn nur durch dich - du Fee mit Sammetaugen -/Bewegung, Duft und Schimmer, du meine alleinige Königin -/Wenn nur durch dich die Welt mir weniger scheußlich und die Augenblicke weniger schwer werden.]

Wenn es zum Standardinventar der Lyrikgeschichte gehört, daß Baudelaire am Eingang der Moderne stehe, so mag es hier deutlich sein, was es heißt: Simultaneität der Extreme. Was alles wird der Beauté, der Schönheit: als Idee und Göttin, als Schöne in eins abstrakt und konkret, zugeschoben. Baudelaire hat in sich selbst die Widersprüche vereinigt; er hat an den Revolutionen von 1830 und 1848 teilgnommen, hat in sozialistischen Blättern emphatisch freiheitliche Artikel publiziert. Und zugleich: er ist Flaneur, Dandy - mit all dem, was einem dabei so einfällt. Aristokratische Dünkel, Isolation als Unfähigkeit naiver Kommunikation. Er kennt das "graue Elend", das er Spleen nennt: die Milz, in der frühen Medizin, die Organe mit Stimmungen, Krankheiten identifizierte, der Ort des Wahns und Wahnsinns. Er kennt die Depression und Trauer, die Melancholie, das Leiden am Leben im Regenland.

Und er kennt die élévation, den Aufschwung ins Ideal: das aber leer bleibt. Ein bißchen Glück im Augenblick ist alles, was ersehnt werden kann. Hegel hatte noch die Totalität der Versöhnung gedacht: Subjekt und Objekt paßten irgendwie in leibnizscher präetablierter Harmonie zusammen. In einer Riesenfeier der Reflexion, die ihre eigene Trunkenheit nicht bemerkt, wird jedenfalls für die Gattung, das Ganze der Sieg verkündet. Denn für den armen einzelnen gilt weiter: "die Weltgeschichte ist nicht der Boden des Glücks".

Seit dem 18. Jahrhundert werden jene Tendenzen immer stärker, die das Recht des einzelnen hier und jetzt gegen die Versprechungen des Ganzen morgen und dort einklagen. Es soll hier schon hellenisch heiter gehaust werden. Am mundanen Glücksanspruch wird verstärkt festgehalten. Indes bringt die wachsende Ermöglichung eines leichteren Lebens durch die Entwicklung von Wissenschaft und Technik nicht die ersehnte Befreiung. Die steigende Industrialisierung ist deren Gegenteil. Konkret bedeutet das: der koexistierende Gegensatz von Elend und Reichtum gewinnt eine neue Qualität. Der Knecht des Fronbauern konnte noch heimlich am Euter der Kuh lutschen, um seinen Durst zu stillen; er konnte Korn kauen, er hatte allemal Kost und Logis. Er konnte noch Eier aussaugen, die von frei herumlaufenden Hennen gelegt waren; er konnte mit der Magd auf der Tenne schlafen. Was aber hat der Industrieproletarier? Was kann er tun?

ERWIN LEIBFRIED

Die geistesgeschichtliche Dimension dieser Zustände ist die entgötterte Welt, der Verlust von Sinn, der Heraufzug der leeren Idealität. Die Götter, die die alte Welt mit Sinn füllten, leben zurückgezogen; sie sind hinter den Wolken der Worte verborgen. Sie weigern sich, hervorzutreten und als Sterne zu leuchten. Für die Kunst, die Dichtung bedeutet das: die Poesie wird pur, das Gedicht absolut.

Enfer ou Ciel, qu'importe?
Hölle oder Himmel, was solls?

Baudelaire, Le Voyage

(3)

DIE RIEGE DER EDLEN HERZEN

Ob der Neandertaler schon von brennender Liebe gequält wurde, bleibt vorerst unbekannt; vielleicht für immer und ewig ein Ignotum. Weil wir aber seit langem aufgefordert sind, historisch zu denken, ist mit Fug zu vermuten, daß es anders war. Gefühle, Stimmungen, Mentalitäten werden sich gewandelt haben.

Odysseus jedenfalls - in der Vossischen Übersetzung, die von der Empfindsamkeit des späten 18. Jh.s bestimmt ist - läßt 'von der unsterblichen Nymphe, der hehren Göttin Kalypso' sich gern unterhalten, aber: 'herzlich sehnt er sich zur Heimat und Gattin'. Kalypso

hält den ängstlich harrenden Dulder,
Immer schmeichelt sie ihm mit sanft liebkosenden Worten,
Daß er des Vaterlandes vergesse. Aber Odysseus
Sehnt sich, auch nur den Rauch von Ithakas heimischen Hügeln
Steigen zu sehn und dann zu sterben!

Vorher freilich möchte er auch Penelope sehen; denn auch nach ihr sehnt er sich. Die Sehnsucht ist also durchaus keine echt deutsche, romantische Erfindung. Das als Mentalität gab es schon lange. Es ist etwas, das die edlen Herzen auszeichnet, die Gottfried von Straßburg als seine Leser denkt und denen er versichert:

LIEBE

swem nie von liebe leid geschach,
dem geschach ouch liep von liebe nie.
liep unde leit diu wâren ie
an minnen ungescheiden.

(4)

... WIE LIEBE MIT LEIDE ...

Viele - weil es nicht unmittelbar zur Archäologie der spätbürgerlichen Welt gehöre - lesen es gar nicht mehr: das Nibelungenlied. Beweisinteresse seines Dichters ist, wie er zu Beginn des Epos verrät, zu zeigen, wie liebe mit leide ze jungest lônen kan: wie beide, Liebe und Leid, miteinander abrechnen.

Es ist eine Abrechnung, die negativ ausgeht. Das Lied von der Not (dem Untergang) der Nibelungen endet düster:

diu liute heten alle jâmer und nôt.
mit leide was verendet des küniges hôhgezît.
als ie diu liebe leide z'aller jungeste gît.

(Alle waren voll Jammer und Not - man denkt an phobos und eleos aus der griechischen Tragödie: an Furcht und Schrecken - mit Leid endete das Fest des Königs; so wie immer die Liebe am Schluß doch noch Leid bringt.)

Die Verse stehen an prominenter Stelle, in der zweitletzten von knapp zweieinhalbtausend Strophen; sie greifen auf den Anfang zurück und betonen durch die Rekurrenz von Liebe und Leid deren leitmotivischen Charakter. Sie ziehen die Summe an Erfahrung aus den Ereignissen. Dem poetischen Subjekt stellt die Welt sich dar als ein Prozeß, in dem das versuchte Fest im Leid verendet. Die Modernität dieses altertümlichen Strophenepos besteht in der Radikalität seiner Negativität: Liebe schlage zuletzt doch in Leid um. Die resignative Düsterkeit der dichtenden Subjektivität irritiert und schockt.

ERWIN LEIBFRIED

(5)

"LEB WOHL" UND "LEBE HOCH"

Iphigenie heilt den Wahnsinn des Bruders Orest; sie nimmt die Furcht von ihm, von den Erynnien wg. der Muttertötung verfolgt zu sein. Sie beredet die taurischen Barbaren so lange, bis auf Menschenopfer sie verzichten. Sie humanisiert, auf Teufel komm raus, wo's nur geht. So gesteht sie dem König auch die wohlvorbereitete Flucht; sie kann nicht lügen. Ihr Herz ist rein.

Sie hat für diesen Punkt Kant gelesen: der versichert in seiner Moralphilosophie, man dürfe nie und nimmer lügen. Auch wenn man eine Person verberge, die von einem Mörder gesucht werde: so müsse man, auf die Gefahr hin, daß der/die Verborgene Schlimmstes erleide, die Wahrheit sagen. So konstruiert wie das Beispiel Kants ist, so weltfern auch ist seine moralische Rigidität.

Das ist die eine schöne Seite dieser Sache, ewig in der Schule in die Schüler hineingebimst. Sie läßt die andere vergessen: daß die Humane, Heilende zugleich die Zwingende, Zerstörende ist.

Daß Thoas, der Barbar, die Griechin liebt. Daß er sie haben möchte, auch im Bett. Und daß Iphigenie von ihm weg will. Nichts von prästabilisierter Harmonie. Antagonistische Widersprüche in den Wünschen der einzelnen. Iphigenie verweigert sich, Thoas bleibt allein, zerrissen, zurück. Ein gequältes 'Leb wohl' preßt er als Abschiedswort aus sich heraus.

In die Goethesche Humanität, als deren Muster vom Frankfurter selbst die "verteufelt humane" Heldin gedacht wurde, ist der Zwang, die Inhumanität eingebaut, die Forderung nach Entsagung. Wenngleich ein 'Schauspiel', so siedelt es doch am Rande der Tragödie, jedenfalls der Trauer. Tragödie: wenn der Barbar nicht human handelte und seine Macht spielen ließe als Gewalt, welche die Fremden seiner Herrschaft unterwirft. So: Trauerspiel, weil in der Humanität die Verweigerung der Wunschrealisierung mitgedacht wird.

Das Stück endet mit Erfüllung und Entsagung. Als wahrer Humanist entpuppt sich der Barbar, Thoas, der auf die Geliebte verzichtet und sie ziehen läßt, damit sie nicht mehr das Land der Griechen mit der Seele suchen müsse, vielmehr Erfüllung in der Heimat finde. Das Glück der Iphigenie ist das Leid von Thoas. Hineingebannt in diese Figur ist, was sinnlich immer erfahrbar bleibt: daß gerade die Sonne causa efficiens des Schattens ist. Das Sprichwort vom vielen Licht und vom vielen Schatten standardisiert diese Erfahrung.

Nur Mozart konnte es mit seiner Musik noch stärker vertuschen als der klassische Zeitgenosse: die Schlußkonstellation der "Entführung aus dem Serail" ist nach dem Paradigma der "Iphigenie" gestrickt: vom Selim Bassa wird ver-

LIEBE

langt, daß er das, was er begehrt, fahren läßt: Constanze. Auch er wird zum edlen Wilden stilisiert, zum Heiden, der human sich verhält. Ohne daß sie voneinander wußten, haben beide: der Librettist Schikaneder schon 1782, Goethe zeitgleich, aber für die breitere Öffentlichkeit erst 1787 ebendieselbe Konstellation realisiert: daß der Frust des einen die Lust des andern ist. Die triumphale Musik des Finales ... Selim Bassa lebe hoch ... erstickt im Hörer die Reflexion über das, was wirklich geschieht.

(6)

MEINE FLAMME[3]

> brinnende lieb, du heisser flam,
> wie gar hast du mich umgeben.
> Ambraser Liederbuch, 1581

Einer Zeit, die Elektrisches nicht kannte, war die Kerze ein Alltägliches. So ist verständlich, daß sie aus der Lebenswelt auf in das Feld der Poesie steigt: bei Goethe als die Flamme, an der "des Lichts begierig" der Schmetterling verbrennt.

Die Flamme der Kerze ist das, das unwiderstehlich anzieht, das Licht, das im Sinne der alten Lichtmetaphysik Erlösung verspricht und den Untergang bringt. Daran wird auch die Redensart denken von der Flamme, die im Busen der Liebenden brennt und sie verzehrt. Denn das ist an Kerze und Flamme das strukturell Substantielle: daß, indem sie brennt, die Flamme das zerstört, was ihr Brennen ermöglicht. Das Leben der Flamme ist der Tod der Kerze.

---

[3] "meine geliebte, für die ich entflammt bin, zumal meine erste, alte Liebe ... lat. mens ignis." (Grimms Deutsches Wörterbuch)

ERWIN LEIBFRIED

***

... im glühenden Taumel meiner Flammenliebe

Theodor Körner, der früh als Freiwilliger
gefallene Dichter der Freiheitskriege

*... mich verlangt in Ruhe da zu weilen,
Wo der Liebe Flammenwunden heilen.*

G.A. Bürger

Krzysztof A. Kuczynski

Gerhart Hauptmanns Liebelei-Neigung, dargestellt an Leben und Werk

Der alte ungekrönte Fürst der Weimarer Republik stilisierte sich gerne auf den Weimarer Klassiker Goethe, dem er insbesondere um das Jahr 1932, in seinem 70. Lebensjahr, sehr ähnlich war.

Vergleicht man das Bild Gerhart Hauptmanns aus dieser Zeit mit dem Bild Goethes von Ludwig Sebbers, das den Weimarer Dichter im Jahre 1826 zeigt, so sieht man eine verblüffende Ähnlichkeit: das Profil, die Augen, die Nase und sogar die Falten im Gesicht scheinen fast identisch zu sein.

Aber nicht nur das Äußere verband die beiden Dichter. Auch eine starke Neigung zum schönen Geschlecht war kennzeichnend für Johann Wolfgang und Gerhart Johann Robert, sie labten sich auch gerne an den Gaben des Bacchus und Eros.[1]

Ein erster Vorbote Gerhart Hauptmanns Liebesbereitschaft war eine Begegnung zum Pfingstfest 1880 (Gerhart war damals 18 Jahre alt) mit Anna Grundmann in Lederose, wo er früher als Gutseleve tätig war.

Anna Grundmann war für den jungen Hauptmann wie einer "unwiderstehlich sinnlichen Schönheit mächtigster Inbegriff".[2]

Ihre "göttliche Schönheit" (so im "Abenteuer meiner Jugend") war ihm gewichtiger als alle Kunst der Griechen.

In seinen Memoiren finden wir zu dieser Zeit auch einen Spruch aus Dante: "Siehe, ein Gott, stärker als ich, wird kommen und mich beherrschen."

Hauptmann war - blind vor Liebe - kurzerhand entschlossen, die schöne Anna sogar zu heiraten. Doch sein Brief, in dem er um ihre Hand warb, blieb ohne Antwort. Das Anna-Erlebnis ist ihm "für immer mit dem Gefühl eines unwiederbringlichen Verlustes" verbunden. Noch ein halbes Jahrhundert später bekennt er: "Die Wunde des Entbehrens, des Verlustes für Ewigkeit, unstillbarer Sehnsucht ist heute, am Abend eines langen, langen Lebens, noch unverheilt."[3]

Gerhart, damals (wie schon oben erwähnt) 18jährig, noch nicht schlüssig, was er im Leben werden wollte, schrieb (nur) ein elegisches Liebesgedicht "Anna". In den kommenden Jahren versuchte er sich mit dem Thema dramatisch

---

[1] B. Rosenthal, Kobiety w życiu Goethego (Frauen im Leben Goethes), Kraków, 1933; G. Pohl, "Die süße Frucht, die alle Schmerzen aufwiegt." Gedanken zum Frauenproblem bei Hauptmann, (In:) Gerhart-Hauptmann-Jahrbuch, 1948, hrsg. von E.A. Voigt, Goslar, 1948
[2] Zit. nach: H. F. Garten, Formen des Eros im Werk Gerhart Hauptmanns, (In:) Gerhart Hauptmann, hrsg. von H.J. Schrimpf, Darmstadt, 1976, S. 465
[3] ebda

auseinanderzusetzen, u.a. in "Besuch bei Familie Kurnick." Im Jahre 1921 entstand das Versepos "Anna"; das "ländliche Liebesgedicht" zeugt sowohl vom Liebesglück, als auch von Qualen erotischer Enttäuschung:

"Oh, wie nahe liegt Gram und Elend
dem süßesten Glücksrausch!"

Doch kommen wir zurück in die frühen 80er Jahre. Die schöne, doch kaltherzige und unnahbare Grundmann wird verdrängt (doch wohl nicht vergessen) von einer anderen.

Gerhart Hauptmann lernt jetzt Marie Thienemann, seine künftige erste Frau, kennen. Im September 1881 erfolgt ihre Verlobung.

Wie ist es dazu gekommen?

Näher hat er Marie im Frühjahr 1881 kennengelernt, als sie sich auf Hohenhaus bei Dresden an Hochzeitsvorbereitungen von Hauptmanns Bruder Georg und Adele Thienemann beteiligten.

Gerhart hat zu diesem festlichen Anlaß das Stück "Liebesfrühling" verfaßt, und die jungen Leute begannen ihre Rollen einzustudieren. Die Hauptrolle des "Genius der Liebe" sollte Marie spielen. 1936 erschien das Epos "Mary", in dem Hauptmann noch einmal an den Anfang ihrer näheren Bekanntschaft und der Liebe erinnert:

"Griechisch über dem Scheitel geknotet das herrliche Haupthaar, frei die Schulter und frei der Hals, so steht Mary nun vor mir. Dünn umgibt sie und florhafter Weise die kurze Gewandung, die von goldenem Gürtel gerafft, an die Hüften sich anschließt. Frei beinah das Knie, die atlassenen Schuhe mit Bändern aus dem nämlichen Stoff und weiß, bis zum Knie gebunden. Also steht sie vor mir, die Geliebte, halb Knabe, halb Mädchen.

Oh, wie warst du berückend, Mary, und wie so schwül und gefährlich ward plötzlich die Grotte, Muschelgrotte genannt. [...]"

In den frühen 80er Jahren finanziert die dunkelhaarige, exotisch aussehende Marie, Hauptmann Bildungsreisen, u.a. eine Mittelmeerreise und einen 6monatigen Aufenthalt in Rom. Es ist wohl anzunehmen, daß Marie ihn aus seiner schwierigen finanziellen Situation herausgerettet und ihm ein sorgenloses Künstlerleben gesichert hat. Hat sie auch seine Liebe gekauft?

Am 5. Mai erfolgt die Eheschließung mit Marie, die Trauung findet in der Johanniskirche in Dresden statt.

Somit beginnt auch eine Ehe, die - unerwartet - nicht lange bestehen sollte.[4]

---

[4] vgl.: Hansgerhart Weiss, Die Schwestern vom Hohenhaus. Die Frauen der Dichter Carl und Gerhart Hauptmanns, Berlin, 1938

GERHARD HAUPTMANN

In den Jahren 1886 - 1887 - 1889 werden in Erkner drei Söhne: Ivo, Eckart und Klaus geboren. Es entstehen immer neue Stücke, die Gerhart Hauptmann bekannt, ja berühmt gemacht haben: "Vor Sonnenaufgang", "Einsame Menschen", "Die Weber", "Der Biberpelz".

Doch die Eheharmonie zeigt ab und zu manchen Sprung, es kommt auch zu Reibereien mit dem Bruder Carl, der auf dem Gebiet der Literatur keine so großen Erfolge wie Gerhart erzielen konnte.

1893 entsteht "Hanneles Himmelfahrt", die im Königlichen Schauspielhaus in Berlin uraufgeführt werden sollte.

Der Dichter wohnt schon seit einigen Jahren mit seiner Familie und der Familie des Bruders Carl in Schreiberhau, weilt aber sehr oft in Berlin.

Die Musik für die "Hannele" schrieb Max Marschalk, ein seit Jahren befreundeter Photograph und Komponist. Am 14. November 1893 kam es zu der festlichen Uraufführung der "Hanneles Himmelfahrt", der Premiere wohnten zahlreiche Ehrengäste bei, u.a. der bekannte Pariser Theaterdirektor André Antoine.

Am Abend gab es im Hotel "Friedrichshof" ein Bankett. Gerhart Hauptmann saß neben der jungen Schwester von Max Marschalk, Margarete. Das 18jährige Mädchen, das an der Festtafel als Schwester des gefeierten Musikautors saß, "entfaltete (sie) alle Reize der Jugend, entzückte durch ihre Klugheit und ihr oft gerühmtes, fabelhaftes Temperament. In ihr strömte Künstlerblut. Sie wirkte urgesund, unsentimental, kameradschaftlich, sportlich, unternehmungslustig - kurzum: so ganz anders als die sorgenvolle, schwermütige, reizbare Marie. [...]"[5]

An diesem Abend entstand eine wahre Verwirrung der Gefühle Gerhart Hauptmanns und eine langjährige Krise in seiner Familie und Ehe.

In dem Tagebuchroman "Buch der Leidenschaft" hat Hauptmann 1929 seine Ehekonflikte und -wirren ausführlich dargelegt.

Das "Buch der Leidenschaft" ist eine genaue Analyse Gerhart Hauptmanns Kampfes und Ringens um sein neues Glück, aber auch ein Bild seiner Untreue der ersten Frau gegenüber, seiner Unsicherheit und Skepsis. Das Werk steht eindeutig unter dem Zeichen des Eros.

Unter den fiktiven Namen entdecken wir viele Familienmitglieder und Bekannte Hauptmanns: Melitta ist ohne Zweifel Marie, Anja - Margarete Marschalk, Marcus - Bruder Georg, Julius - Bruder Carl. Grünthal heißt in Wirklichkeit Schreiberhau usw.

Über seine große Neigung und Liebe zu Anja schreibt Hauptmann an vielen Stellen des Buches, z.B.:

---

[5] E. Hilscher, Gerhart Hauptmann, Berlin, 1974, S. 192

"Ich habe unter anderen Schwächen auch die, nichts Wesentliches verbergen zu können. Außerdem hatten meine Frau und ich uns in dem Versprechen geeinigt, unsere Herzen sollten einander jederzeit und ohne Hinterhältigkeit offen sein. [...]
Und nun ergriff ich entschlossen und wie unter einem Zwang das Messer des Operateurs und trennte mit einem grausamen Schnitt zum größten Teile die Vernetzungen unserer Seelen, indem ich erzählte, daß ich einer neuen, leidenschaftlichen Liebe verfallen sei. Sie glaubte mir nicht. [...]

Es will ihr nicht in den Kopf. Und wie sollte sie auch nach dem, was wir einander gewesen sind und miteinander durchgelebt haben, glauben, daß ich ihr unwiderruflich und unwiederbringlich verloren sei?

Sie wollte den Namen des Mädchens wissen, oder der Frau, die es mir angetan habe, und als sie ihn, hin- und herratend, endlich erfuhr, fiel sie erst recht aus allen Himmeln, denn sie begriff es nicht, daß so ein unbedeutendes, oberflächliches Menschenkind mich fesseln könne."

Mit großer Kunst zeigt Hauptmann in den weiteren Teilen des Buches u.a. sein fieberhaftes Warten auf einen Brief von der Geliebten:

"Ich habe heut eine Aufgabe. Die Aufgabe ist, in das Postamt des nächsten Dorfes zu gehen und nachzufragen, ob ein bestimmter Brief für mich dort lagert. Ich bin sehr unruhig und gespannt. Das frische, geliebte Kind hat sich zwar mit so unzweideutiger Neigung für mich erklärt, daß irgendein Zweifel an seiner Festigkeit vernünftigerweise nicht zulässig ist. Allein wann wäre der Liebende wohl vernünftig? [...]

Ich besitze den ersten Brief. [..] Der Inhalt des Briefes (dagegen) ist von einer entzückenden Frische und hinreißend, wie aus der Pistole geschossen, wenn dieses Bild in den Dingen der Liebe erlaubt sein kann. Und was kann süßer und weiblicher sein, als die zwei Worte der übrigens namenlosen Unterschrift: Dein Eigentum."

Mit einem großen Einfühlungsvermögen schreibt Eberhart Hilscher:

"Marie fühlte sich durch die offenen Bekenntnisse ihres Mannes tief getroffen. Sie hatte ihn als Jüngling gefördert, ihm Bildungsmöglichkeiten erschlossen und Sorgen erspart, in erfolgsarmer, später kampfumtoster Zeit unerschütterlich zu ihm gehalten. [...] Und nun, wo er sich einen Namen zu machen begann und Geld ins Haus strömte, sollte sie 'abdanken'? Es gab heftige Auftritte, ein wildes Verbrennen der Liebesbriefe. [...]"[6]

---

[6] ebda, S. 197

GERHARD HAUPTMANN

Die Ehefrau kämpfte um ihr Glück und die Beständigkeit der Familie. Aber der Eros, verkörpert in Margaretes Gestalt, war immer stärker, immer gefährlicher...

Gerhart verbringt mit seiner Geliebten immer mehr Zeit, endlich am 1. Juni 1900 wird Benvenuto geboren und es war ein entscheidender, dramatischer Moment des Hin- und Herschwankens Hauptmanns zwischen den beiden Frauen.

Im Sommer 1904 willigt Marie in die Scheidung ein, es bedeutet für Gerhart die Lösung der 10jährigen seelischen Krise. Bald heiratet er Margarete. Sie bedeutete für ihn nicht nur eine reife Form des Eros, sondern sie verlieh ihm auch ein großes Thema seines Schaffens:

Das Schwanken eines verheirateten Mannes zwischen zwei Frauen (u.a. "Fuhrmann Henschel", "Gabriel Schillings Flucht").

Mit den Worten Hugo F. Gartens: "[...] die polare Spannung zwischen zwei heterogenen Frauentypen ist eine wesentliche Erscheinungsform des Hauptmannschen Eros."[7]

Dank Margarete erkannte Hauptmann alle Raffinitäten der (zuerst) verbotenen Frucht der Liebe und dann die beflügelnde Macht des Eros.

Margarete "war es, die die Macht des Eros in ihm erweckte, und darin liegt ihr unvergängliches Verdienst um sein Werk, das erst durch sie eine eigentliche Form bekommen hat."[8]

Die Seele eines Mannes ist aber eine unergründliche Erscheinung. Kaum hat er die seit langem innigst geliebte Margarete bekommen und in das Haus Wiesenstein als Ehefrau eingeführt, so hat er eine andere liebgewonnen. Mitte September 1905, einige Wochen nach der Hochzeit mit Margarete, beginnt die Romanze mit Ida Orloff, einer jungen Schauspielerin, die die Hauptrolle in seinem Stück "Hanneles Himmelfahrt" spielte. Das Stück ist für ihn zu einem wahren Verhängnis geworden!

Es war eine große Leidenschaft des damals dreiundvierzigjährigen Schriftstellers.

Ida Orloffs Sohn, später bekannter Germanist und Biograph u.a. von Thomas Mann, Wolfgang Leppmann, hat folgendes dazu geschrieben:

"Er [...] der zum zweiten Mal verheiratete Dichter, in ganz Deutschland gefeiert [...] ist dem, schönen, jungen Kind, das den goldenen Haarschwall bis zu den Knien fließen läßt', von Stund' an verfallen [...]"[9]

Idinka, so von Gerhart Hauptmann genannt, war ein bildhübsches Mädchen; sie entsprach einer von ihm gehegten Wunschvorstellung des Weiblichen.

---

[7] H. F. Garten, Formen des Eros..., S. 471
[8] F. A. Voigt, Anna, (In:) Gerhart-Hauptmann-Jahrbuch, 1948, aaO..., S. 69
[9] W. Leppmann, Gerhart Hauptmann, Leben, Werk und Zeit, Bern-München-Wien, 1986, S. 239

KRZYSZTOF A. KUCZYNSKI

In seinen nachgelassenen Memoiren hat Gerhart Hauptmann geschrieben: "Ich sah das schöne junge Kind, das den goldenen Haarschwall bis zu den Knien fließen läßt und das ich Minka nennen will, bisher im ganzen ein-, zwei-, drei-, viermal. Das erstemal in einer Theaterprobe, zu der mich Brecht (d.h. Otto Brahm - KAK), mein alter Freund, der Schauspieldirektor Brecht, eingeladen hatte. Er hat die Kleine in Wien engagiert. Man probierte das Stück von Ibsen, 'Die Wildente'. Sie kam, nachdem sie probiert hatte, ins Parkett, wurde mir vorgestellt und setzte sich neben mich. Sofort erkannte ich, ein von Gott mit Gewalt über Leben und Tod ausgestatteter Engel hatte neben mir Platz genommen, dessen bloßes Wort, dessen bloßer Wink mich widerstandslos knechtete."[10]

Die Schönheit des Mädchens, seine große Schauspielkunst üben auf den Schriftsteller einen immer größeren Eindruck aus: "Es zieht mich zu ihr. Wie soll ich es anfangen, um zu leben, wenn ich nicht in ihrer Nähe bin?"[11]

Gerhart Hauptmann ist kein Jüngling mehr, er kennt schon den Rausch der Liebe, bei Ida Orloff verliert er aber den Kopf: "Was mich an ihr so anzieht, ist das Rassenverwandte. Ich habe nie eine Frau meiner Rasse umarmt, und die Vorstellung, ohne das gelebt zu haben, aus der Welt gehen zu müssen, ist mir schwer erträglich. Der blonde Flaum, der milchweiße Leib, das blaue Auge."[12]

Die Begegnung mit Ida Orloff war ein wichtiges Ereignis im Leben von Gerhart Hauptmann, ihre Faszination fand ein starkes Echo in seinem Schaffen, um hier u.a. die Fortsetzung des "Buches der Leidenschaft": "Neue Leidenschaft" und "Siri" zu erwähnen.[13]

Unter dem Einfluß des großen Gefühls schreibt Hauptmann einige Dramen für Ida Orloff: "Pippa tanzt" oder "Kaiser Karls Geißel".

Viele Motive in Hauptmanns Werk wären ohne das Orloff-Erlebnis unvorstellbar. Eine entscheidende Triebkraft war hier der Eros, er war sich dessen bewußt. Andererseits versuchte er sich von Orloff zu befreien, da er doch seine Bande an Margarete nicht vergessen hat. Die Intensität seiner Neigung zu Ida Orloff überbot jedoch das Gefühl des Hingehörens zu einer anderen Frau:

---

[10] G. Hauptmann, Die großen Beichten, Berlin, 1966, S. 1028
[11] ebda, S. 1032
[12] G. Hauptmann, Tagebuchnotiz vom 18.4.1906, (In:) Gerhart Hauptmann und Ida Orloff, Dokumentation einer dichterischen Leidenschaft, Berlin, 1969, S. 59
[13] vgl. auch: H. Satter, Weder Engel noch Teufel: Ida Orloff, München und Bern 1967; W. Leppmann, Der Dichter in der Volksküche, Gerhart Hauptmann und Ida Orloff - ein literarisches Cherchez-la-femme, Die Zeit, 27. 10. 1967; F. W. J. Heuser, Gerhart Hauptmann, Zu seinem Leben und Schaffen, Tübingen, 1961, (Kapitel: Ida Orloff im Leben GHs, S. 121-131, Ida Orloff in den Werken GHs, S. 131-153); J. Amery, Gerhart Hauptmann zwischen drei Frauen, Welt am Sonntag, 18. 11. 1962

"Am folgenden Tage, als ich von Minka endgültig Abschied genommen hatte, erhielt ich eine Rohrpost von ihr. Ich möge mich eilig zu ihr verfügen, weil sie noch einmal meinen Rat brauche. Ich war erschrocken, ich war erlöst, und natürlich stürmte ich zu ihr hin.

Ich mußte lachen, als ich die Stengel der Märzenbecher noch im Glase sah, die sie mit einer kleinen Schere am Tage vorher, gleichsam symbolisch das Ende unserer Liebesblütenträume andeutend, geköpft hatte. Und stürmisch hing sie an meinem Halse.

Das dauerte nur einen Augenblick. Und nun geschah etwas voll Poesie. Im Nu waren ihr die Kleider vom Körper geglitten. Wie eine Nixe enthüllte sie sich.

Da stand, von goldenen Fluten umqollen, halb Wasserweibchen, halb eine magdliche Marie von der Hand eines deutschen Meisters, ein süßes Bild. Ich glaube nicht, daß ich ein solches Elfenbeinweiß, eine zarte Haut wie diese mit rosigen Tupfen wie hier, je gesehen habe. Ich widerstand diesem Zauber nicht. [...]"[14]

Margarete ist jedoch eine kluge Frau, sie glaubt fest an ihre Bedeutung im Leben Hauptmanns und macht dem ehemüden Gerhart keine Szenen. Sie hat recht. Zwar spricht Ida Orlofff von ihrer Liebe immer noch, aber im Laufe der Zeit läßt der Zauber nach. Sie verlobt sich, tritt aber in Hauptmanns Stücken weiter auf...

Die erotische Spannung ist ein Grundgesetz für das Wesen Hauptmanns, also auch für seine schriftstellerische Tätigkeit.

In dem Moment, in dem die begehrte Frau, die Geliebte, legitim wird, läßt sein Interesse und wohl auch sein schöpferisches Können deutlich nach.

Auch in seinem hohen Alter, als Hauptmann von seinen erotischen Abenteuern nur noch träumen konnte, waren ihm diese Erinnerungen ein wichtiger Ansporn.

In dem Buch "Die großen Beichten" schreibt Gerhart Hauptmann (vor allem in Bezug auf das Orloff-Erlebnis, was jedoch verallgemeinert werden kann):

"Wahrscheinlich ist das Verlangen nach dem Göttlichen in Liebe nie so sehr als in diesem letzten, dritten, großen Falle meines Lebens offenkundig und glühend gewesen. Von Beginn an glaubte ich ein Wesen höherer Art, einen heiligen Engel in Minka zu sehen. [...]"[15]

Typisch für Gerhart Hauptmanns Liebesbild (z.B. Versepos "Die blaue Blume", das mit Marie verbunden ist) ist eine griechisch-antike Assoziation, was

---

[14] G. Hauptmann, Die großen Beichten..., aaO, S. 1050
[15] ebda, S. 1059

manchmal seine einfache, um nicht zu sagen triviale Liebesneigung in die hohe Sphäre der Sinnlichkeit emporzuheben versucht.

In seinem Gesamtwerk finden wir einige Stufen des Eros, von der geistigen, der höchsten, bis zur sinnlichen, der niedrigen.

Der Eros taucht in mehreren Werken Gerhart Hauptmanns auf, u.a. in "Atlantis", "Im Wirbel der Berufung", "Insel der Großen Mutter" oder im "Ketzer von Soana".

In den obigen Ausführungen wurden diese Titel nicht berücksichtigt, weil es dem Autor vielmehr darum ging, auf einige Gemeinsamkeiten zwischen dem Leben und Werk, vor allem dem autobiographischen, hinzuweisen. Das Thema "Eros im Werk Gerhart Hauptmanns" ist sicher damit nicht erschöpft, es ist wohl nur angestreift worden. Sind jedoch die Liebe, der Eros überhaupt zu ergründen und zu definieren?

WLODZIMIERZ WISNIEWSKI

HERMANN BROCHS "SCHLAFWANDLER"- TRILOGIE.
ARTEN DER EROTIK AUS DER SICHT DER MODERNE.

Der Hauptimpuls im Leben Brochs war "Erkenntnis" - ein Wort, das in seinem Gesamtwerk wahrscheinlich am häufigsten vorkommt. Dieses Wort hat für Broch eine breite und vielfältige Bedeutung. Indem die Wissenschaft und Philosophie erkenntnistheoretisch motiviert sind und begriffliche Erkenntnis stiften, geht es in der Literatur um "eine ständig erneuerte Weltschöpfung in Gestalt gegliederter Symbole."[1]

Die philosophischen Systeme lieferten die Lösung der Probleme, die Broch in der Subjektivität des menschlichen Seins verankert sah, kein Rüstzeug. Jene Bereiche des Seins - schreibt er - "werden ansonsten relativistisch und im letzten 'subjekti',und eben diese Subjektivität drängt mich dorthin, wo sie radikal legitim ist, nämlich ins Dichterische." (8,322)[2] Das Erotische spielt sich in der inneren Sphäre des Menschen ab und nimmt die Gestalt sinnlicher Erlebnisse an, die begleitet werden von Urbildern, Leitmotiven, traumhaften Vorstellungen, irrationalen Symbolbildungen und Gedankengängen. "Die Liebe ruht in der Unendlichkeit des Unerfaßlichen" (6,192), schreibt Broch. Sie läßt sich nicht systemtheoretisch erschließen. Das Verlorengehen der einstigen Wertehierarchie verursacht den Wertzerfall und droht, den Menschen heimatlos zu machen. Broch weist auf den Verlust sinnlich-emotionaler Kapazitäten hin unter den Bedingungen der "Wertzersplitterung". Es zeigt sich immer wieder, wie das Erotische zum Vehikel einer Hoffnung oder eines utopischen Verlangens wird. Da die erotischen Kontakte immer in die über das bloße Sexuelle hinausgehenden Beziehungen zum Partner eingebettet bleiben, können sie sich nicht ohne diese andere Komponente entwickeln. Das hat zur Folge, daß diese Sphäre durch die verinnerlichten Instanzen der institutionalisierten Tradition, durch ihre vielfältigen Symbole integriert aber auch bevormundet und gesteuert wird. Die Romanhandlungen sind nicht nur subjektivistisch, sondern sie sind ein Versuch, in jene Bereiche einzudringen, in denen die erotischen Muster sich aufs engste mit bestimmten typisch-menschlichen Situationen verbinden, die das Wesentliche einer

---

[1] Kuno Lorenz, Philosophische Dichtung, in: Paul-Michael Lützeler und Michael Kessler (Hrsg.), Brochs theoretisches Werk, Frankfurt a.M. 1988, S.24-34, hier S.24.

[2] Zitate aus Hermann Brochs Gesammelten Werken werden im Text belegt (erste Ziffer: die Bandnummer, zweite Ziffer: die Seitenzahl). Gesammelte Werke. 10 Bde. Rhein-Verlag Zürich, 1952-1961. Zitierte Werke: Bd. 2: Die Schlafwandler. Eine Romantrilogie (1952), Bd. 6: Dichten und Erkennen. Essays Bd.1. Hrsg. und eingeleitet von Hannah Arendt (1955), Bd. 8: Briefe von 1929 bis 1951. Hrsg. und eingeleitet von Robert Pick. (1957).

historischen Epoche ausmachen. Hier geht es um den verwickelten und komplexen Zusammenhang von Erotik und Brochs Kulturtheorie ("Zerfall der Werte"). In der Zeit, in der die kulturelle Einheit nicht mehr vorhanden ist, erleben die Romangestalten den Prozeß des zunehmenden Sinnverlustes und klammern sich desperat an die zerfallenen Sinnmuster und Symbole. Andererseits suchen sie im Erotischen eine subjektive Sinnbildung, eine Zuflucht und ein Antidot gegen die Einsamkeit und Verzweiflung.

Am Beispiel von Brochs Romantrilogie lassen sich vier Arten der Erotik unterscheiden: 1. die erkenntnislos-prärationale, 2. die idealistisch-utopische, 3. die psychopatisch-sachliche und 4. die ästhetisch-paradoxe. Die zwei ersten versuchen wir am Beispiel der beiden Titelgestalten des ersten und des zweiten Romans zu exemplifizieren, die dritte am Beispiel der Titelgestalt des dritten Romans und die vierte am Beispiel der passiven Hauptfigur der ganzen Trilogie.

Der erste Roman der Trilogie, der sich mit Mitgliedern des preußischen Adels beschäftigt, spielt in der Zeit der Wilhelminischen Ära. Seine Hauptfigur Joachim von Pasenow glaubt, seiner Existenz einen festen und stabilen Platz zu verleihen, indem er sich an die überholten preußischen Einrichtungen klammert. Er hofft im preußischen Militärdienst, die für sich sinnvollen Normen und Werte zu finden. Der Prozeß der Identifikation mit der Uniform geht bei ihm so weit, daß er mit der Zeit nicht vermag "anzugeben, wo die Grenze zwischen seinem Ich und der Uniform liegt" (2,23). Joachim verfügt nicht autonom und souverän über sein Selbst, sondern wird vom Militärkodex und seiner leeren Konvention gesteuert. Das im Roman dargestellte Problem "der Uniform" wird mit dem Thema der Freiheit verquickt.[3] Joachim empfindet das Gefühl der Freiheit in Augenblicken der Milderung seines Gebundenseins an die Uniform. Liebe, Erotik oder das Sexuelle geben ihm vorübergehend dieses Gefühl, bedrohen aber zugleich seine institutionelle Identifikation. Zu solchen ambivalenten Erfahrungen gehört sein erotisches Erleben mit dem böhmischen Animiermädchen Ruzena. Die erotischen Ekstasen, die Joachim mit Ruzena, sowie Esch im zweiten Roman mit Mutter Hentjen erleben, werden sehr anschaulich und sinnbildlich dargestellt. In den Augenblicken der erotischen Vereinigung, in der der Sinn des Geschehens im Dunklen und Traumhaften zu verschwimmen droht, übersteigt das Bildliche die bloße Beschreibung oder nimmt sie völlig auf. Das Erotische löst vor-ichhafte und nicht-ganz-bewußte Beziehungen aus. Die diskursiven Bewußtseinsreaktionen der beteiligten Figuren werden entkräftet und der auktoriale Ich-Erzähler übernimmt den personalen Schauplatz des Geschehens und teilt mit, was seine Figuren schlafwandlerisch erleben, aber nicht klar erkennen. Das sollen zwei Textstellen deutlich machen; je eine aus dem ersten und dem zweiten

---

[3] Vergl. 2,14; 2,117; 2,316; 2,559; 2,60f.

HERMANN BROCHS "SCHLAFWANDLER"

Roman der Trilogie. Die erste bildet den Schluß der Kulmination des erotischen Aktes von Ruzena und Joachim: "Welle des Sehnens schlug gegen Welle, hingezogen von der Strömung fand sein Kuß den ihren, und während die Weiden des Flusses emporwuchsen und von Ufer zu Ufer sich spannten, sie umschlossen wie eine selige Höhle, in deren befriedeter Ruhe die Stille des ewigen Sees ruht, war es, so leise er es sagte, erstickt und nicht mehr atmend, bloß ihren Atem noch suchend, war es wie ein Schrei, den sie vernahm: 'Ich liebe dich', sie aufschloß, so daß wie eine Muschel im See sie sich aufschloß und er in ihr ertrinkend versank." (2,40) Die zweite Stelle schildert die erotische Ekstase, die Esch mit Mutter Hentjen erlebt: "Und sie mit rauhem Grunzen endlich die Lippen öffnete, da empfand er Seligkeit, wie er sie noch nie bei einem Weibe erfahren hatte, verströmte grenzenlos in ihr, sehnend sie zu besitzen, die nicht mehr sie war, sondern ein wiedergeschenktes, dem Unbekannten abgerungenes mütterliches Leben, auslöschend das Ich, das seine Grenzen durchbrochen hat, verschwunden und untergetaucht in seiner Freiheit." (2,274) Die Sprache übernimmt die Funktion des Mediums der prärationalen Welttotalität im Erotischen. Die Liebe ergreift die Liebenden und wird sichtbar, auch wenn ihre Subjekte verschwinden. Die beiden männlichen Protagonisten erfahren im sexuellen Erlebnis einen Zustand "unentfremdeter" Leiblichkeit. Während sie sich im erotischen Objekt verlieren, löst sich ihr individuelles Sein auf und sie scheinen, der Vollkommenheit des totalen Unbewußten zu verfallen. Davon zeugen solche Metaphern, wie: "auslöschend das Ich", "ein vereinigtes Verlöschen" (2,274), "sich zu vernichten" (2,273), "eine selige Höhle" (2,40), u.a. Der sinnlich-geistige Zustand im Erotischen wird hier als eine Faszination erlebt[4], in der die Spannung zwischen dem Bewußten und Unbewußten, zwischen dem Subjekt und Objekt aufgehoben wird. Auf dieser Spannung beruhen zwar die bewußten Erfahrungen, aber sie ist im Fall unserer Romanfiguren als Erkenntnis von Gut und Böse die Ursache ihres Zweifels und ihres Leidens. Das zentrale Sinnbild der ersten Szene - ein Ursymbol der Brochschen Liebes-Darstellung - ist die Höhle. Die Bedeutung dieses Symbols läßt sich nicht eindeutig bestimmen[5] Wir möchten es als Zeichen der prärational-erkenntnislosen Liebe deuten. Es ist eine Höhle der vorbegrifflichen Ergriffenheit, in der die ursprüngliche Einheit zurückgewonnen werden kann. In der Höhle ist Geborgenheit, Vertrautheit aber auch Dunkelheit. Die Liebe als Dunkles, Unverständliches, Unheimliches zeigt sich in dem Höhlen-

---

[4] Broch gebraucht für diesen Zustand den Ausdruck "Ekstase". Brochs Texte werden zitiert auch nach der neueren von Paul Michael Lützeler herausgegebenen Kommentierten Werkausgabe, Frankfurt a.M. 1974 ff. (Abk.: KW). Hier: vgl. Schriften zur Literatur 2. Theorie (1975), KW. 9/2, S.14 f.
[5] Vgl. Manfred Lange, Die Liebe in Hermann Brochs Romanen. Untersuchungen zu dem epischen Werk des Dichters, Regensburg, 1966, S.95.

bild, das den Mund des Mannes darstellt, dem Joachim fasziniert nachläuft.[6] Kein Strahl des Bewußtseins dringt in die Höhle, was sich wiederum auf Pasenow und Esch beziehen könnte. Es ist die erkenntnislose Liebe, die Broch in den beiden ersten Romanen darbietet. Sie ist ausgedrückt in dem Satz: "[...] aber sie wollten dies nicht wissen und verschlossen sich der Erkenntnis unter Umarmungen." (2,72)[7] Ruzena, als Bewohnerin dunkler Keller, wird mit dem Bild der "Nachtalbe" (2,135) und dem auflösenden Wasser (2,38) verknüpft. "Dunkelheit der Großstadt" (2,51), "Gewirr der Fäden", "Verstrickung", "Netz des Zivilistischen" (2,64), "Pfuhl" (2,135) sind schließlich Assoziativa dieser Liebe in Joachims Bewußtsein. Diese Symbole, die negativ die Welt seiner Geliebten versinnbildlichen, sind gleichfalls Symbole der Verdunkelung der Erkenntnis. Sie sind nicht mit der Bewußtseinserweiterung kompatibel, sondern mit einer Integration des betreffenden Menschen in präsoziale und vor-ichhafte Welten. Das Liebesverhältnis zwischen Joachim und Ruzena muß auch aus einem anderen Grund scheitern. Joachim erfährt im Erotischen mit ihr zwar eine Befreiung aus der starren Konvention der "kastenmäßigen Abgeschlossenheit seines Lebens" (2,34), befürchtet aber dabei, seine preußisch-idealistische Gesinnung zu verlieren. Sein Mißtrauen gegenüber dem aufdringlichen subjektiven Gefühl im Erotischen kommt aus dem Verdacht, es könnte ein falsches Gefühl sein. Für ihn ist diese Leidenschaft so etwas wie Anachronismus, der sich jedem totalitären Begreifen entzieht. Die Sphäre des Dunklen und Triebhaften im Erotischen wird von Joachim endgültig abgelehnt.

Für Esch, den Repräsentanten des Kleinbürgertums aus dem zweiten Roman der Trilogie, existiert kein Halt mehr in "den herrschenden Fiktionen".[8] Es gibt für ihn keine Werte, wie Ehre, Uniform oder Konvention, an die sich Joachim von Pasenow klammern kann. Erotik, oder eher rohe Sexualität, erfüllt bei ihm die Funktion eines Narkotikums des Bewußtseins. Als Mensch der "ungehemmten Triebbestimmtheit im Erotischen"[9] sucht er sein Bedürfnis nach Einheit und Verwurzelung durch Trunkenheit und Sexus zu befriedigen. Daß es ihm nicht gelingt, mit seinen sexuellen Abenteuern seine Unrast auszugleichen, beinhaltet folgendes Zitat: "Hinterher hatte er sich besoffen und mit einem Mädchen geschlafen aber es hatte nichts genützt, der Zorn war geblieben und Esch

---

[6] Vgl. 2,48.
[7] Vgl. dazu folgende Gedankengänge von Joachim: "Schön wäre es von all dem nichts zu wissen und mit Ruzena durch einen stillen Park und an einem stillen Teich zu wandern." (2,52)
[8] Hermann Broch: Daniel Brody: Briefwechsel 1930-1951. Hrsg. von Bertold Hack und Marietta Kleiß, Frankfurt a.M. 1971, S.39.
[9] Leo Kreutzer, Erkenntnistheorie und Prophetie. Hermann Brochs Romantrilogie "Die Schlafwandler", Tübingen 1966, S.114.

schimpfte vor sich hin" (2,173). In seinem sexuellen Verhalten äußert sich der Verlust an Kultur und das Hervortreten archaischer Instinkte.

Die regressiven Tendenzen im Erotischen der beiden Protagonisten äußern sich in ihren traumhaften Sehnsüchten nach der Mutter. Joachim hat in einer Kirche auf Grund des katholischen Bildes eine Vision, in der er Ruzena mit der "schwarzhaarige(n) polnische(n) Köchin" (2,122) als Muttergestalt assoziert. Auch das Motiv der Höhle bei erotischer Vereinigung mit Ruzena kann seine Sehnsucht nach dem Schoß der Mutter symbolisch ausdrücken. In Eschs Beziehung zu Mutter Hentjen kommt nicht eine große Liebe zum Ausdruck, sondern sein Bedürnis nach Schutz und Geborgenheit. Durch das Anklammern an sie, an eine Person, die an ihrer "Regel festhielt" (2,176), gewinnt er Halt und Geborgenheit. Er erblickt in ihr die Gestalt der Mutter, in der alle Gegensätze und Dichotomien gelöst werden können. Im Traumkapitel wünscht er, daß "er in den Armen der Frau, eratmend die Heimat, traumlos versinke" (2,319).

Nach dem Auflösen des nicht standesgemäßen erotischen Verhältnisses zu Ruzena will Joachim von Pasenow den Ansprüchen seiner junkerischen Gesinnung gerecht werden. Er steht allzusehr in der Tradition des preußisch gefärbten Idealismus, als daß er auf den mit der Idee verbundenen höheren Sinn verzichten könnte. Da er "in der Trägheit seiner romantischen Phantasie" (2,66) nach der Begründung seiner Erotik im teleologischen Raster seines Standes sucht, erblickt er in seiner standesgemäßen Jugendgefährtin Elisabeth eine Figur, die seiner "persönlichen Sehnsucht nach einer besseren und gesicherten Welt" (6,345) entspricht. In seinem Bewußtseinsstrom assoziiert er ihre Gestalt mit den Bildern der "Lichtalbe" (2,195), der "befriedigende(n) reinliche(n) Ordnung" (2,195), der "befriedigende(n) reinliche(n) Ordnung" (2,64), der "Reinheit" (2,94) und der Madonna (2,151)[10]. Seinem militärischen Integrationsprinzip entzogen, erschrickt er darüber, "daß er der verschwimmenden und der verfließenden Masse des Lebens nich mehr habhaft zu werden" (2,121) vermag und ist bereit sich an die Dinge zu klammern, die nicht existieren. Er projiziert seine utopischen Wünsche auf den nicht wirklichen Tatbestand und legt die Ereignisse entsprechend seinen "romantischen" Wunschvorstellungen aus. Joachim trifft eine typisch konservative Entscheidung, das heißt für ihn: er heiratet die Gefährtin seines Standes, vollzieht also eine "dem Amourösen abgewandte Vermählung" (2,161). Als Mitglied der Familie glaubt er, einen gesicherten Platz innerhalb eines größeren Ganzen gefunden zu haben. Der traditionelle Stil in der Wiedergabe Joachims Beziehung zu Elisabeth schlägt ins komisch-parodistische um und zeigt die pompöse Form des Pathos. Joachim idealisiert Elisabeth zu einer "erdenwallenden Maria" (2,151) oder er glaubt in einer Märchenlandschaft mit

---

[10] Vgl. dazu 2,123.

"Schneewittchen" (2,151) zu leben.[11] Die Wirklichkeitsfremdheit seiner Wünsche erscheint am deutlichsten wenn er mit der realen erotischen Situation außerhalb der Grenzen seines abgerückten Wirklichkeitsbereiches in Berührung kommt. Die Hochzeitsnacht, in der er sich als impotent erweist, belehrt ihn, daß er es mit einer wirklichen Frau zu tun hat. Da ihm das erotische Erlebnis im Irdischen unerreichbar ist, sehnt er sich nach einer Vereinigung mit Elisabeth im Tode.[12] Sein idealistischer Verstand erlaubt ihm nicht, die erotische Wärme und Zuneigung des Partners zu empfinden, sondern die Trennung, die Kälte und den seelischen Tod. Die alten Symbole, auf die sich Joachim in der erotischen Situation mit Elisabeth stützt, geraten in einen Erstarrungsprozeß. Alles Lebendige erfriert, Eistropfen fallen.[13]

Auch August Esch aus dem zweiten Roman der Trilogie sehnt sich nach dem romantischen Gegenstand einer idealistischen Verehrung. In der Gestalt Ilonas aus dem Mannheimer Varieté-Theater findet er den Gegenstand und Brennpunkt all seines utopischen Strebens. Wenn er sich über sein isoliertes Ich hinaus dem Ziel der Erlösung durch Ilona, das auch erotisch gefärbt ist, hingibt, sucht er, ähnlich wie Pasenow in seiner Beziehung zu Elisabeth, Erlösung. Beide Protagonisten betreiben in dieser Art Erotik ideologisch-religiöse Utopie, indem sie das Erotische zur Idee hypostasieren. Auch bei Esch verbinden sich religiöse Ideen und Visionen mit erotischen Vorstellungen. Ilona wird nicht als eine Person aus Fleisch und Blut, sondern als eine "Gekreuzigte" (2,192) angesehen, die "zu Höherem bestimmt" (2,220) ist. Die erotische Realität der beiden Protagonisten wird immer wieder im Medium von utopischen Zeichen, Bildern, "konservativen Dogmatismen und diversen Ersatzreligionen"[14] wahrnehmbar und von ihnen strukturiert. Beide Romane der Trilogie zeigen nahezu abstandslos die Polarität von der utopisch-idealistischen Realität der Haupthelden und der äußeren objektiven Wirklichkeit, ohne sich an einen der Standpunkte zu binden.

---

[11] Broch stellt in dieser Szene das falsche Pathos dar, indem er zeigt, "daß hier das Endliche ins Unendliche pathetisiert wird (denn dies ist das Wesen des Pathos)" (6,339). Paul Konrad Kurz formuliert das Wesen der Brochschen Romantik, gefaßt in der Gestalt Pasenows folgendermaßen: "'Romantik' trifft auf die Gestalt Pasenows zu in jenem längst umgangssprachlichen, abwertenden Sinn des Verträumten, Unklaren, Unwirklichen, des ungehörigen Gefühlsübergangs und des ungemäßen Verhaftetseins an eine überholte Vergangenheit." Vgl. P.K. Kurz, Hermann Brochs 'Schlafwandler'-Trilogie als zeitkritischer Erlösungsroman, in: Über moderne Literatur: Standorte und Deutungen, Frankfurt a.M. 1967, S.129-157, hier S.139.
[12] Vgl. 2,151.
[13] Vgl. 2,152.
[14] Paul Michael Lützeler (Einleitung), in: Paul Michael Lützeler und Michael Kessler (Hrsg.), a.a.O., S.7-12, hier: S.11.

Sie entwickeln konsequent diese Gegensatzbildung und lassen den Leser sich nicht mit der utopisch-romantischen Stilisierung identifizieren. In diesem Spannungsfeld wird die Täuschung transparent: die romantische Annahme und ihre objektive Verneinung. Daraus ergibt sich die Brochsche Form der Ironie.

Im dritten Roman haben wir es mit der Auflösung des utopischen Motivs zu tun. Die Titelgestalt des Romans Wilhelm Huguenau sucht nicht mehr ein allgemeines Bezugssystem. Die Auswechselbarkeit seiner Haltung ist das einzig beständige seiner Orientierung. Entscheidend ist für ihn "unter Vernichtung aller Konkurrenz" (2,474) das Profitstreben und die Machterweiterung. Es sind die Rollen, die er in jedem Augenblick zu spielen versteht, wenn er für sich Erfolgschancen wittert. Dank seines guten Einfühlungsvermögens in die Motivation anderer Menschen entdeckt er bei jedem, mit dem er in Kontakt kommt, den schwachen Punkt und weiß es für seine Ziele auszunutzen. Er paßt sich jeder Situation an. Er ändert seine Ansichten und Ziele je nach der politischen Lage. Auch die religiösen Bekenntnisse stellt er in den Dienst seines kommerziellen Prinzips.[15] Die Sprache Gottes wird der Sprache der Dinge unterstellt. Die religiöse Symbolerfahrung hat für Huguenau ganz ihre Verbindlichkeit verloren. Gefühlsmäßig steht ihm kein Mensch nahe, Liebe kennt er nicht, die rohe Sexualität als Funktionalität seines Profitstrebens ist ihre einzige Erscheinungsform. Seine sexuellen Bedürfnisse befriedigt er im Bordell. Die Verbindung mit dem Eros zeichnet sich symbolisch in der Vergewaltigungsszene am Ende des Romans ab.[16] Anstelle des Verbundenseins mit den Menschen tritt bei ihm starke, fast erotische Faszination von mechanischen Dingen.[17] In der Gestalt Huguenaus verkörpert sich die "Furchtbarkeit des Sachlichen" (3,126), dessen Sexualität die anderen verkrüppelt und entfremdet. Seine erotische Verhaltensweise ist gekennzeichnet durch die Ächtung der menschlichen Gefühle, durch den rücksichtslosen "Sieg" der kontrollierenden und kalkulierenden Rationalität über körperliche und emotionale Spontaneität. Das Brochsche Bild eines Vertreters der Sachlichkeit würde aber seine ethische Wirkung verfehlen, wenn er nicht seine "Erfolgsideologie" bis zum paradoxen Sättigungspunkt geführt hätte. Der Gewinner Huguenau "entgeht der Enttäuschung nicht" (2,678). Als Spieler ohne wirkliches Engagement spürt er in seinen Manipulationen intuitiv die Sinnlosigkeit seines Spieltreibens, er "hätte es satt [...]. Es war, als hätte er ein Spielzeug in die Ecke geworfen: er mochte es nicht mehr" (2,469). So ist er gezwungen, ständig neue Reize zu suchen, um seine menschliche Leere und "stumpfgewordene Seele" (2,678) auszufüllen. Je mehr Huguenau über sich

---

[15] Vgl. 2,668.
[16] Vgl. 2,645f.
[17] Vgl. 2, 407

selbst und über die äußere Welt verfügt, desto weniger weiß er, was er mit sich anfangen soll. So fühlt er sich mehr und mehr als Gefangener seiner instrumentellen Vernunft und seiner manipulatorischen Möglichkeiten. Am Beispiel des sachlichen Menschen zeigt Broch, wie die einstige kulturelle Synthese vollkommen aufgehoben wird. Es entsteht an ihrer Stelle eine "Kulturform", deren Signatur sich in der Autonomie der einzelnen Bereiche äußert. Der Sexus, seiner menschlichen Würde entkleidet, wird als Mittel im Kampf der konkurrierenden Bereiche herabgesetzt.

Eduard von Bertrand, die passive Figur der gesamten Trilogie, ist anderen Gestalten an Klarheit des Denkens und praktischen Handelns überlegen. Die Werte, die für Pasenow und Esch noch Glaubwürdigkeit haben, verlieren in seiner kritischen Sicht ihre Attraktivität. Am Beispiel der erotischen Sphäre, die hier ästhetisch überboten wird, kann man auf die Kompatibilität Bertrands Fremdheitskonzepts der Liebe mit der künstlerischen Moderne verweisen. Bevor die beiden Liebeszenen zwischen Elisabeth und Bertrand zustande kommen, wird Bertrand von Elisabeths Schönheit ergriffen: "Ihr Mund ist sonderbar, sagte sich Bertrand, und ihre Augen sind von einer Helligkeit, die ich liebe. Ihre Hände sind zu groß für eine Frau, mager und schmal. Ein sinnlicher Knabe ist sie. Aber sie ist reizend." (2,100) Bertrand besitzt die souveräne Fähigkeit, die Menschen als ästhetische Objekte zu betrachten. Mit ästhetischem Abstand wird Elisabeth als Individuum neutralisiert und als "Rohmaterial" (2,37) für seine ästhetische Betrachtungsweise benutzt. Bertrand wird zum "Beobachter der Schönheit in der Liebe" (3,166), wie es im "Tod des Vergil" heißt. Die auf diesem Wege transformierte Erotik sublimiert sich, wie Sigmund Freud an Beispielen der Künstlerfiguren, in "Wißbegierde"[18] zeigt. "Der Trieb kann sich frei im Dienste des intellektuellen Interesses bestätigen"[19] und zum ästhetischen Genuß werden. Bertrands Vergnügen an der Erotik hänge mit seinem narzißtischen Interesse für die "Unverletzlichkeit" des Künstlers zusammen, die im "rein formalen, d.h. ästhetischen Lustgewinn"[20] zustande kommt. In der Liebesszene mit Elisabeth entwickelt Bertrand seine Fremdheitstheorie der Liebe, die hier ausschnittsweise zitiert wird: "Ich glaube, und das ist tiefster Glaube, daß nur in einer fürchterlichen Übersteigerung der Fremdheit, erst wenn sie sozusagen ins Unendliche geführt ist, sie in ihr Gegenteil, in die absolute Erkenntnis umschlagen und das erblühen kann, was als unerreichbares Ziel der Liebe vor ihr herschwebt und doch sie ausmacht: das Mysterium der Einheit." (2,105) Bertrands

---

[18] Sigmund Freud, Der Dichter und das Phantasieren, iN. S. F., Studienausgabe Bd. X, S. 177
[19] Ders., Eine Kindheitserinnerung des Leonardo da Vinci, beda S. 107
[20] Ders.; Der Dichter und das Phantasieren, ebda S. 179

Fremdheitskonzept intendiert eine Gestalt von Subjektivität, die das sozialgeschichtliche Wissen und sein Pathos verfremdet und übersteigt, indem sie konsequent an ästhetischen Prämissen festhält. In seiner ästhetischen Haltung lehnt er jede Art der Vertrautheit ab, die ihn vom ideologischen Pathos bewahren soll: "In der Vertrautheit liegt von vornherein der Keim des Unaufrichtigen und Verlogenen." (2,101) Das Vertraute wird mit Absicht entfremdet und ad absurdum geführt. Es entgeht der scharfsinnig-kritischen Urteilskraft des Ästhetikers Bertrand nicht, das sich im Erotischen diese Vertrautheit am deutlichsten manifestiert: "Irgendwo ist in jedem die wahnsinnige Hoffnung, daß das bißchen Erotik, das uns geschenkt ist, diese Brücke schlagen könnte. Hüten Sie sich vor dem Pathos der Erotik." (2,104) Für Bertrand gibt es nur "ein einziges wahrhaftes Pathos, das der Entfremdung, des Schmerzes [...] wenn man die Brücke tragfähig machen will, dann muß man sie überspannen" (2,105). Bertrand ironisiert und verfremdet die Möglichkeiten des utopischen Pathos im Erotischen, dem Pasenow und Esch verfallen, indem sie glauben, es wäre imstande, sie zu erlösen. Dieses Pathos, wie er weiter äußert, "zielt daraufhin, Mysterien zu versprechen und mit Mechanik das Versprechen einzulösen" (2,104). Bertrands Fremdheitstheorie dient der Entgrenzung des utopischen Strebens in der Liebe. Der manifeste Sinn der beiden Liebesszenen hat einen überdeterministischen Charakter. Mit seiner paradoxen Intention entwickelt Bertrand ein ästhetisches Feld der negierten Bedeutungen und schafft einen "Ansatz zur Plausibilisierung ästhetischer Autonomie".[21] Diese kann die Grundlage sein für das In-Erscheinung-Treten des schöpferischen Nicht-Punktes, eines rein utopischen Punktes jenseits der systembedingten Realität. Die erste Liebesszene zwischen Bertrand und Elisabeth endet mit folgendem Satz: "Ich möchte, daß du die Liebe nie anders erlebtest und erlittest als in dieser letzten und unerreichbaren Form. Und wäre es auch nicht mit mir, ich werde dann nicht eifersüchtig sein. Doch ich leide und bin eifersüchtig und ohnmächtig, wenn ich daran denke, daß du Billigerem verfallen wirst." (2,105) Bertrand wendet sich hier gegen die klischeehafte erotische Banalität, an die sich Pasenow und Esch zu klammern suchen. Sein Fremdheitskonzept intendiert das Überschreiten der utopischen Teleologie ins wirklich Unendliche. Dieses Streben nach Unendlichkeit, das sich selbst begründet und in keine universale Grammatik einverleibt wird, verweist uns auf die deutsche Frühromantik. Nicht das anvisierte Ziel einer besseren Welt, das hier mit dem Erotischen verquickt wird, intendiert die ästhetische Substitution Bertrands, sondern eine neue Einheit vom Geistigen her. Solch ungewöhnliche Freizügigkeit, die sich selbst multipliziert und aus der Orthodoxie ideologisch fundierter Formen ausbricht, "zerschneidet" die vermittelnde Symbol-Welt und ihre klischee-

---

[21] Karl Heinz Bohrer, Plötzlichkeit. Zum Augenblick des ästhetischen Scheins, 1981, S. 100

hafte Trivialität. Die Affinität von Bertrands Ausführungen mit Nietsches "Logik in der Passion" und "Glück ohne Pardon"[22] ist unverkennbar. "Denn Liebe [...], erotische Intensität also, ist vor allem auch das reflexive Verhältnis dazu".[23] Bertrand hat in sich etwas "von der inquisitorischen Teilnahmslosigkeit eines Arztes" (2,130). In der Sekundärliteratur wird seine Rücksichtslosigkeit in den beiden Liebesszenen negativ beurteilt.[24] In der Tat wehrt sich Elisabeth verzweifelt gegen seine Argumentation.[25] Ein solches schonungsloses Verhalten dem Partner gegenüber findet seine Erklärung bei Freud, der die Rücksichtslosigkeit der ästhetischen Haltung als "Indifferenz des Künstlers" bezeichnet und sie "mit einem tiefenpsychologischen Hinweis begründet, der das Problem der ästhetischen Grenze vor jeder Mißdeutung bewahren sollte".[26] Bertrand ist die einzige souveräne Figur der Trilogie. Da seine Anschauungen ästhetisch fundiert sind, entziehen sie sich jeder Moralphilosophie und sind somit mit den modernen Tendenzen zur Kunstautonomie kompatibel. Sein ästhetisches Unabhängigkeitsstreben birgt jedoch Gefahren des Narzißmus in sich, der sich in seiner Homoerotik ausdrückt. Präsident Bertrand, die aus dem ersten Roman verwandelte homoerotische Gestalt des zweiten Romans, symbolisiert das Böse und Höhere zugleich. Sein extravaganter Lebensstil, seine scharfe Urteilskraft tragen in sich Merkmale des Zynismus und bedrohen die utopisch-ideologische Welt der anderen Romanfiguren. Aus diesem Grunde schieben sie ihm die Schuld für den Zusammenbruch der Werte zu und machen ihn zum Sündenbock. Bertrand wird in die Isolation und schließlich zum Selbstmord getrieben. Er erscheint in allen drei Romanen als der Fremde und Einsame. Broch interessiert in diesem Zusammenhang nicht die Problematik der gleichgeschlechtlichen Liebe. Die Verwirklichung der Liebe ist für ihn ein vom Geschlecht weit unabhängiges, allgemeines Problem.[27]

---

[22] Zitiert nach Karl Heinz Bohrer, Intensität ist kein Gefühl. Nietsche kontra Wagner als Lehrbeispiel, in: K.H. Bohrer: Nach der Natur. Über Politik und Ästhetik, München Wien 1988, S.90.
[23] Karl Heinz Bohrer, Intensität, a.a.O, S.90f.
[24] Vgl. Patricia Lopdell, Epische Struktur und innere Erfahrung im Werk Hermann Brochs, Göttingen 1969, S.85ff.
[25] Vgl. "Sie wollen mich wieder quälen." (2,144) "Quälen Sie mich doch nicht; bin ich denn nicht schon genügend gequält?" (2,145).
[26] Sigmund Freud, Eine Kinheitserinnerung des Leonardo da Vinci, a.a.O., S.96. Zitiert nach K.H. Bohrer, Plötzlichkeit, a.a.O., S.100. Das Thema führt übrigens zur deutschen Romantik hin. Vgl. dazu Wilhelm Heinrich Wackenroder, Werke und Briefe, Heidelberg 1967, S. 230f.
[27] Vgl. dazu: "[...] wahrscheinlich dürfte es sich selbst im Homosexuellen nicht anders verhalten".(Hermann Broch, Verzauberung, 1976, KW.3, S.190.)

HERMANN BROCHS "SCHLAFWANDLER"

Brochs problematische Position, die zwischen dem rein Ästhetischen und dessen ethischer Verneinung pendelt, korrespondiert mit Adornos berühmtem Satz über die Unangemessenheit eines Gedichtes nach Auschwitz.[28] Einen Satz, den Adorno fünfzehn Jahre später zurückgenommen hat.[29] In einem Brief von 1945 vermerkt Broch folgendes: "Das Ästhetische ist einfach unmoralisch geworden, weil es nicht mehr existent ist. Wenn je die Musen zu schweigen hätten, so in dieser Grauensepoche; was sie noch äußern, ist schiere Geschwätzigkeit."[30] An einer anderen Stelle äußert er das noch deutlicher: "das Spielerische des Kunstwerks ist zu einer Zeit der Gaskammern unstatthaft"[31] Diese Ambivalenz, obwohl sie die besondere Situation der deutschen Ästhetik angesichts der geschichtlichen Situation verrät, macht Broch zu einem eigensinnigen Pilger, der zwischen zwei Fronten wandert: den sozial-ethischen Geboten und den ethischen Indifferenzen der Kunst.

Wir haben in unseren Ausführungen die Frauen nur im Kontext der männlichen Figuren behandelt. Sie sind romantechnisch tatsächlich auf die männlichen Gestalten bezogen. Wie die meisten Frauen in Brochs Romanen sind sie an Nüchternheit, Natürlichkeit und Selbständigkeit ihren männlichen Partnern überlegen. Die männlichen Figuren bleiben mit ihren Vorstellungen auf einer Stufe der Unreife. Frauen sind reifer, obwohl sie keine innere Reife erreichen.

Die hier skizzierten Arten der Erotik zeigen die Verwirrungen in der intimen Sphäre. Keine der hier dargestellten Männerfiguren vermag Eros und Leben in Einklang zu bringen. Sie leiden alle an dem Zwiespalt zwischen Ideal und Wirklichkeit oder versuchen zu regredieren, indem sie, wie Pasenow und Esch, eine Einheit im Vor-Ichhaften suchen. Wie die geschilderten Beispiele beweisen, sind die Versuche, die Erotik zu einer Idee zu hypostasieren, sie zur Staffage, zum "Scheinen der Idee" zu machen, zum Scheitern verurteilt. Andererseits aber kann sie nicht um ihrer Selbst willen erlebt und genossen werden. Die Romanfiguren pendeln in ihren erotischen Erlebnissen zwischen Körper und Geist, zwischen Trieb und Idee, damit verleugnen sie den Bereich ihres Seelenlebens, der zu einer Tabuzone wird. Im dritten Roman kommt ein Dialog zwischen Esch und dem Major von Pasenow zustande, der besagt, daß die seelische Gemeinschaft erst dann möglich wäre, wenn der Mensch sich dem Gefühlten in sich selbst und in dem anderen stellen würde. "Nur wer Erkenntnis besitzt, dem wird Erkenntnis

---

[28] Vgl. Theodor W. Adorno, Prismen, München 1963, S.26.
[29] Vgl. Theodor W. Adorno, Negative Dialektik, Frankfurt a.M. 1973 (Gesammelte Schriften, Bd.6), S.355.
[30] Briefe (1945-1951), 1981, KW.13/3, S.35.
[31] Ebda., S.187.

gegeben, nur wer Liebe sät, wird Liebe ernten" (2,533), sagt Major von Pasenow, worauf Esch wie im Traum resoniert: "So wird Erkenntnis zu Liebe, und Liebe wird zur Erkenntnis" (2,533). Das Wort Erkenntnis ist hier nicht im rationalen, kognitiven Sinne zu verstehen, sondern im Sinne eines "gefühlten Wissens" (8,109), wie es Broch in einem Brief ausdrückt und es an anderen Stellen seines Schaffens als das Herzenswissen artikuliert.[32] Dieses Wissen wird im Spruch der Heilsarmee aus dem dritten Roman der Trilogie versinnbildlicht: "Freude im Herzen" wird dem Spruch "Freude im Kopf" gegenübergestellt.

Broch verdichtet in der "Schlafwandler"-Trilogie die erotischen Perversionen. Der Schrecken des Wertzerfalls wirkt als Stachel, der zu kompensatorischen Anstrengungen führt, die Erotik mit ideologischen und religiösen Motiven zu pathetisieren (Pasenow, Esch), sie in die autonom-ästhetische Sphäre zu transformieren (Bertrand), oder sie der skrupellos-kalkulierenden Rationalität zu unterwerfen (Huguenau). Alle diese Anstrengungen führen zur Verhärtung des Subjekts, das sich in der feindlichen Welt abzusichern sucht.

---

[32] Herzenswissen wird von der weiblichen Hauptfigur Brochs letzten Romans Mutter Gisson verkörpert. Vgl. Die Verzauberung (KW.3).

JOANNA JABŁKOWSKA

DIE (UN)EROTISCHE DEUTSCHE LITERATUR

Peter von Matt schreibt am Anfang seines Buches über den Liebesverrat und die Treulosen in der Literatur, wer sich an die Aufgabe mache, diesem Thema nachzuspüren, "tut gut daran, von Anfang an klarzustellen, daß er diesem Vorhaben nicht gewachsen ist."[1] Diese These kann man auf das Motiv Liebe oder Erotik in der Literatur überhaupt erweitern, denn ein großer, wenn nicht der größte Teil der Weltliteratur handelt direkt oder verschleiert von Liebe, Sex, Zuneigung etc. Es wäre wahrscheinlich eine vergebliche Mühe, eine wissenschaftliche Ordnung in dieses Thema zu bringen. Deshalb wird hier versucht, das Problem nicht in seiner Direktheit, sondern ex negativo, sozusagen durch die Hintertür anzusprechen. Es wird (im Konjunktiv) eine Hypothese aufgestellt, die nur mit einigen Beispielen bestückt, eigentlich nichts beweisen, lediglich eine Diskussion inspirieren kann.

Ausgehen könnte man doch von einer definitorischen Annäherung an den Begriff der Erotik, und weil es sich hier nicht um ein biologisches, sondern um ein literarisches Problem handelt, scheint es sinnvoll zu sein, einen Schriftsteller sprechen zu lassen, wie etwa Alfred Döblin, der in seinem Hamlet-Roman eine Definition der Erotik gibt:

"In den Tieren, in der Natur erkennt sich der Mensch nicht. Die Natur erhält von uns ihren Namen, sie muß vor uns treten, das hat der Schöpfer bestimmt. Aber in dem Weib erkennt er sich wieder, sie entspricht ihm, er nimmt sie an und gibt ihr seinen eigenen Namen. [...]

Das ist Erotik: Mann und Frau, von Anfang an füreinander bestimmt, aus einem Fleisch, drängen zusammen. Darin liegt Glück, Seligkeit: jede Generation erfährt es und besingt es."[2]

Eine solche Definition der Erotik: Füreinandersein und fleischliche Verschmelzung kann man gelten lassen. Es stellt sich jedoch die Frage, ob die Literatur, deren Wesen intellektueller Natur ist, in der Lage sein kann, Erotik in diesem Sinne zu beschreiben?

Gelten erotische Szenen nicht, wenn man von der sogenannten "Trivialliteratur" - so unpopulär die Bezeichnung auch sein mag - absieht, der Vermittlung außererotischer Inhalte? Man könnte weiter fragen, ob man nicht

---

[1] Peter von Matt: "Liebesverrat. Die Treulosen in der Literatur", Carl Hanser, München, Wien, 1989, S.17.
[2] Alfred Döblin: "Hamlet oder die lange Nacht nimmt ein Ende", Walter-Verlag, Olten und Freiburg im Breisgau, 1977, S. 475.

nach dem Ziel der erotischen Bilder in der Literatur suchen sollte? Es dürfte möglich sein, durch die besondere Art, Erotik zu gestalten, das eigentliche Anliegen vieler Werke aufzuspüren.

Nicht nur im Modus der Wahrscheinlichkeit, sondern auch noch mit vielen Fragezeichen versehen, müßte man die These wagen, in der deutschen Literatur werde die Erotik besonders oft funktionalisiert, d.h. in den Dienst der intellektuellen Welterfahrung gestellt. Würde man eine Liste erotischer Werke der gesamten deutschen Literatur aufstellen, könnte vielleicht auf den ersten Blick der gegenteilige Eindruck entstehen. Viele Barockdichter, Goethe, Heine, Friedrich Schlegel, Wedekind, Doderer, Schnitzler etc., etc. scheinen das Gegenteil zu beweisen. Doch das entscheidende Faktum ist, daß bei diesen Schriftstellern die Erotik äußerst selten um ihrer selbst Willen thematisiert wird. Gesellschaftliche oder innere Konflikte, philosophische Probleme, ganze Weltbilder stehen im Hintergrund der Liebesbücher. Man könnte sich fragen, ob eine zweckfreie Kamasutra der europäischen Kultur nicht völlig fremd ist. In der deutschen Literatur der Nachkriegszeit sticht es geradezu ins Auge, daß erotische Bilder Probleme vermitteln, die außerhalb der sinnlichen Wahrnehmung liegen. Dabei fehlt es an solchen Bildern in der Literatur der letzten Jahrzehnte nicht: ihre Skala reicht von sanft-romantisch (selten) bis schauerlich-grotesk (häufiger).

Würde sicher erweisen, daß die Erotik tatsächlich nur als Hülle diene, könnte man konsequent weiterfragen, welche Inhalte sich hinter dem sinnlichen Schleier verbergen. Für die exemplarische Analyse wurden hier zwei Schriftsteller gewählt, die zwar grundverschieden, zugleich aber sehr repräsentativ für die Entwicklung der bundesdeutschen Nachkriegsliteratur sind: Günter Grass und Martin Walser. Die Werke, denen die Beispiele entnommen wurden sind vor allem "Der Butt", "Seelenarbeit", "Brandung", Anselm-Kristlein-Trilogie.

Grass gilt als der sinnliche, wenn nicht der sinnlichste Dichter der deutschen Nachkriegszeit, und auch in der Vergangenheit findet man nicht viele seinesgleichen.

Ist sinnlich gleich erotisch? In Wörterbüchern findet man als Erklärung des Wortes Erotik neben Liebeskunst auch Sinnlichkeit, und unter den Synonymen für Sinnlichkeit auch Erotik, Fleischeslust, Genußfreude, Wollust, Lüsternheit, und Sexualität. Mit den lexikalischen Definitionen wird also nichts erklärt. Eher verunsichern sie unser instinktives Sprachgefühl, das uns suggerieren will, Erotik wäre ein Unterbegriff der Sinnlichkeit, die Freude an allen Sinneswahrnehmungen bedeute: dazu würde die Vojeur-, Gaumen-, Geruchs-, Gehör- und Tastlust eigentlich auch gehören. Und tatsächlich fasziniert in den Werken von Grass nicht nur die Bildhaftigkeit und Phantasie der Liebesszenen, sondern die ganze Sphäre der menschlichen Körperlichkeit. "Der Butt" wäre nicht das einzige, wohl aber mit seinen Kochrezepten und ausgefallenen Erotika, durchdrungen von der Aura der Weiblichkeit, das augenfälligste Paradigma für dieses Motiv im Schaffen von Grass. Der Roman müßte auch die These von der Funktionalisierung der Erotik widerlegen, denn bei Grass wird die Sinnlichkeit als etwas Ursprüngliches und Aintellektuelles begriffen. Einige hundert Seiten lang plädiert der Erzähler für die Befreiung der verdrängten Fähigkeit, mit den Sinnen, nicht mit dem Verstand die Welt wahrzunehmen. Die Zivilisation habe zur Verarmung der Fleischeslust beigetragen und dem Menschen seine Triebe durch intellektuelle Ersatzbedürfnisse kompensiert. Zu Auas Zeiten z.B. gab es keine Liebe. "Wir hatten keine Erwählte, obgleich es jene Überaua gab, die später als Muttergöttin verehrt wurde und mich, weil ich Figuren nach ihren Maßen in den Sand ritzen oder aus Lehm kneten konnte, immer ein wenig bevorzugt hat. Aber verliebt, vernarrt, vergafft ineinander waren wir nicht. Deshalb auch kein Haß. [...]."[3]

Die Auas stillen und nehmen ihre Edeks nicht nach individuellen Vorlieben, sondern nach dem Zufallsprinzip, oder eher nach einem "System der Hordenfürsorge"[4], nach der zwar niemand bevorzugt aber doch für jeden gesorgt wird. Das heißt nicht, daß es bei Aua Wigga und noch Mestwina unerotisch zuging - im Gegenteil: so viel wärmende Fleischesnähe und wörtliche Sinnesfreude haben die Menschen später nie mehr erfahren, nachdem sie sich von dem dumpfen Aufgehen in der Masse befreit haben und das Leben zu zweit, individuelle Erotik - genannt Liebe - zu bevorzugen begannen. Eigentlich arbeite die Liebe der Erotik entgegen: ursprünglich erotisch war die dreibrüstige Aua; die liebenden Frauen seien die entsagenden, selbstlosen, sich aufopfernden, die nicht die Sinneslust, sondern eher eine geistige Verjüngung im Gefühl suchen. Seit der Aua die dritte Brust abgefallen ist und der Butt die Männer berät, wird die Beziehung zwischen Mann und Frau zunehmend unerotisch. Eine zweckfreie Liebes- und Eßlust, die Erotik, hat sich in eine zweckgebundene, intellektuelle Sinnlichkeit verwandelt.

Die Liebe sei ein wichtiges Instrument der männlichen Emanzipation, der Befreiung von der sinnlichen Macht der Frau und endlich deren Überwindung. Die Liebe sei also ein Geschichtstreiber, ein Meilenstein auf dem Wege des Fortschritts: "Ohne Liebe gäbe es nur noch Zahnschmerzen. Ohne sie ginge es nicht einmal tierisch zu"[5], behauptet der Butt.

---

[3] Günter Grass: "Der Butt", Luchterhand, Darmstadt und Neuwied, 1977, S.299.
[4] ebd., S. 300.
[5] ebd., S. 310.

Es erweist sich, daß der Grassche "Butt" nur an der Oberfläche ein Koch- und Liebesbuch ist. Nur oberflächlich beschäftigt er sich mit Trieben und sinnlichen Bedürfnissen des Menschen. Denn der Roman erzählt nicht über die Liebe und über die Kochrezepte, nicht über das Füreinandersein und Miteinander-verschmelzen, sondern er erzählt die Geschichte der Entfernung von der Sinnlichkeit, der Verfremdung der Erotik, die zur politischen Geschichte der Menschheit mit ihren Träumen und Utopien, deren Fehlern und Niederlagen wird.

"Der Butt" ist eine großzügige Interpretation des alten Märchenmotivs, das die Brüder Grimm im Märchen von dem "Fischer un syner fru" vermittelt haben.
"syne Fru, de Ilsebill
will nich so, as ik wol will."

Die beiden Geschlechter gehen in ihren Zielen und Vorstellungen immer weiter auseinander: die ursprüngliche Fassung des Märchens soll nach Grass anders ausgesehen haben. Nicht nur die Frau war habgierig und hat dadurch alles verloren, auch der Mann wollte immer und immer mehr:

"Die Welt beherrschen will er, die Natur bezwingen und von der Erde weg sich über sie erheben. [...] Und wie zum Schluß der Mann, obgleich ihm seine Frau Ilsebill immer wieder Zufriedenheit anrät [...] hoch zu den Sternen reisen möchte [...] fällt all die Pracht, Türme, Brücken und Flugapparate in sich zusammen, brechen die Deiche, folgt Dürre, verwüsten Sandstürme, speien die Berge Feuer, schüttelt die alte Erde, indem sie bebt, des Mannes Herrschaft ab, worauf mit großer Kälte die neue, alles bedeckende Eiszeit kommt. [...]"

Als der Maler Runge die alte Märchen-Erzählerin fragte, welches Märchen von beiden denn richtig sei, sagte sie: 'Dat een un dat anner tosamen'[6].

Im Ringen der Geschlechter gegeneinander spielt sich die menschliche Geschichte ab.

"Aber uns gab es doch: ich und du - wir.
Ein doppeltes Ja im Blick.
Ein Schatten, in dem wir erschöpft,
vielgliedrig dennoch im Schlaf
und Foto waren, auf dem wir uns treu."[7]

Mit der von dem Butt gesteuerten Zivilisierung des Mannes geht diese Ursprüngliche erotische Geschlechter-Einigkeit verloren. Schon als der Edek die Grübchen Auas zählte, tat er dies nicht aus erotischer Gedankenlosigkeit, sondern weil er zählen lernte (was ihm der Butt natürlich zugeflüstert hat).

---

[6] ebd., S. 404.
[7] ebd., S. 163.

DIE (UN)EROTISCHE DEUTSCHE LITERATUR

Die Politik der Frau war in ihren Ursprüngen gegen den männlichen Ehrgeiz und gegen den Machtwahn gerichtet. Nach und nach vergessen aber auch die Frauen den eigentlichen Sinn der Erotik, die mit dem dumpfen Gefühl der Geborgenheit, mit der gedankenlosen Zufriedenheit des satten Magens, mit der Wärme von Auas Körper zu tun hatte. Indem dies zur Liebe sozialisiert wurde, ist die Erotik nach und nach verschwunden. Nicht nur der Beischlaf, sondern auch das Essen wurde zum politischen Akt. Aua hat alle gleich gerecht bekocht, schon Mestwina aber hat sich in die Politik eingemischt, indem sie den Bischof Adalbert nicht nur bei Tisch und im Bett bediente, sondern ihn auch getötet hat: heute würden wir sagen, sie habe ein Attentat auf ihn verübt. Und so nutzten des Erzählers Köchinnen alle ihre Koch- und Liebeskünste je nachdem für kleinere oder größere politische Zwecke: mal vergifteten sie mit Pilzen, mal bissen sie einem verfolgten andersgläubigen Prediger ein Hodenei ab, um ihm zur Flucht zu verhelfen, mal schrieben sie proletarische Kochbücher. Wenn sie schon ausnahmsweise ganz sanft und weiblich waren, standen sie im Verdacht der Spionage, etc. ppp.

"Haß bildet Sätze"[8], heißt es in dem Gedicht "Manzi Manzi". Das 'Laßmich-Ausreden' (beiderseits) bewirkt die Entfernung, Trennung, den Kampf, die ununterbrochene Auseinandersetzung.

Es würde nicht stimmen, daß es des Mannes ausschließliche Schuld sei, daß die ursprüngliche Sinnlichkeit nicht mehr zu rekonstruieren ist. Heute versucht der Erzähler als Mann die Erotik zu retten, während die Frauen, die Ilsebills, auf ihre Art an dem Ideologisierungsprozeß teilnehmen. Der heutigen Frau sei die Erotik noch gründlicher abhanden gekommen als dem Mann. Sie sei es, die sich in die Nachahmung der männlichen Lebensweise verrennt. Die beiden Fassungen des Fischer-Märchens sind richtig. Beide Geschlechter waren an dem Wettkampf, nicht an dem Ausgleich interessiert. So hat man die Erotik einfach wegdiskutiert, intellektuell objektiviert, bis nichts mehr übrigblieb. Oder allenfalls sehr wenig: eine Spur Hoffnung, daß der Butt, indem er jetzt die Frauen berät, seine Fehler korrigiert, daß diesmal miteinander, nicht gegeneinander Geschichte gemacht wird.

"Der Butt" kann nur als Beispiel dienen; als das beste Beispiel, daß Günter Grass, der sinnliche und körperbewußte deutsche Schriftsteller keine Bücher über Erotik und keine erotischen Bücher schreibt. Er versucht zwar das ursprünglich Sinnliche im Menschen zu befreien und zu enttabuisieren, bei ihm ist aber die Erotik zweckgebunden. Sie ist nicht das Ziel, sondern der Ausgangspunkt, die Materie, aus der erst etwas anderes geknetet wird. In Grass Werk kann der Mensch ohne das Geschichtsbewußtsein, nicht mehr auskommen.

---

[8] ebd., S. 163.

Es soll daraus kein Vorwurf gemacht werden. Günter Grass ist und war immer schon ein ideologiefeindlicher Aufklärer, der überaus engagiert nie locker gelassen hat. Während aber sein Erzähler die Erotik entintellektualisieren will, macht Grass genau das Gegenteil: er spannt die Sinnlichkeit in den Dienst der Vernunft ein.

Die verdrängte Sinnlichkeit wäre einer der wenigen Berührungspunkte des Schaffens von Grass und Walser. Bei letzterem ist sie ebenfalls das unterschwellige oder offene Hauptanliegen. Bei diesem Berührungspunkt bleibt es aber. In Walsers Romanen hat die Erotik eine geradezu entgegengesetzte Funktion als bei Grass. Seine kleinbürgerlichen Helden gehen oft fremd und nicht selten feiern sie ausgefallene Sex-Exerzitien: es gelingt ihnen jedoch nie, das verlorene Ursprüngliche einzuholen. Während Grass' Helden das Verdrängte befreien, um es dann allerdings wieder intellektuell unterzujochen, unterliegen Walsers Gestalten immer der bewußten oder unterschwelligen Selbstzensur, die der Erotik den Beigeschmack des Unsittlichen, Unerlaubten und Verbotenen gibt. Was sie erleben, sind meistens sexuelle (nicht erotische) Mißverständnisse, die zu zusätzlichen Verklemmungen und Kommunikationsstörungen führen. Das Beispiel des Anselm Kristlein - etwa die Orli-Episode - müßte hier eigentlich genügen. Im letzten Band der Trilogie sind wir Zeugen schauerlich-makabrer Liebesabenteuer, die die entstellte Ich-Perspektive des Erzählers versinnbildlichen. Weniger bekannt ist aber vielleicht Xaver Zürn aus der "Seelenarbeit", der immer von Sex-Orgien träumt, am liebsten auch mit seiner Frau, aber wenn sie nicht mitmachen will, dann gern auch ohne sie. Ausgerechnet in Gießen schaut er sich die Pornogeschäfte an:

"Am liebsten stand er vor den Schaufenstern der Pornographiegeschäfte [...] Es gab nichts, was ihn so anzog wie diese Bilder, diese Artikel, diese Filme [...] Manchmal ging er in eines dieser Kinos. Wenn er es schaffte. Die Bilder anschauen, das ging noch. Aber hineingehen, wie einer, der das nötig hat, das schaffte er ganz selten. Dabei hatte er es nötig. Nichts hatte er so nötig wie das. Aber er durfte das nicht zugeben. [...] Agnes interessierte sich nicht für sowas. Es war sogar ziemlich genau so: so ungeheuer er sich für sowas interessierte, so ungeheuer wenig interessierte sich Agnes dafür. [...] Manchmal glaubte er, er habe sich damit abgefunden. Aber wenn er, wie jetzt in Gießen, vor solchen Darstellungen und Ausrüstungen stand, merkte er, daß er sich überhaupt nicht damit abgefunden hat. Das Bewußtsein, daß er niemals mit Agnes ins Pornographische aufbrechen konnte, breitete sich in ihm aus wie eine Katastrophe. Einmal mit diesen Frauen so leben, wie es hier dargestellt und versprochen wurde! Und wenn eben Agnes nicht dabei sein wollte - bitte, es wäre schön gewesen, es wäre sogar das Allerschönste gewesen - dann eben ohne sie. Jetzt tauchten aber Magdalena und Julia auf. Wenn die das erführen. Wenn die sich überhaupt vorstellen könnten, daß ihr Vater mit sowas zu tun hatte, dann wollte er lieber nicht gelebt haben."[9]

Endlich kopuliert Xaver auf eine schauerlich-lächerliche Weise mit einem Dienstmädchen seines Chefs, mit Neuschwanstein als Kulisse und zwei grasenden Rehen im Hintergrund. Auch hier denkt er eigentlich nur daran, wie er Aloisias sexuelle Praktiken seiner Frau übermitteln könnte. "Er hatte bei allem, was er diesbezüglich auswärts gesehen hatte, immer nur daran gedacht, wie er es Agnes übermitteln könnte. Eine fast unlösbare Aufgabe."[10]

Weil Xaver mit Aloisia ursprünglich nicht fremdgehen wollte - er wollte lediglich erfahren, was die Herrschaften in seiner Abwesenheit über ihn reden - ist der ungewollte Seitensprung zu einer Dienstboten-Volkspornograhie geworden: von Erotik keine Spur. Kitschig und grotesk zugleich kann man sich die Szene vorstellen, in der die beiden obengenannten grasenden Rehe Xaver und Aloisia, die es in der Reiterposition trieben, für "ein Wesen, und für ein ungefährliches"[11] halten mochten. Das vielgliedrige Geschöpf, das die Rehe in dem Paar sehen, die Verbindung von Mann und Frau, das Grassche "ich und du - wir", Döblins Füreinandersein verwandelt sich in eine boshafte Karikatur der Erotik. Und obendrein hat es Xaver am Ende doch gefallen.

Die schwülen Träume und Sex-Wünsche werden von den Helden Walsers entweder so weit verdrängt, daß sie überhaupt nicht in Erfüllung gehen können oder sie gehen in Erfüllung, werden aber mit so schlechtem Gewissen praktiziert, daß sie zu abartigen Geschlechts-Übungen ausarten.

Ein dazwischen gibt es auch: Anselm Kristlein kann z.B. aufgrund der Dauererektion die ihn plagt, seine Liebe zu Orli körperlich gar nicht ausleben. So nahe er am Ziel ist, die geistige Liebe mit der sexuellen Erfüllung auch endlich praktisch zu erfahren - es ist etwas Neues in seinem Leben - so sehr wird er durch das sich peinlich materialisierte schlechte Gewissen daran gehindert.

Und so enden bei Walser jegliche Versuche, das verdrängte Geschlechtsleben zu befreien, kläglich in dem bürgerlichen Ehebett. Hier können die Kristleins, Zürns und Holms endlich aufatmen: im Ehebett endet die Erotik und auch Sex wird so selten wie nur möglich gemacht.

Ein geradezu typisches Beispiel ist die "Brandung". Schon im "Fliehenden Pferd" wünscht sich Halm, die sexuelle Sphäre seines Ehelebens würde so bald wie nur möglich der Vergangenheit angehören.

---

[9] Martin Walser: "Seelenarbeit", Suhrkamp, Frankfurt/Main, 1979, S.44f.
[10] ebd., S. 216.
[11] ebd., S. 216.

In der "Brandung" träumt er einige hundert Seiten lang von einer viel jüngeren Studentin, die er nicht einmal richtig kennenlernt, um am Ende von diesem nicht zustande gekommenen Abenteuer seiner Frau Sabine, zu erzählen. Sabine ist seine letzte Instanz, seine Zuflucht und seine Rettung vor erotischen Träumen, die er nicht ausleben kann.

Auf diese Weise wird der deutsche Kleinbürger einerseits belächelt bis verspottet, andererseits paradoxerweise doch beinahe apotheotisiert. Er findet doch Zuflucht und Wärme in dem Inbegriff der Kleinbürgerlichkeit: im ehelichen Schlafzimmer.

Bezeichnenderweise gehen die erotischen Hemmungen bei Walser Hand in Hand mit gesellschaftlichen und sozialen: die erotischen Versager, denen nur schauerlich-makabre bis groteske Mann-Frau-Beziehungen möglich sind, falls überhaupt diese möglich sind, erfahren dasselbe im sozialen Bereich: auch hier sind sie Versager. Auch hier ist die Flucht in ihr bürgerliches Familienleben die Lösung. Der Gesellschaftskritiker Walser ist in eine Sackgasse geraten. Paradoxerweise gibt es in seinen Werken keine Befreiung aus den gesellschaftlichen Zwängen, wie es keine Befreiung aus erotischen Verklemmungen gibt.

Höchstens: man würde seine kleinbürgerlichen Helden auf dem Hintergrund seiner eigenen Poetikvorlesungen deuten: in diesem Moment eröffnet sich eine interpretatorische Möglichkeit, die den Versagern Walsers eine neue Dimension gibt.

Walser interpretiert in den Frankfurter Vorlesungen den Ironiebegriff.[12] In der letzten Vorlesung "Selbstbewußtsein und Ironie" stellt er sich unmißverständlich in die Tradition des ironischen Stils Robert Walsers oder Kafkas und in die Tradition Kierkegaards und nicht in die Goethes "Wilhelm Meister" oder die Thomas Manns "Zauberberg". Das bürgerliche Selbstbewußtsein der deutschen Schriftsteller ist ein Selbstbewußtsein, das aus der Negativität der gesellschaftlichen Erfahrung entsteht. "Das Selbstbewußtsein der Autoren ironischen Stils wird offenbar beherrscht von dem, worunter sie zu leiden haben. Ihre Ironie stammt also ganz aus dem überwältigenden Erlebnis des Mangels, dem sie zuzustimmen versucht."[13]

In der Bestätigung des eigenen Versagens suchen die Helden Walsers die Legitimierung ihres Lebens. Die Kleinbürgerlichkeit wird zur Tugend erhoben.

---

[12] Eine solche Interpretation hat bereits Wolfgang Braungart unternommen. Ich werde mich auf seinen Artikel im Folgenden auch berufen. Vgl. Wolfgang Braungart: "Kleinbürgerpoetik. Über Martin Walsers neueres Erzählwerk", in: "Über Grenzen. Polnisch-deutsche Beiträge zur deutschen Literatur nach 1945", hrsg. von Wolfgang Braungart, 1989 (Giessener Arbeiten zur neueren deutschen Literatur- und Literaturwissenschaft, Bd., 10), S.72-91

[13] Martin Walser: "Selbstbewußtsein und Ironie", in ders.,: "Selbstbewußtsein und Ironie. Frankfurter Vorlesungen", Suhrkamp, Frankfurt am Main, 1981 (es 1090), S.175-196, hier S.195.

DIE (UN)EROTISCHE DEUTSCHE LITERATUR

Das "Ja-Sagen zu einer Negativkarriere"[14], der totale Mißerfolg, den die bürgerlichen Helden aber innerlich nicht akzeptieren, wird sowohl Anselm Kristlein[15] als auch Helmut Halm, Xaver Zürn, Gottlieb Zürn, und Wolf auszeichnen. Sie sind kleinbürgerliche Rebellen, die ihren Protest nicht in einer politischen Aktivität manifestieren, sondern in der Verinnerlichung ihrer gesellschaftlichen Unangepaßtheit[16].Doch sie versuchen ihr Unbehagen zu artikulieren, indem sie ihre Geschichten den Ehefrauen erzählen[17]. In diesem Moment bekommt das erotische Versagen Halms oder Xaver Zürns eine neue Dimension. Die Flucht in das eheliche, unerotische Doppelbett ist für sie die Möglichkeit, ihr kleinbürgerliches Leben im Erzählen zu legitimieren. Auch versuchen sie verzweifelt, das "Bestehende gutzuheißen" wodurch sie "auf den Mangel im Bestehenden"[18] hinweisen. Während aber die Helden Kafkas oder Robert Walsers, in deren Fußstapfen Martin Walser bewußt tritt, sich so sehr mit der gesellschaftlichen Negativität identifizierten, daß lediglich deren Körper auf sie zu reagieren vermochte - folglich waren sie auf der Ebene des Bewußtseins nicht imstande, einen Ausweg für sich zu finden und der Tod war für sie oft die einzig mögliche Lösung - gibt Walser seinen Kleinbürgern eine Chance. Diese Chance besteht eben in der positiven Umstülpung des erotischen Versagens in die Überwindung des gesellschaftlichen Mangels.

Walsers Männer sind keine Individuen, die man mit dem Stempel der "neuen Innerlichkeit" versehen könnte. Sie vertreten einen gesellschaftlichen Typus, den man in der deutschen Literatur durchgehend findet[19]. Vor diesem Hintergrund muß man die These der Abkehr Walsers vom Politisch-Gesellschaftlichen in den siebziger Jahren (nach der "Gallistl'schen Krankheit") revidieren. So paradox es auch sein mag, ist in Walsers letzten Romanen das eheliche Bett der Ort, der dem deutschen kleinbürgerlichen Versager eine gesellschaftliche Chance bietet.

Grass und Walser sind meilenweit voneinander getrennt. Doch auffallend ähnlich ist in ihren Werken die Funktionalisierung des Erotischen. Es bekommt

---

[14] ebd., S.183.
[15] Hier ist Braungart allerdings der Meinung, daß sich Kristlein von den späteren Helden noch abhebt (Vergl. Braungart S.90). Doch, wenn man das letzte Unterkapitel des "Sturz" und das "Nachwort auf den Verstummten" interpretieren wäre Anselm Kristlein doch zumindest Vorbote der späteren kleinbürgerlichen Versager.
[16] Braungart interpretiert Xaver und Gottlieb Zürn vor allem als Melancholiker. Verl. Braungart S.74-81.
[17] Dazu vgl. auch Braungart: "Ihre Fähigkeit, selbst ihre Geschichte zu erzählen, läßt ihnen (...) die Hoffnung, daß Glück möglich sei." (S.86)
[18] Selbstbewußtsein und Ironie, S. 195.
[19] Dazu vgl. auch Braungart.

bei beiden eine gesellschaftliche bis politische Aufgabe, es wird in den Dienst der intellektuellen, nicht der sinnlichen Wahrnehmung der Welt gestellt. Und so verschieden Positionen der beiden sind (sowohl ideologisch als auch ästhetisch), so kommen doch beide auf typisch deutsche Problemezu sprechen, für die die Erotik eine Art Sprungbrett bildet. Denn sowohl das Geschichtsbewußtsein - insbesondere in Form von Geschichtsphilosophie - als auch das Thema (der Komplex) des Bürgers (Kleinbürgers bis Bildungsbürgers und deren Verschmelzung im Bildungsphilister) haben die Entwicklung der deutschen Kultur weitgehend bestimmt. Dies ist aber schon ein anderes Thema, das das Problem der Erotik in der Literatur bereits sprengen würde.

Klaus Inderthal

"Ich könnte mich verschrieben haben."
Ingeborg Bachmanns *Malina*.

"Ich spreche, also bin ich."

"Malina: Ich glaube dir kein einziges Wort, ich glaub dir nur alle Worte zusammen."

Ingeborg Bachmann sagte, als sie aus *Malina* zu lesen begann: Es "wird in Träumen gezeigt, warum das Ich krank ist, warum die Gesellschaft krank ist und dadurch das Individuum wieder krank macht".[1] Und "wenn man das nicht so sehen kann, dann ist mein Buch verfehlt" (WS 72).

"Auf dem Kopf gehen"

Im äußersten Anspruch ans eigene Werk, *Malina*, ist verwandelt, was Hegel der Philosophie als ihre Bestimmung zutraute: sie sei "ihre Zeit in Gedanken erfaßt".[2] Die Zeit, ein Ineinander der "Krankheit der Welt" und der "Krankheit" der Ich-Gestalt (WS 72), läßt sich aber nicht allein in Gedanken fassen. Anders, als Hegel dachte, ist "auf dem Kopf zu gehen" (4, 279).

Es wird "in Träumen gezeigt": Erfahrung des Subjekts ist vollzogen in einer Schrift und in einem Sprechen, in denen auch anderes als das Subjekt des Bewußtseins und Selbstbewußtseins sich artikuliert, indem der gesellschaftliche und mehr zugleich als der gesellschaftliche Grund von Subjektivität sich selbst einschreibt (WS 71f.).

Wer, nach Hegel, "sich auf den Kopf, d.i. auf den Gedanken stellt"[3], der hat, nach Celans Wort, "den Himmel als Abgrund unter sich"[4], in den kein Gedanke reicht. Der kann - anders als Hegel - "niemals sagen", daß "es unter der

---

Es ist zitiert nach: I. Bachmann, Werke, hg. v. C. Koschel, I. v. Weidenbaum, C. Münster, München u. Zürich 21982. In Klammern sind angegeben: Band, Seite.
I. Bachmann, Wir müssen wahre Sätze finden, Gespräche und Interviews, hg. v. C. Koschel, I. v. Weidenbaum, München u. Zürich 1983. In Klammern: WS Seite.
Der Titel zitiert: 3, 288. Die Motti zitieren: 4, 255; 3, 332.
[1] "Erklär mir, Liebe!", Ingeborg Bachmann liest Ingeborg Bachmann, Hamburg 1983. Sprechplatte Literatur, Nr. 2570 025.
[2] Hegel, Werke, hg. v. E. Moldenhauer u. K. M. Michel, Frankf./M. 1970, Bd. 7, S. 12.
[3] Hegel, a. a. O., Bd. 12, 529.
[4] P. Celan, Gesammelte Werke, hg. v. B. Allemann u. S. Reichert, Frankf./M. 1986, Bd. 3, S. 195.

Sonne nichts Neues gibt" (3, 97).5 Denn der kann sich des Geistes nicht sicher sein. Der muß einen Begriff des Geistes erst ausmachen, in Wahrnehmung des Anderen, des im gewordenen Geist selbst Vergessenen, gar Vernichteten erneut zu fassen versuchen: Der muß die "Vergangenheit" eines selbst gewalttätig gebliebenen Geistes "ganz ableiden" in der Sprache. Bachmann ist mit der Ich-Gestalt einig: Die "Sprache ist die Strafe" (3, 97; 4, 297). Was im gesellschaftlichen Lebens- und Sprachprozeß geworden ist, das läßt sich einzig durch die Sprache abbüßen und wandeln, die im poetischen Sprechen wird, indem sie die nicht einmal kommunikativ, sondern gewaltsam handelnde und schuldig sich erhaltende Subjektivität in sich selber einschränkt, indem sie der Subjektivität einer komplizenhaft gewordenen ästhetischen Schrift widerspricht.

"Ort für Zufälle"

Die Prosa der *Todesarten* ist in Erfahrung begründet, die an Orten gemacht wird, an denen, was als deutsche Geschichte und Weltgeschichte geschehen ist, sich wahrnehmen läßt, aber nicht als Geschichte. "Was seit 1933 geschah", führte zur "völligen Vernichtung menschlicher Geschichte".[6] In Berlin erscheinen die "Erbschaften dieser Zeit" (4, 278). In Polen, später, angesichts von Auschwitz, hat sie, Bachmann, die Träume dann wirklich, "jeden Tag Angstträume und Alpträume". Es ist nicht vergangen, es "ist wirklich", was getan worden ist. Und "es macht einen sprachlos" (WS 142): immer noch zum Komplizen, zumindest zum Opfer der "Sprachlosen, die zu allen Zeiten regieren" (3, 97).

Ihre Wahrnehmung, in Berlin, faßt mehr, als daß eine "Freiheits-bewegung der Welt" auf den "Archetyp der Mauer"[7] herunterkam; sie mag die Stadt, einmal die Stadt Hegels, so gesehen haben: Das "Gesicht der Stadt" war "von einer großen steinernen Narbe gezeichnet". Darunter "liegt eine Wunde, die nicht heilen will. Es ist die Wunde der Geschichte, älter als die Chinesische Mauer; eigentlich ist es die Wunde menschlichen Bewußtseins".[8] Ihr, Bachmann, ist Berlin ein "Ort für Zufälle" (4, 278), die nicht durch geschichtliches, irgend utopisches Denken aufzuheben sind, die nicht in ästhetische Schrift, nicht ins "Symbol" (4, 279) sich fügen. Ihr heilen die Wunden der Geschichte, des Geistes nicht, ohne daß Narben blieben[9]; nicht einmal mit einer Narbenbildung heilen

---

[5] Vgl. Hegel, a. a. O., Bd.12, S.74.
[6] I.Bachmann, Nachlaß, zit. nach: S. Bothner, Ingeborg Bachmann: Der janusköpfige Tod, Frankf./M. 1986, S.237.
[7] E. Bloch, Erbschaft dieser Zeit, Frankf./M. 1973, S.22.
[8] I. Hassan, Joyce, Beckett und die post-moderne Imagination, in: H. Mayer und U. Johnson, (Hg.), Das Werk von Samuel Beckett, Frankf./M. 1975, S.3.
[9] Vgl. Hegel, a. a. O., Bd. 3, S. 492.

sie, gegenwärtig. Es ist nicht schon Geschichte, es ist nicht ein begrifflich, im dialektischen Gedanken zu fassendes Ineinander von Natur und Geschichte[10], sondern eine "Katastrophe" (4, 283). In genauer Erfahrung, daß es nicht schon gesellschaftlich sprachlicher Geist ist, in dem die Menschen leben, wird der einmal unbestimmte Gedanke der "Vernichtung menschlicher Geschichte" radikal wahr: In Auschwitz, im Holokaust[11] erscheint, was der abendländisch europäische Geist wesentlich geworden ist, ein Geist der "Ausmerzung" (3, 456). Bachmann hat - mit Franza - gefaßt, was "Celan wußte, daß die Shoah die Offenbarung des Wesens des Abendlands ist".[12]

Am allgemein gewordenen "Ort für Zufälle" kommt der "Wahnsinn [...] von außen [...] auf die einzelnen zu", aber dieser Wahnsinn "ist also schon viel früher von dem Innen der einzelnen nach außen gegangen" (4, 278). Genau dieses "Innen" spricht in *Malina*, in den Träumen, sich aus. Wer von dem schreibt, was "die Krankheit hervorruft", der ist genötigt, "auf dem Kopf zu gehen", im Gedanken, aber jenseits dessen, das gewußt werden kann, zugleich. Der bewegt und erhält sich nicht allein schon - als Subjekt - in der Vermittlung durch allgemeine, in der gesellschaftlichen Praxis wahr gewordene Vernunft, sondern im Dunkel einer Vermittlung, grenzgängerhaft. Einzugestehen bleibt die gegenwärtige Hohlform des Geistes, nicht bloß im abstrakten Gedanken von der "Bedrohtheit und kosmischen Randstellung"[13] des bewußten Lebens, sondern in der individuierenden und gesellschaftlichen Erfahrung, ins Nichtsubjektive des Subjekts, und zwar des geschlechtlichen Menschen zu reichen, in die offene Wunde des Lebens, des Seins, das - in der Geschlechtsdifferenz - spricht.

"das ganze Leben"

In der gewagten, im Horizont ihrer künstlerischen Selbstauffassung höchsten Anstrengung will Ingeborg Bachmann im Roman, was einzig Hegels "Idealismus der Lebendigkeit" sich vergleichen ließe: der dialektische Gedanke könne mimetisch erreichen, gar selbst vollbringen, was - als "faktisch dasselbe" - eben "die Natur schon tut als Leben".[14] Das Schreiben der Liebe, die "ein Ge-

---

[10] Vgl. Adorno, Negative Dialektik, Frankf./M. 1966, S.349.
[11] Vgl. J. Derrida, Feuer und Asche, Berlin 1988, S.32. Vgl. G. Steiner, Das lange Leben der Metaphorik, Ein Versuch über die 'Shoah', in: Akzente, hg. v. M. Krüger, 34. Jg., 1987, Heft 3, S.201.
[12] M. Blanchot, Die Apokalypse denken, in: J. Altwegg, (Hg.), Die Heidegger Kontroverse, Frankf./M. 1988, S.99.
[13] D. Henrich, Konzepte. Essays zur Philosophie in der Zeit, Frankf./M. 1987, S.138.
[14] Hegel, a. a. O., Bd. 13, S.163.

fühl, aber nicht ein einzelnes Gefühl", sondern "das ganze Leben" (3, 48f.)[15] ist, es wird - über die Identifikationen einer Ich-Gestalt und über alle subjektive Intention hinaus - zur Suche nach der Kunst als einer Sprachgestalt des Geistes, die als "Ausdruck", als Einschreibung der Liebe selber (WS 75) vom Leben nicht getrennt wäre.

Das Ich ist Ivan "schon zugefallen vor jedem Wort" (3, 127), in Liebe gefallen: "es ist, gegen alle Vernunft, mit meinem Körper geschehen, der sich nur noch bewegt in einem [...] Gekreuzigtsein auf ihn" (3, 173). Im Einschlag von Bildern, von Blicken, die treffen, "wo ich verwundbar bin, durch Schönheit, im Aug" (1, 36)[16], im Selbstgefühl in anderer, schöner Gestalt (3, 277), in den Inszenierungen der Spiegelbilder, wenn "Malina nicht da ist", wird zwar - anders, als Bachmanns Ich-Gestalt glaubt - nicht schon "entworfen, was eine Frau ist" (3, 135f.), aber die gesellschaftlich symbolische Ordnung durchbrochen. Die Ich-Gestalt, eine imago fürs "ganze Leben", ein Selbstgefühl der "Vergeudung, ekstatisch" (3, 251), fügt sich nicht den sozialen Festschreibungen selbst der Differenz des Geschlechts, den Tätowierungen durch "seltsame Worte" (3, 331), ohne jedoch in einem anderen Diskurs über sie hinaus zu sein. Denn es gibt "nicht zwei Ordnungen" (1, 319).[17] Als "Vergeudung" mag einzig einstehn, was anders innerhalb der "Objektivierung" selber spricht, die in der Sprache geworden ist, nicht aber, was ohnmächtig, wie die Geistes-Krankheit als "Bewegung im Medium der Sprache", in einem geschichtlichen "Sprach-prozeß Berufung einzulegen"[18] versucht, gar um der "schönen Sprache" (1, 92) willen, die es nicht geben kann.

Die Ich-Gestalt war "nie glücklich, [...] nur in wenigen Momenten" (3, 304). Sie erfährt in der Liebe, was trennt, eine Aufspaltung noch in sich selber, die "Unmöglichkeit unseres Begehrens" (4, 162). Sie erkennt, was Ivan nicht wahrnimmt: "daß ich doppelt bin". Sie, die Ich-Gestalt, ist "auch Malinas Geschöpf" (3, 104), in einer "Liebe zu Malina" (3, 215).

---

[15] Vgl. Hegel, a. a. O., Bd. 1, S.246: "in der Liebe ist dies Ganze [...]; in ihr findet sich das Leben selbst, als eine Verdoppelung seiner selbst, und Einigkeit desselben."
[16] Vgl. K. Inderthal, Über Grenzen. Notizen zu Ingeborg Bachmanns Lyrik, in: J. C. Schütze, U. Treichel, D. Voss, (Hg.): Die Fremdheit der Sprache. Studien zur Literatur der Moderne, Hamburg 1988, S.117 ff.
[17] Vgl. J. Derrida, Die Schrift und die Differenz, Frankf./M. 21985, S.395: "Es gibt nur einen Diskurs, und dieser vermittelt Bedeutungen; hier läßt sich Hegel nicht umgehen."
[18] W. Benjamin, Gesammelte Schriften, hg. v. R. Tiedemann u. H. Schweppenhäuser, Bd. III, Frankf./M. 1972, S.165f.

Ingeborg Bachmanns *Malina*

Genau darin beginnt es, das Sterben in Malina: Die Ich-Gestalt zerfällt, indem die Liebe, die Gefühlsgegenwart des ganzen Lebens, in der gesellschaftlich telefonischen Vermittlung zerfällt. Das Ich notiert es noch selber: Die Liebe zu Ivan stirbt nicht allein, weil die Liebenden, wie immer, "mit vielem Toten in Verbindung"[19] stehen. Sie, die Liebe, wäre nicht "monadenhaft", sondern in einer gesellschaftlichen Welt, in der "alles lebt" und "atmet und zirkuliert" (3, 56) und der Strom des Lebens nicht im Geldstrom, verkehrt, erscheint. Die Liebe stirbt, indem die Ich-Gestalt, und zwar "der Andere" (3, 140) in ihr die imago des ganzen Lebens ins Sprechen der Sprache zerstreut, nicht in "ein einziges Wort", in "alle Worte zusammen" (3, 332). Das Ich selber hat sprechen, schreiben, telefonieren müssen, am Telefon zunächst "wie das Kind, das, weil es die Mutter zu verlieren fürchtet, pausenlos mit einer Spule spielt"[20], bis zu einem "Grad von Denkenmüssen" hin, "an dem Denken nicht mehr möglich ist" (3, 334). Die Ich-Gestalt hat in dem fürs sprechende Leben notwendigen "Einbekennen aus Wortscherben ein Stück Leben schwierig gemacht" (3, 318). Sie wandelt, was sie gesehen hat, die "Schönheit" (3, 304), die im religiös gestimmten Gefühl aufgenommene imago des ganzen Lebens, nicht in eine Idee der Liebe, einer "reinen Größe" (4, 276), in der doch der Tod haust, in der das Einverständnis mit dem Geist der "Ausmerzung" des Lebendigen wäre. Ihr vollzieht sich die Trennung vom "Ivanleben" (3, 284), von sich selber, indem sie und "ein Anderer" in ihr, "der nie einverstanden war" (3, 140), das phantastische Bild ganzen Lebens in "Wortscherben" zersplittern, jene Vorstellung der Liebe als "Gottheit", in der "man eins ist mit dem Objekt".[21] Die Liebe, darin liegt die Differenz zu Hegel, erscheint als "Leidensweg" (4, 164), als "Passionsgeschichte" (3, 173) der sprachlichen Subjektivität, die zur Grenze selber wird, hinter der, was "das ganze Leben" wäre, verschwindet, indem es in Worten aufgeht und scheint. Diese aber lassen sich nicht zu einer ästhetischen Schrift fügen, die Ausdruck des ganzen Lebens wäre. Und sie lassen sich, in Monologen, nicht in eine "Poesie" des Singulars übersetzen, die es nicht gibt (3, 136ff.); sie schreiben die Geschlechtsdifferenz, die Erfahrung des natürlichen Sterbens und der gesell-

---

[19] Hegel, a. a. O., Bd. 1, S.249.
[20] R. Barthes, Fragmente einer Sprache der Liebe, Frankf./M. 1984, S.109. Vgl. zu Freuds Jenseits des Lustprinzips, zum Fort/Da-Spiel bes. Lacan, Das Seminar, XI, Olten, Freiburg/Br. 21980, S.251; die Differenzen bei Derrida, Die Postkarte von Sokrates bis an Freud und jenseits, 2, Berlin 1987; kritisch: J.-F. Lyotard, Essays zu einer affirmativen Ästhetik, Berlin 1982, S.101 ff.
[21] Hegel, 'Der Geist des Christentums', Schriften 1796-1800, Mit bislang unveröffentlichten Texten hg. v. W. Hamacher, Frankf./M., Berlin, Wien 1978, S.357; vgl. 358: "Wen[n] das Subjekt, die Form des Subj. das Obj. die Form des Obj. behält, - die Natur im[m]er noch Natur, so ist keine Vereinig[ung] getroffen [...]"

schaftlich heraufgeführten "Todesarten" in dem spre-chenden Leben nicht schon um in "ein neues Geschlecht" (3, 104).

"Traumrätsel"

Die "Zwitterfigur" aus der "Ich-Figur, die weiblich ist", und ihrem "Doppelgänger, der männlich ist" (WS 87), faßt ihre Träume nicht. Sie verhält sich aus einem in die Träume eingeschriebenen, aber nicht begriffenen Grund. Das Ich bemerkt zwar, durch Malina belehrt, was dieser längst erkannt hat (3, 185): "hier wird man ermordet", hier "ist immer Krieg" (3, 236). Aber darin ist nicht im Gedanken und nicht schon psychoanalytisch gefaßt, was Malina ins Sprechen des Subjekts zum anderen Subjekt zu bringen sucht, was als Abgründiges der Träume und als das "Bitterste" fürs Ich erscheint: daß niemals "jemand alles ist für einen anderen" (3, 232).

Die Träume werden in der Deutung durchs Ich, durch Malina auch durch diejenige verfehlt, die ihre eigene Deutung, wenn nicht allein ihre Intention der "Zwitterfigur" nur zuschrieb: Gesellschaftliches, sagte Bachmann, sei "in diesen Träumen wirklich versteckt" (WS 89), darin "zusammengenommen in diese große Person, die das ausübt, was die Gesellschaft ausübt" (WS 97). Ein Wesentliches der Träume bleibt ungesagt, genau das, was nicht den Kategorien des Gesellschaftlichen sich fügt, vielmehr in ihren Grund verweist.

In die Umschriften, ins Sprechen der Träume verstrickt, erscheint dem Ich "die Welt", aber "durcheinandergekommen" stellen die "Elemente der Welt" (3, 176) einem Ich sich dar, das - in den Dialogen mit Malina - nicht zum Subjekt eines gesellschaftlichen Erwachens wird. Das Ich erfährt, wie Franza: daß die "Traumrätsel" die "unverlautbare chaotische Wirklichkeit" sind, "die sich im Traum zu artikulieren versucht, die dir manchmal genial zeigt, [...] was mit dir ist, denn anders würdest du's nie begreifen" (3, 411).

Was das Ich und Malina begreifen, ist, daß "Gesellschaft" sich nicht schon als gesellschaftlicher Lebens- und Sprachprozeß ausgebildet hat, sondern darin ein "Mordschauplatz" (3, 276) blieb: ein von "Sprachlosen" bestimmter Bereich des "Anstoßens, des Verursachens, [...] des Rechtfertigens" (3, 299), ein "geistiges Tierreich"[22], ein Feld von immer noch "animalischen" Beziehungen, von imaginären Bindungen und reflexionstheoretischen Festschreibungen. Darin ist "menschliche Psychologie"[23] nicht praktisch wahr geworden. Einzig Malina

---

[22] Hegel, Werke, Bd.3, S.294ff., 398.
[23] Lacan, Seminar, XI, S.217; ders.: Encore, Das Seminar, XX, Weinheim, Berlin 1986, S.90. Vgl. Benjamin, a. a. O., Bd.VI, 1985, S.66: "[...] ist die Beziehung der Menschengestalt zur Sprache der Gegenstand der Psychologie."

ist von den "animalischen" Gewalttätigkeiten, Gewißheiten losgesprochen, als deren "Negation" (3, 299).

Ablesen läßt sich den Träumen, was sich dem Ich mitgeteilt hat als Einsicht in eigene Geschichte und in das, was die eigene "Geschichte und die Geschichte aller" (3, 433) gegenwärtig verkettet: Wer in einer "Einzelzelle, wie ich es mir gewünscht habe im geheimen", beginnt, die eigenen "Worte im Satz vom Grunde" (3, 229f.) zu verbergen, der bleibt noch komplizenhaft mit dem Geist, der zur Installation der Gaskammern, zum Holokaust half. Der bleibt es wohl selbst, wenn ihm anderes aus dem "Satz vom Grunde" zuspricht, als "durch die ganze Geschichte des abendländischen Denkens hindurch" gilt; der mag es bleiben, wenn er sich aus dem Bann des nicht sich freisprechenden, sondern immer noch handgreiflich der Dinge, gar der Menschen sich bemächtigenden "animal rationale"[24] nur zu lösen sucht, indem er auf die "Botschaft" vertraut, die von der "höchsten Instanz", gar "durch jeden Stein kommt" (3, 230). Eine "Sprache, je nun, ohne Ich und ohne Du [...]".[25] Wer auch nur fortschreibt, was die ästhetische Schrift, die Kunst, geworden ist, der schreibt eine der gesellschaftlichen "Todesarten" auf den eigenen lebendigen Leib. Durch die Traumworte hindurch zerreißt das Einverstandensein, das die ästhetische Schrift selber ist (s.u.).

Die Ich-Gestalt verliert, bereits im Traum, was sie nur darin einmal gewinnt: eine "Stimme, die noch nie jemand gehabt hat", eine "Sternstimme", imstande, die "Allgegenwart" des Geliebten, der Liebe hervorzurufen (3, 225); das Ich, das in andere Gestalten des Traums, in "Melanie", sich wandelt, es verliert sich selber, in einem Schrecken, der die Sprache verschlägt. Es stürzt ins abgründig Stumme des Geschlechts, ins Lebendige, zugleich Tödliche des Geschlechtsverhältnisses "von einem Mann zu einer Frau", nur "meßbar mit Schweigen" (2, 158). Genau das bezeugen die Träume, das mildern sie nicht: daß der Ich-Gestalt sich der "Abgrund des Geschlechts"[26] niemals geschlossen hat. Darum aber ist dem Ich zugleich das Traumwort gegeben, das den Geist der Auslöschung in seiner Geschichte legitimiert. Es ist ein Fluch, "im Namen des Vaters" (3, 191), die Verfluchung des Geschlechts durch die "Stimme zu den Bildern, die sagt: Blutschande" (3, 223).

---

[24] M. Heidegger, Der Satz vom Grund, Pfullingen 1957, S.210. Vgl. kritisch: S. Weigel, 'Ein Ende mit der Schrift. Ein andrer Anfang.' Zur Entwicklung von Ingeborg Bachmanns Schreibweise, in: C. Koschel, I. v. Weidenbaum, (Hg.), Kein objektives Urteil - nur ein lebendiges, Texte zum Werk von Ingeborg Bachmann, München, Zürich 1989, S.295, 299, 303.
[25] Celan, a. a. O., Bd.3, S.171.
[26] Benjamin, a. a. O., Bd. I/1, 1974, S.170.

"Zerreißprobe"

Die "Zwitterfigur" des Geistes ist Figur einer Verneinung[27] des Abgründigen der geschlechtlichen Differenz: das Ich und Malina unterscheiden sich, nicht jedoch in der Differenz des "Geschlechts" (3, 22, 249). Was als das Sprachlose des Geschlechts erscheint in den Träumen, wird verdrängt, verneint, selbst verleugnet. Aber es wird - gerade im "Mord" und Verschwinden der Ich-Gestalt - nicht zum Verschwinden gebracht. Sie, die "Zwitterfigur", ist eine Figur der Wandlung des Geistes zugleich, der gewalttätig geblieben ist. Ihre Verneinung bleibt selbst affektiv, selbst - momenthaft - "ekstatisch und unfähig, einen vernünftigen Gebrauch von der Welt zu machen" (3, 251): Negation wird nicht selbst positiv in Einem, in einem Sinn, in einer begriffenen, erinnerten Geschichte der Ich-Gestalt. Und die Malina-Gestalt des Geistes bleibt "äußerste Negation": Malina hat "nichts zu sagen" (3, 299). Und *Malina* wird nicht zur ästhetischen Schrift, in die "das ganze Leben" selber sich einschriebe, aber auch nicht zur Sprachgestalt einer Kunst, die - mit Rücksicht auf Hegel - als "aufgehobene Geschlechtlichkeit"[28] sich begreifen ließe.

Geschlechtliche Differenz bleibt, was in *Malina* schmerzt: eine Wunde, offen, ohne Narbenbildung, die sich sprachlich nicht aufheben, nicht heilen und hineinnehmen läßt in ein Subjekt, das weiß, indem es sich selber weiß.

Die Spur geschlechtlicher Differenz ist im "Aneinandergeraten" und "Auseinandergeraten" (3, 335) von Ich und Malina, im Abbrechen, im Blinden und Leeren eines Erinnerns, in dem kein "schatten-/loser Geist", kein "unsterblicher", mehr "bibbert"[29], in dem Einsturz des Erzählens und der Zeit in die "Traumrätsel"; doch geschlechtliche Differenz erscheint verschoben ins Widersprüchliche von Ich-Identität: in eine "Zerreißprobe", in der aber "eigentlich nicht das Bild von einem Menschen, sondern von zweien" (3, 248) sichtbar wird, die sich "nie verstehen" (3, 318).

Die Erfahrung des Andern, des Nichtsubjektiven im Subjekt, ursprünglich eine Erfahrung des nicht einholbaren Andersseins im Unterschied der Geschlechter, sie ist in die Erfahrung einer Aufspaltung im Selbst gewandelt, auf schwer verständliche Weise: Die erste Erfahrung ist in der zweiten abgewiesen, gar als Bedrohung eines insgeheim verteidigten Grenzbefestigungsgeistes von Subjektivität, sie ist zumindest herabgestimmt, als ließe das Anderssein sich im Horizont des Subjekts transzendieren. In der Sprachgestalt hat sich, was als

---

[27] Vgl. J. Hyppolite, Gesprochener Kommentar über die 'Verneinung' von Freud, in: Lacan, Schriften III, 1980, S.191ff.
[28] B. Liebrucks, Sprache und Bewußtsein, Bd.3. Frankf./M. 1966, S.165.
[29] Celan, a. a. O., Bd.2, S.193. Vgl. Hegel, a. a. O., Bd.3, S.590f.

Verneinung des geschlechtlichen Andersseins zu lesen ist, niedergeschlagen, und zwar, en détail, als Grenze der sprachlichen Individuation. "Wie gut auch, daß ich im Nu begriffen habe, wovon ich in der ersten Stunde ergriffen worden bin" (3, 37).[30] Darin, in *Malina*, ist weder die deutsche "Sprache zertrümmert noch zum Auferstehen gebracht" (4, 359). - Die Erfahrung eines nicht einholbaren Andersseins im sprechenden Leben ist zugleich, dank der bedeutend unerbittlichen Komposition der "Zwitterfigur", in der Erfahrung vom Widerspruch innerhalb der Ich-Identität des Subjekts nicht nur anerkannt, vielmehr darin erst konkret und wahr geworden: Je in den Einzelnen erscheint, was nicht in Identität aufhebbar ist, ein Unauflösliches der Geschlechtsdifferenz; es mag besagen, daß Menschheit nicht "in zwei Gattungen (oder in zwei Geschlechter) zu teilen" sei, sondern "die Teilhabe" am einen, am andern Geschlecht zugleich "das Eigentümliche eines jeden menschlichen Wesens sei".[31]

"die Kunst, ach die Kunst"

Bachmann geht, mit der Prosa, *Malina*, wie Celan sich vorschrieb: "kreatürliche Wege" in die "allereigenste Enge".[32] Die Wege führen durch Träume hindurch. Doch eingefügt sind nicht einfache Traumprotokolle. Eingeschrieben ist die Ähnlichkeit der ästhetischen Schrift, des poetischen Sprechens und des Traums, zugleich ihr Unterschied. Das Subjekt, das durch die Ich-Gestalt und durch Malina sich artikuliert, ist nicht das ästhetische; es ist auch die subjektive Individuation Bachmanns. Ich "existiere nur, wenn ich schreibe, ich bin nichts, wenn ich nicht schreibe" (4, 294). In die Prosa der *Todesarten* schreibt sich die Existenzart des sprechenden Lebens selber, die in Bachmanns Wort entdeckt und verkannt zugleich ist: "daß es kein Roman-Ich, kein Gedicht-Ich gibt, das nicht von der Beweisführung lebt: Ich spreche, also bin ich". (4, 225) Das Subjekt schreibt und spricht anders, als im abendländischen, metaphysischen Denken thematisch geschrieben worden ist[33]; das Subjekt spricht, indem es "von der Sprache geraubt wird und von der Wahrheit geraubt wird" (4, 213).

---

[30] Vgl. E. Staiger, Die Kunst der Interpretation, Zürich 51967, S.10f.
[31] E. Lévinas, Ethik und Unendliches, Graz, Wien 1986, S.53: "Wäre das der Sinn der rätselhaften Bibelstelle aus der Genesis 1, 27: '... und schuf sie einen Mann und ein Weib'?"
[32] Celan, a. a. O., Bd. 3, S.201, 200.
[33] Vgl. Derrida, Geschlecht (Heidegger). Sexuelle Differenz, ontologische Differenz. Heideggers Hand (Geschlecht II), Wien 1988. S.68: "Das ist die Anordnung, welche Heidegger der Metaphysik entgegensetzt: 'Doch nur insofern der Mensch spricht, denkt er; nicht umgekehrt, wie die Metaphysik es noch meint.'"

Im Unheimlichen der Kunst läßt sich ein anderes Unheimliches, das des Geschlechts, nicht länger bannen. Der subjektiven Intention entzogen, im Traum vollzieht sich, was eine Kritik der ästhetischen Schrift, der Kunst, als einer der gesellschaftlich gewordenen "Todesarten" begründet (3, 210f.!).[34] Noch Franza dachte: "man müßte das Bild versteinen lassen in diesem Augenblick, in dem etwas vollkommen ist" (3, 480); noch sie sprach, gedankenlos[35] - in einer Art von "Liebe um des Toten willen"[36] - nach, was Lenz in "Büchners Stimme", erst recht in Celans atemwendender Stimme und Sprachgestalt anders gesagt und, um des menschlichen Lebens willen, als "radikale In-Frage-Stellung der Kunst" gedeutet hatte, "zu der alle heutige Dichtung zurück muß".[37]

Der Roman, *Malina*, wird abgründig, indem in den Träumen des Ichs ein in der ästhetischen Schrift nicht länger überschreibbarer Abgrund aufreißt. Bachmann mag, wie das auf die *Anrufung des Großen Bären* deutende Traumwort verrät, erfahren haben, was sich dem Ich mitteilt: Die Kunst tötet, was lebt. Als Kunst der Vereisung, als Tod am eigenen Leib erscheint, was anders Celan als Versteinerung des Kreatürlichen, des Natürlichen in der Kunst wahrnahm. Die ästhetische Schrift, eine scheinhaft "vollkommene Vermittlung"[38], läßt erstarren, was aber erfahrbar bleibt: die abgründige, nicht auszudenkende und nicht herzustellende lebendige Bewegung, die der Geist über Subjektivität hinaus ist, nämlich: in der "Entfremdung zum Sinnlichen hin" und zugleich darin, "sich in seinem Anderen" zu fassen und "das Entfremdete"[39] zu sich zurückzuführen - doch nicht in ein Subjekt des Bewußtseins und Selbstbewußtseins.[40]

In der ästhetischen Schrift ist das Leben verloren. In ihr schreibt sich der Tod. In ihr erscheint nicht schon "des Lebens Leben".[41] Ihr Geist blieb als "Bruch" mit seinem Anderen, mit Natur, selbst unwahr[42]: fortdauernde Gewalt.

---

[34] Vgl. H. Höller, Ingeborg Bachmann. Das Werk. Von den frühesten Gedichten bis zum 'Todesarten'-Zyklus, Frankf./M. 1987, S.249. Dort wird nur eine andere "Traumszene wichtig, wo es um die Rolle des Weiblichen in der Kunst geht".
[35] Vgl. Celan, a. a. O., Bd.3, S.191 ff. Vgl. kritisch Weigel, 'Ende', S.301f.
[36] Hegel, a. a. O., Bd.1, S.245.
[37] Celan, a. a. O., Bd.3, S.192 f.
[38] Adorno, Ästhetische Theorie, Frankf./M. 1973, S.428. Vgl. Ph. Lacoue-Labarthe, Katastrophe, in: W. Hamacher und W. Menninghaus, (Hg.): Paul Celan, Frankf./M. 1988, S.36.
[39] Hegel, a.a.O., Bd.13, S.28.
[40] Vgl. 1, 67: "Auch dies ist schon Geist, eines armen / fröhlichen Spiels Einerlei, die Schaukel / im Wind [...]"
[41] Goethe, Werke. Hamburger Ausgabe, hg. v. E. Trunz, Bd. 2, München 101976, S.75.
[42] Vgl. Hegel, a. a. O., Bd.13, S.21, S.81. Vgl. Derrida, Schrift, S.111. Daß, wie Derrida schreibt: "der Bruch selbst die Totalität ist", kann allerdings nicht allein zutreffen. Kein Wort, kein ver-

Eine Kunst, die alles - die "natürlichen Bewegungen" (3, 211) selber - fassen will, hat sich vom naturgeschichtlichen, von einem neurotisch zwanghaften Ineinander von "Grausamkeit" und "Wollust" (3, 211)[43] noch gar nicht losgesagt. In das, was in der abgründigen Bewegung des Geistes lebt, in eine "Vermittlung", die "faktisch allerdings erfolgt"[44], schreibt eine nicht sprachlich erfahrene Subjektivität ihre todbringenden Identitäten selbst in der ästhetischen Schrift, gerade in der Moderne.[45]

Genau das bringt der Traum als eine Szene aus der dunklen Geschichte der Ich-Gestalt zum Vorschein, und genau das nimmt, mit dem Ich einig, Bachmann wahr, ohne es doch eigens denken zu können: Was die Kunst - im abendländisch heraufgekommenen, im neuzeitlichen Geist der Moderne - geworden ist, das muß durch poetisches Sprechen, durchs Eingeständnis der Animalität, der geschlechtlichen Differenz im Innern des sprachlichen Geistes selber unterbrochen werden. Einzulösen wäre, was anders Hegel dem spekulativen Satz zudachte[46], durch ein dichterisches Sprechen der Zerrüttung des identischen Subjekts, aller Sätze, die Urteile des Subjekts fällen, aller gesellschaftlich postalischen Vermittlung. Nur das Sprechen mag nicht selbst den Tod bringen, sondern fürs Lebendige des sprechenden Lebens zeugen, das über die Grenze des Subjekts wechselt, das als eine "Erscheinungsform der Sprache" spricht und doch "auch nicht nur Sprache"[47] ist. Einzig dieses poetische Sprechen straft nicht mit dem Tod, es ist Einspruch gerade gegen den "Tod", der in den Kunstwerken "wandert zwischen den Schriftzeichen".[48] Es spricht, aber "nicht [...] Sterbenswörter" (1, 163; 4, 297). Es mag, indem es nicht alles sagt, die Entsühnung der Versöhnung sein, die der Subjektivität in der ästhetischen Schrift der Kunstwerke nicht schon gelang.

---

nünftiger Laut, ließe sich hervorbringen. Kein bewußtes Leben könnte sich am Leben erhalten. Vgl. E. Lévinas, Eigennamen. Meditationen über Sprache und Literatur, München, Wien 1988, S.75.
[43] Vgl. C. Wolf, Störfall. Nachrichten eines Tages, Frankf./M. 81989, S.73. Vgl. Kassandra, Darmstadt, Neuwied 1983, S.85.
[44] D. Henrich, Kunst und Kunstphilosophie der Gegenwart, in: W. Iser, (Hg.): Immanente Ästhetik. Ästhetische Reflexion, München 1966, S.30.
[45] Vgl. G. Benn, Gesammelte Werke, hg. v. D. Wellershoff, Wiesbaden 1968, Bd.4, S.1091, 1096. Benn rechtfertigt die ästhetische Schrift der Lyrik aus einem Geist von todbringender Identität, indem er sich auf "ein großartiges Hegelwort" beruft, "ein wahrhaft abendländisches Wort, das, vor hundert Jahren ausgesprochen, die ganzen Komplikationen unseres Schicksals in dieser Jahrhundertmitte [!] schon umschließt".
[46] Hegel, a. a. O., Bd. 3, S.57f.
[47] Celan, zit. nach: D. Meinecke, (Hg.), Über Paul Celan, Frankf./M. 21973, S.28.
[48] Derrida, Schrift, S.111.

"das Problem der Post, das Problematische"

Eine "Frau, die sich ihre Post nicht nachschicken läßt"[49], schreibt ihrer Ich-Gestalt, die sich "keine Post nachschicken" (3, 110) läßt, eine Erfahrung zu, die gegenwärtiges Schreiben im Zusammenhang von Gesellschaft begründet, im Blick auf einen der - nach Goethes Wort - nun "eminenten Fälle"[50] gesellschaftlicher Vermittlung: die Post, Otto Kranewitzer, den "bedeutende[n] Briefträger". Er hat, was den "Anfang alles Philosophierens und der Menschwerdung" ausmacht, praktisch wahr werden lassen, er hat gesellschaftlich universal gewordene Vermittlung einbrechen lassen in ihren Grund, ins verschwindende Individuelle, indem er "die Post nicht mehr ausgetragen" (3, 240 ff.) hat.

Schreiben läßt sich nicht im Horizont begrifflicher Diskurse über "'Die Kunst im Zeitalter der Technik'", der darin noch einmal "verurteilten Masse" begründen. In der Wahrnehmung einer unheimlichen, einer totalen Vermittlung von Gesellschaft und aus einer Erfahrung der Liebe, wie die Träume bezeugen, des in der Liebe selber sprachlos gebliebenen Geschlechts zugleich läßt sich nur schreiben, "wenn ich mich weder an die Kunst noch an die Technik noch an dieses Zeitalter" (3, 18) halte.

Das poetische Sprechen und das Sprechen der Träume sind die "postalische Krise" (3, 242) in der ästhetischen Schrift. Sie unterbrechen gesellschaftliche Vermittlung, sie lassen gerade diejenige einstürzen, die das Subjekt selber ist. Darin mag je einzigartiges "sprechendes Sein"[51], nicht nur ein Subjekt zur Sprache gebracht sein, sondern sein lebendiger Grund, seine Abwesenheiten und - in Erfahrung von "Eros im Zeitalter der technischen Reproduzierbarkeit"[52] - seine sprachlich nicht sich schließende Wunde zugleich.

"Doppelleben"

Malina wird zu der Gestalt, in der Bachmann das eigene Prosa-Schreiben[53], das Geistige ihrer selber zu fassen versucht (WS 99f). Malina, "beinahe sowas wie ein Schriftsteller" (3, 530), ist nicht, was "die Malina", die Schwester, als Gestalt - wie einmal die Callas für Bachmann - gewesen ist: "die Kunst, ach die

---

[49] E. Steuermann, Brief an Adorno, in: R. Tiedemann, (Hg.), Adorno-Noten, Berlin 1984, S.68.
[50] Goethe, Brief an Schiller, 16. 8. 1797.
[51] Lacan, Encore; vgl. M. Foucault, Schriften zur Literatur, Frankf./M., Berlin, Wien 1979. S. 87.
[52] Derrida, Postkarte, 1, 1989, S.19; vgl. S.39: "Du begreifst, im Inneren jedes Zeichens déjà, jedes Mals oder jedes Zugs, gibt es die Entfernung, die Post, das, was nottut, damit es lesbar sei von einem anderen, einer anderen als Dir oder mir, und alles ist im vornhinein futsch."
[53] Ausdruck eines "Weiblichen", das mag nicht allein die Ich-Gestalt sein, vielmehr das Verhältnis, in das Ich und Malina geraten.

Kunst" (4, 343). Sie, "die Malina", war, "was Genie ist" (3, 533). In ihm, Malina, ist vergangen, was im Begriff des Genies versprochen war, was - in Prosa, unter Bedingungen postalischer Vermittlung - nicht zu halten ist: "daß die Natur der Kunst die Regel gibt".[54]

In *Malina* erscheint eine Ästhetik des - in Bachmanns Monologen intendierten - Geistes: nicht eines eulenhaften Dämmerungsgeistes der ganzen Wahrheit, nicht einer Kunst-Schrift, in der angesichts des Todes des Lebendigen, gar in einer selbst veranstalteten Tötung des Leibhaftigen von Subjektivität sich vollzöge, was sinnvoll ist. Malina ist Gestalt eines Geistes, der sich im Eingeständnis und in der Destruktion der gesellschaftspraktisch - im Faschismus - erschienenen Unwahrheit des abendländischen Geistes faßt, unter der Verpflichtung, "für die Zwecke des Faschismus vollkommen unbrauchbar"[55] zu sein. Malina denkt "anders" (3, 294) als ein "Denken, das zum Verbrechen führt" (3, 342).[56] In der Malina-Gestalt des Geistes ist versucht, genau die Abstraktion aufzugeben, in der Gewalt im Denken selber blieb: das Geltendmachen von Identität, unterschiedsloser Subjektivität, die überwältigt, was anders ist, indem sie allererst die Differenz der Geschlechter aufhebt und löscht.

Allein, die Malina-Gestalt des Geistes ist nicht freigesprochen. Mit Malina bleibt, was Geist ist, unterm Verdacht, auf Grund einer konstitutiven Trennung vom Anderen, vom Leben selber, auf Grund einer Verneinung der Geschlechtsdifferenz (3, 22f.) nicht frei von Gewalt, gar einer der "Ausmerzung" werden zu können. Darin erscheint mehr als das Fortwirken einer simplen Konzeption, die Malina auf ein Standpunktdenken, aufs "Prinzip"[57], verpflichtet hätte.

In der Prosa der *Todesarten* ist als Wahrheit, auch nur "Zuversicht" vergangen, was Celans Gedichte - nach Auschwitz - bestimmte, dem "Wort", einer "Leiche", doch "die Augen himmelwärts" zu wenden. Ihr, Bachmann, mag als Erfahrung nicht wahr geworden, sondern problematisch geblieben sein, was Celan, mit Rücksicht auf Kafka, weiterdachte: die "Tatsache, daß es nichts gibt als eine geistige Welt". Das hat er, Celan, "immer so gelesen, als wäre es ein Grund, dazusein, zu leben, zu atmen".[58]

---

[54] Kant, Werke, hg. v. W. Weischedel, Bd.8, Darmstadt 1968, KU § 46.
[55] Benjamin, a. a. O., Bd. I/2, 1974, S.435. Es läßt sich nicht von allen Interpretationen sagen, vgl. kritisch Weigel, 'Ende', S.294f., 301.
[56] Malina hat "keine Theorie" (3, 112). Was er denkt und sagt, läßt sich nicht "Gedanken" der "Männer ohne wirkliche Geheimnisse" (3, 277) zurechnen.
[57] Bachmann, Nachlaß, zit. n. Höller, a. a. O., S.142.
[58] Celan, Brief an P. Jokostra, 6. 4. 1959. Vgl. F. Kafka, Hochzeitsvorbereitungen auf dem Lande und andere Prosa aus dem Nachlaß, hg. v. M. Brod, Frankf./M. 1980, S. 35, 69.

Ich "existiere nur, wenn ich schreibe" (4, 294), darin ist anderes als nur Leichtsinniges zum Schriftstellermartyrium aufgezeichnet: Die Existenz des Subjekts beruht "auf der Anerkennung durch andere Menschen", sie "ruht auf Sprache und Bewußtsein"[59], aber nicht als artikulierbarer allgemeiner Sinn und nicht als verstehbare Wahrheit, sondern als je einzigartige Spur eines Verschwindens, eines gegenwärtig stets Verschwindenden. Die Individuation sprechenden Lebens ist nicht intentional, nicht als Sinn zu sagen (3, 333); darum ist auch, was Bachmann schreibt, allein auf Grund einer Aufhebung der "hermeneutischen Urverdrängung"[60] zu fassen. Bachmanns Formulierung einer - durch Erfahrung (4, 217f.) hindurchgegangenen, aber von Bachmann gar nicht gewußten - Einsicht in die Existenzart des sprechenden Lebens: "Ich spreche, also bin ich", wird in der Sprachgestalt, im "Doppelleben" (3, 284) und in der "Zwitterfigur" von *Malina* niedergeschrieben: Das, was lebt, indem es spricht, ist etwas anderes als das, was denkt.[61] Subjektive Individuation des sprechenden Lebens ist nicht jenseits der Sprache, der Schrift; einzig darin ist, was das Subjekt selber ist, ein je einzigartiges Sein aber als eine Spur des Verschwindens, fremd, ein "Leichnam, der nicht gefunden wird".[62]

---

[59] Liebrucks, a. a. O., Bd. 5, 1970, S.362f.
[60] M. Frank, Das individuelle Allgemeine, Textstrukturierung und Textinterpretation nach Schleiermacher, Frankf./M. 1985, S.85. Bachmanns Werk mag auch, weil dies nicht gelang, keine selbst bedeutenden Deutungen gefunden haben, anders als Celans Dichtung.
[61] Vgl. Benn, a. a. O., Bd. 3, S.927: "Das, was lebt, ist etwas anderes als das, was denkt." Vgl. Bd. 4, S.2001. Vgl. Inderthal, a. a. O., S.130.
[62] Bachmann, Nachlaß, zit. n. Höller, a. a. O., S.229.

ANNA BRONZEWSKA

DIE ELIXIERE DES MANNES
EINIGE BEMERKUNGEN ZUR PROBLEMATIK DES EROTISCHEN IN DEN ROMANEN VON INGEBORG BACHMANN

Der Titel des Zyklus "Todesarten" von Ingeborg Bachmann verrät, daß zum Thema jedes Romans ein Menschenschicksal werden sollte, das mit dem Tode endet. Im Roman "Malina" und in zwei unvollendeten, aus dem Nachlaß erschienenen Fragmenten "Der Fall Franza" und "Requiem für Fanny Goldmann" sterben die Frauen und fürihren Tod sind die Partner verantwortlich. In gegebenen Umständen werdwn sie jedoch nicht zur Verantwortung gezogen.[1] Weil der Band "Simultan" eine Art Einführung in die Atmosphäre und in das Milieu der Romane bildet, wird er auch in diesem Beitrag zur Erforschung des Erotischen miteinbezogen.

Beinahe alle Männer der oben genannten literarischen Wirklichkeit sind kaltblütig, egoistisch, herrschsüchtig und sogar brutal. Sie scheinen eine Nötigung dazu zu empfinden, die Frauen geringzuschätzen, zu verachten, auszubeuten und zu erniedrigen.

In der Erzählung "Das Gebell" ist es ein berühmter Psychiater Namens Jordan, der seine alte Mutter in der Einsamkeit sterben läßt. Derselbe Mann wird zum Mörder seiner Frau Franziska in dem Fragment gebliebenen Roman "Der Fall Franza". Er wird hier zum unsichtbaren Ungeheuer, zum dämonischen Verfolger und Henker seiner gedemütigten, innerlich von ihm vernichteten, zu Tode gehetzten Frau. Er tritt nur in ihren Erinnerungen auf, als immerwährende Gefahr, als Vergangenheit, die ihren Schatten so weit wirft, daß sie nirgendwohin davor fliehen kann.

In "Malina" ist es Ivan, ein Mann, dessen Züge nur umrissen werden, den die Ich-Erzählerin liebt, er aber durch seine Kälte, Gleichgültigkeit und seinen Zynismus sie psychisch erfrieren, verschrumpfen und hinter einem Wandspalt verschwinden läßt. Sie fühlt sich Ivan, ohne den sie nicht leben kann, absolut ausgeliefert. Er schützt sie nicht, liebt sie nicht,und braucht sie nicht. Er tut ihr ein Gefallen, indem er mit ihr Schach spielt. Man gewinnt den Eindruck, daß er

---

[1] "Ja,ich behaupte und werde nur versuchen, einen ersten Beweis zu erbringen, daß noch heute sehr viele Menschen nicht sterben, sondern ermordet werden. (....) Die Verbrecher, die Geist verlangen, an unseren Geist rühren und weniger an unsere Sinne, also die uns am tiefsten berühren - dort fließt kein Blut, und das Gemetzel findet innerhalb des Erlaubten und der Sitten statt, innerhalb einer Gesellschaft, deren schwache Nerven von den Bestialitäten erzittern." Aus: Vorrede zum Roman "Der Fall Franza", in: Ingeborg Bachmann: Werke, München 1978, Bd.3, S.342.

sie seine Gegenwart als Gnade genießen läßt, und daß sie ihm dankbar sein sollte, daß er sie überhaupt wahrnimmt.

In "Requiem für Fanny Goldmann" ist es Marek Anton, ein zynischer, skrupelloser, gerissener Liebhaber der schönen und leichtsinnigen Fanny, der in ihr nur Quelle des Ruhmes und des Reichtums sieht, sie ihrer menschlichen Würde beraubt und in den Tod jagt.

Den Frauen fehlt Selbstsicherheit und innere Freiheit. Alle scheinen auch den Wert der Liebe zu überschätzen, als ob es ohne Liebe keine Existenzform für sie möglich wäre.[2] Dabei gehört die Erzählperspektive in allen oben erwähnten Werken den leidenden, oder sich vom Leiden wehrenden, also bedrohten Frauen.

Die Gestalten der Männer erscheinen dem Leser so, wie sie von ihren Partnerinnen gesehen und erlebt werden. Mann könnte fargen, ob es tatsächlich an den Männern, an ihrer Brutalität, an ihrer Skrupellosigkeit liege, daß sie uns beinahe als Monster erscheinen, oder liege es an den Frauen, an ihrer Überempfindlichkeit, an ihrer Unsicherheit, an ihrem unbewußten Angstgefühl und an den daher stammenden psychischen Abwehrmechanismen, die die Männer in ihren Augen zu Monstern machen? Die Antwort könnte man an der Quelle der Angstgefühle suchen.[3]

Unsere Kultur, ob wir es wollen oder nicht, ob wir es wahrnehmen oder nicht, ist eine männliche Kultur. Die Gesetze und sogar die Religion sind Schöpfungen des Mannes und stehen unter männlicher Kontrolle. Auch die Kunst und Wissenschaft sind männliche Elemente. Die Geschichte ist Resultat männlicher Handlungen, die kleine oder die große Politik ist Kampffeld männlicher Herrschaft und männlicher Ambitionen.

"Die Kraft und die Vertiefung des Lebens, die allgemeine Sittlichkeit und die sozialen Ideen, die Gerechtigkeit des praktischen Urteils und die Objektivität des theoretischen Erkennens - diese Kategorien sind zwar allgemein menschlich, aber in tatsächlicher Gestaltung durchaus männlich. Nennen wir solche als absolut auftretenden Ideen, einmal das Objektive schlechthin, so gilt im geschichtlichen Leben unserer Gattung die Gleichung: objektiv=männlich."[4]

Wenn man die Fortschritte der Technik und die Entwicklung der Welt mit der männlichen Kraft und Intelligenz in Zusammenhang bringt, dann ist es auch offensichtlich, daß alle öffentlichen Leistungen der Frau außer der Möglichkeit

---

[2] Eine Ausnahme bildet Elisabeth Matrei aus der Erzählung "Drei Wege zum See". Vgl. Ingeborg Bachmann: ebd., Bd.2, S.394-486.
[3] Vgl. Karen Horney: "Der neurotische Mensch unserer Zeit", Frankfurt/Main 1991, mit besonderer Berücksichtigung folgender Kapitel: Das neurotische Liebesbedürfnis, S.66-74, Weitere Merkmale des neurotischen Liebesbedürfnisses, S.74-86, Kultur und Neurosen, S.176-181.
[4] Georg Simmel: "Philosophische Kultur", zit. nach Karen Horney: Die Psychologie der Frau, Frankfurt/Main 1984, S.27.

des Gebärens und der Kinderpflege, die als typisch weiblich identifiziert werden, mit männlichen Maßstäben gemessen werden. In diese Männerwelt mit patriarchalischen Gesetzen werden die Frauen der Bachmannschen Wirklichkeit hineingeboren und versuchen mit oder ohne Erfolg, mit ihr fertig zu werden.

Die patriarchalische Ordnung ist jedoch keine neue Erfindung. In diesen Verhältnissen lebten und liebten Hunderte von Frauengenerationen. Die deutsche Literatur hat in ihren bedeutenden Werken die Konflikte zwischen dem Weiblichen und dem Männlichen schon immer aufgegriffen und sie als Konflikte veverschiedener Rollen in der Gesellschaft verstanden. Die Frauen sollten "weiblich", also mild, zärtlich, bescheiden und schön sein. Die Männer dafür stark, entschlossen, kühn und tapfer. Die Öffentlichkeit war nicht das Gebiet der Frau. Die Frauen wollten sich in diese vorgeschriebenen Rollen nicht hineinzwängen lassen und rebellierten dagegen. Ihre Weiblichkeit haben sie nicht akzeptiert und wollten männlich sein. Als Beispiel kann "Maria Stuart" von F. Schiller gelten, wo Elisabeth, die Königin von England, eben als Königin und nicht als Frau hochgeschätzt werden wollte, ihre Weiblichkeit tief verdrängte, um ihre "männlichen" Eigenschaften hochzuspielen.

"Auch meine jungfräuliche Freiheit soll ich,
Mein höchstes Gut, hingeben für mein Volk,
Und der Gebieter wird mir aufgedrungen.
Er zeigt mir dadurch an, daß ich ihm nur
Ein Weib bin, und ich meinte doch, regiert
Zu haben wie ein Mann und wie ein König."[5]

Sie tat es in voller Überzeugung, daß sie als Königin keine weiblichen Eigenschaften zu besitzen braucht, aber andererseits hat sie das Gefühl, daß sie auf dem Throne sitzend die Natur betrügt. Doch als Königin, die ihre Pflichten ausübt, glaubt sie, dem Naturzweck, der

"...eine Hälfte des Geschlechts der Menschen
Dem anderen unterwürfig macht"[6], ausgenommen werden zu dürfen.

Was die Männer dazu meinen, hat am deutlichsten Mortimer ausgesprochen und damit die Herrscherrolle des Mannes unterstrichen. Indem er Elisabeth verhöhnte, verklärte er die Weiblichkeit Marias, die aus ihrer natürlichen Rolle nicht herausfiel.[7]

---

[5] Friedrich Schiller: Maria Stuart, in: Schillers Werke in fünf Bänden, Berlin und Weimar 1981, Band 5, S.44.
[6] ebd., S.44.
[7] "Wer bist du, Ärmste, und was kannst du geben? / Mich locket nicht des eitlen Ruhmes Geiz. / Bei ihr nur ist des Lebens Reiz-/ Um sie, in ewigem Freudenchore, schweben / Der Anmut Götter und der Jugendlust, / Das Glück der Himmel ist an ihrer Brust, / Du hast nur tote Güter zu vergeben! /Das eine Höchste, was das Leben schmückt, / Wenn sich ein Herz, entzückend und entzückt, /Dem Her-

In diesem Drama werden die Pflichten und Reize der Geschlechter eindeutig weit voneinander getrennt. Die Kraft des Mannes bekommt die Frau um den bitteren Preis ihrer Weiblichkeit. Ein ähnliches Beispiel könnte "Die Jungfrau von Orleans" sein.[8]

Wichtig ist die Tatsache, daß Schillersche Heldinnen, die ihre weiblichen Rollen in die männlichen wechseln wollen oder müssen, die Notwendigkeit des Verzichts auf die Weiblichkeit als etwas Selbstverständliches annehmen. Anders, viel problematischer und tragischer tritt das Problem der Herrschaft in weiblicher Ausführung in "Penthesilea" von Heinrich von Kleist. Hier spitzte sich der Kampf der Geschlechter bis zu wildem Haß und zur wildesten Aggression zu. Der Mann (Achill), der Penthesilea in ihrer Männlichkeit und nicht in ihrer Weiblichkeit verletzt hat, weil er in ihr nur eine verliebte und von ihm geliebte Frau sah und keine Herrscherin, mußte aus ihrer Hand des schmachvollsten Todes sterben. Nachdem sie aber ihre blutige Tat vollbracht hat, konnte und wollte sie nicht weiter leben. Ohne Liebe, ohne Leidenschaft gab es für sie, die allein den Lauf der Geschichte bestimmen und allein die Gesetze des Daseins erlassen wollte, keine Zukunft. Damit erwies sich am Ende der Tausch der weiblichen und männlichen Rollen als tragischer Irrtum, der sich selbst entblößt und vernichtet hat.

Kleist, der große Künstler der Leidenschaft befürwortet die Ordnung der Natur, weist den Platz und die Rolle der Frau und des Mannes darin, wie es seine Zeitgenossen Schiller und Goethe[9] am Beispiel so verschiedener Epochen, Schicksale und Charaktere auch getan haben. Mitten in feudalen Strukturen des deutschen Absolutismus kreierten sie Ideale der freien, gleichberechtigten Frau, aber jedesmal verlangten sie Verantwortung von ihr und wiesen auf deren Grenzen.

Was hat nun dieses Bild der klassischen Epoche mit Frauenschicksale, die gute 160 Jahre später, in der Zeit der allgemeinen Emanzipation der Frauen und der Zeit der Demokratie, von einer österreichischen Schriftstellerin aufgezeichnet wurden?[10] Zuerst fallen Unterschiede auf. Die Frauen der klassischen Lite-

---

zen schenkt im lieben Selbstvergessen / Die Frauenkrone hast du nie besessen, / Nie hast du liebend einen Mann beglückt! (ebd., S.59).

[8] Johanna d`Arc stellt sich bereit auf die Rolle der Frau und der Mutter zu verzichten und die Rolle der Landesretterin zu übernehmen, als von Gott gegebene, "aus des Baumes Zweigen" vernommene Aufgabe und Pflicht. Vgl. F. Schiller, ebd., S.164.

[9] Iphigenie im Drama "Iphigenie auf Tauris" gewinnt alles, was sie von Thoas gewinnwn kann, mit Hilfe ihrer weiblichen Kraft. Vgl: J.W. von Goethe, Werke in 12 Bänden, Berlin und Weimar 1981, Bd.3, S.414, 460.

[10] Marlis Gerhardt vergleicht in ihrem Artikel "Rückzüge und Selbstversuche" die Frauenschicksale der Bachmanschen "Todesarten" mit denen aus der europäischen Literatur des 19 Jahrhunderts. In:

ratur, der Epoche des ausgehenden 18 Jahrhunderts, mitten im Patriarchat waren keine schwachen, gehetzten, verängstigten Geschöpfe, die die männliche Gewalt nicht erdulden konnten.

Alle, die hier erwähnt wurden, waren den Männern, von denen sie umgeben waren, weit überlegen. Über die Emanzipation der Frauen sprach man viele Jahrzehnte später, aber hier waren sie schon alle emanzipiert und selbstbewußt. Sie besaßen ihre Frauenwürde und Identität und ließen sie sich um keinen Preis nehmen.

Bei Ingeborg Bachmann gibt es keine Königinnen mit großen Ambitionen. Die Frauen entstammen dem Wiener Großbürgertum und das Schicksal verlangt von ihnen keine Opfer. Sie sind finanziell gesichert und dürften sich daher unabhängig entwickeln und ihr Schicksal frei gestalten können. Es sollte ihnen leichter fallen, das Wenige, was sie wollen zu erreichen, als das beinahe Unerreichbare, wonach die Heldinnen der Klassik strebten. Die gesellschaftlichen Verhältnisse haben sich zwar geändert, aber nur zugunsten der Frauen. Was stört also die reizenden Nadia und Fanny, die kluge Ich-Erzählerin in "Malina" und die zarte Franziska, Ruhe, Geborgenheit und das Gefühl des erfüllten Lebens zu erreichen?

Das Bedürfnis der Liebe wird in allen Erzählungen und Romanen artikuliert. Doch stehen die Heldinnen nicht im Zentrum der Familie, die sie durch ihre Handlungen und gut erfüllte Pflichten zementiert und dadurch sich für Mann und Kinder unentbehrlich macht. Ihr erotisches Leben scheint gestört zu sein, was andere Bereiche ihrer Existenz zu untergraben scheint.

Diese Zerstörung ihres Lebens reicht so weit, daß man die Überzeugung gewinnt, daß sie nur in der Liebe und durch die Liebe ihren Lebenssinn finden. Außer der Liebe sei nichts erstrebenswert. Als ob ihr Glück nur in der Möglichkeit bestünde dem Mann zu dienen und den Mann bewundern zu können.[11]

Nadia, eine Simultan-Dolmetscherin der gleichnamigen Erzählung, ist sehr gut und erfolgreich in ihrem schweren und erschöpfenden Beruf. Sie befindet sich an der Spitze ihrer Karriere und fährt von Konferenz zur Konferenz, jede Woche auf einen anderen Kontinent, übernachtet in vornehmsten Hotels, nimmt an teuersten und luxuriösesten Partys teil, ist von allen Seiten komplimentiert und beachtet. Ihre Beziehungen mit den Männern sind als locker zu bezeichnen. Sie hat keinen festen Partner, weder Ehegatten noch Freund, aber nicht, weil sie es nicht will. Ein Ausflug ans Meer am Wochenende in Begleitung eines unbe-

---

Kein objektives Urteil. Nur ein lebendiges. Texte zum Werk von Ingeborg Bachmann, München 1989, S. 503-515.
[11] Mehr zum Problem der leidenden Frau in den "Todesarten" schreibt Elfriede Jelinek, Der Krieg mit anderen Mitteln, in: ebd., S.311-320.

kannten Mannes, der zufälligerweise an derselben Konferenz teilnimmt und gerade zwei Tage frei hat, erklärt, warum sie in Einsamkeit lebt und nicht so glücklich ist, wie es die äußeren Zustände vermuten lassen.

"Noch als er sie in Rom im Hotel abgeholt hatte, war ihr der Aufbruch wie der in ein übliches Abenteuer vorgekommen, aber je weiter sie sich entfernte von ihrem Standplatz, der wichtiger für sie war als für andere ein Zuhause und von dem ein Sich-Entfernen daher viel heikler ist, desto unsicherer fühlte sie sich. Sie war keine selbstsichere Erscheinung mehr in einer Halle, in einer Bar, entworfen von VOGUE oder GLAMOUR, zur richtigen Stunde im richtigen Kleid, fast nichts mehr deutete auf ihre Identität hin, sie sah aus wie eine beliebige Person mit ihren verwaschenen Blue jeans und der zu knappen Bluse (...). Damit er nichts merkte, wie sie es fürchtete, auf ihn angewiesen zu sein, bemühte sie sich, ihn fühlen zu lassen, daß es ohne ihre Ortskenntnisse und Orientierungskünste nicht ging."[12]

Aus ihrer strapazierenden Arbeit hat sie ihre Existenzordnung, beinah ein magisches Ritual gemacht, das ihr helfen sollte, ihre Wehrlosigkeit im Bereiche der Beziehungen mit anderen Menschen, besonders mit Männern, geheimzuhalten. Dazu war bei ihr das Gefühl der raschen Vergänglichkeit aller zufälligen Abenteuer immer da. War es die skrupellose Strenge ihres Arbeitsplanes, die ihr alle Orte und Menschen nach einigen Tagen verlassen ließ, oder hat sie sich in diesen Plan absichtlich hineinmanövriert um nicht gestehen zu müssen, daß sie eine übergroße Angst vor dem Verlassenwerden hat?

"Im Badezimmer legte sie die beiden dicken Badetücher in die Wanne und bettete sich hinein, sie rauchte und rauchte, und tief in der Nacht ging sie zurück ins Zimmer. Einen halben Meter stand ihr Bett von dem seinen entfernt, sie tauchte die Füße in den Abgrund zwischen den beiden Betten, zögerte, dann drängte sie sich vorsichtig an ihn und, während er sie im Schlaf an sich zog, sagte sie, nur ein wenig, du mußt mich nur ein wenig halten, bitte, ich kann sonst nicht einschlafen."[13]

Dieses bißchen Zärtlichkeit, das sie beruhigen soll und gegen die Schlaflosigkeit so gut war, hat sie diesmal von dem Partner bekommen. Sie hat ihn zwar darum gebeten (gehalten zu werden), aber ohne Bitte würde sie es auch bekommen, in dieser Nacht, in der nächsten vielleicht nicht mehr. Ihre Annäherungsversuche an Mr. Frankel wurden von ihm nicht zurückgewiesen aber auch nicht mit gleicher Wärme angenommen. Er informierte sie kühl von seiner kaputten Ehe, von seinen Kindern, aber seine Gedanken waren die ganze Zeit nicht bei ihr, und als sie gegen Ende des Aufenthaltes zu fragen wagte, woran er denkt?, antwor-

---

[12] Ingeborg Bachmann: Werke, München/Zürich 1978, Bd.2, S.294.
[13] ebd., S.299.

tete er daß er an die Cernia denkt, die er im Meer schwimmend in den Nacken treffen wollte. Es war ihm leider nicht gelungen und dieses Mißgeschick ließ ihm keine Ruhe. Nadia hat eine aufrichtige und doch für sie skrupellose Antwort bekommen. Betrogen oder hintergangen durfte sie sich nicht fühlen.[14] Es war ja so abgemacht, daß sie für zwei Tage mit Mr. Frankel ans Meer fährt. Er wollte ja keine Liebesgeschichte, sie eigentlich auch nicht, aber er hat wirklich keine daraus gemacht. Cernia, die er in den Nacken treffen wollte, war ihm wichtiger, war interessanter als Nadia. Sie sagte kein Wort und fühlte nur Kopfschmerzen, und wollte allein sein. Sie floh zu den Felsen, zum Meer, rannte immer weiter mit plötzlichen Selbstmordgedanken, und dann als sie seinen verlorenen Pullover auf dem Wege fand, hob sie ihn auf, "preßte ihr Gesicht mit einem maßlosen Entzücken gegen den Pullover und küßte ihn, mit einem heißen Gesicht sah sie wieder hinaus, es ist das Meer, es ist wunderbar, und jetzt trau ich mich auch, hinter mich und hinaufzusehen zu den hochen phantastischen Hügeln, auch zu den Felsen von Maratea, dem überhängenden, steilsten, und dort oben sah sie etwas wieder, eine kleine, kaum sichtbare Figur, mit ausgebreiteten Armen, nicht ans Kreuz geschlagen, sondern zu einem grandioden Flug ansetzend, zum Auffliegen oder zum Abstürzen bestimmt."[15]

Ihre Niederlage, wer weiß wievielte, blieb also nicht ohne Hoffnung. Den Pullover küssen zu dürfen, war ein verbindender Faden mit dem Mann, der sie zwar nicht liebte und den sie wahrscheinlich auch nie lieben wollte. Diesen Faden zu halten, an einen Mann gebunden zu sein, einem Mann zu gehören, bedeutete für sie mehr als ihr ganzes glanzvolles aber leeres Scheinleben.

Beatrix aus der Erzählung "Probleme, Probleme"[16], ein junges, hübsches, zwanzigjähriges Mädchen, ist Nadias Gegenpart. Sie tut absolut nichts, hat keine Ausbildung, keinen Beruf, keine Arbeit und auch keine Lust, etwas zu tun. Sie hat überhaupt keine Ambitionen, im Leben es zu etwas zu bringen. Ihre einzige Leidenschaft ist der tiefe Schlaf, aus dem sie der Tag mit seiner Helligkeit gegen 13 Uhr herausreißt. Sie hat einen Freund, der im Zentrum ihres Gefühlslebens steht, aber er ist auch der einzige, mit dem sie sich trifft und spricht. Seine Person und seine Probleme sind ihr gleichgültig. Sie trifft sich mit ihm, weil man doch lebt und manchmal mit jemand ins Cafe geht. Es sei zwar mit Erich langweilig, aber ohne ihn sei es auch langweilig, und wenn sie ihm zuhört, hat sie den Eindruck ihm behilflich zu sein. Einige Male hat sie ihn in ihr kleines Zimmer eingeladen, um dann mit ihm nebenainander zu liegen und ihn reden lassen,

---

[14] Vgl. Peter von Matt, Liebesverrat. Die Treulosen in der Literatur, München/Wien 1989, Kapitel 1, S.17-23.
[15] Ingeborg Bachmann, ebd., S.314.
[16] ebd., S.318-353.

aber das war sehr selten, weil es für sie eine große Belastung war, ihm einen Kaffee zu machen, oder vielleicht etwas zu essen vorzubereiten. Von der Liebe wollte sie nie etwas wissen, für den Sex fühlte sie sich zu alt, und dieses Aus- und Anziehen war ihr zu strapaziös. Am Leben hielt sie RENE, ein vornehmer Kosmetik-Salon, wo sich die Damen aus der Gesellschaft trafen, wo es viele Spiegel und rosafarbene Toiletten gab, wo gut geschulte Bedienung alle ihre Wünsche erfüllte, wo sie sich gepflegt, geachtet, beinah bewundert fühlte.

Das Leben der armen Beatrix, die außer Erich, den sie eher bedauerte als bewunderte, niemanden hatte, konzentrierte sich vollkommen auf dem Schein. Einmal in der Woche, denn öfters konnte sie zum RENE aus finanziellen Gründen nicht gehen, träumte sie ihren Tagtraum von der zarten Prinzessin, der alle dienen, für die alle höflich, freundlich und zur Pflege und Liebe bereit sind. Aus ihrem einsamen Leben, das ihr keine Aussichten brachte, hatte sie sich ganz zurückgezogen. Weil für sie niemand lebte, weder Vater noch Mutter, hat sie es auch nicht gelernt, für jemanden zu leben. Weil sie niemals geliebt wurde, hat sie auch nicht gelernt, jemanden zu lieben. Was sie als junges Mädchen im Internat von der "Liebe" erfahren hat, hat sie auch nüchtern ausprobiert und fand es geschmacklos. Im erotischen Leben war das "danach" viel wichtiger als das, was vorher kam. Um den Schein der Normalität in ihrem Leben zu bewahren, opferte sie sich auf und hielt sich einen Freund. Als sie mit Erich zusammen war, spielte sie in seinem verpatzten Leben die Rolle einer "Oase des Friedens"[17]. Weil seine komplizierten Eheprobleme sie nichts angingen, gab sie ihm nüchterne und sinnvolle Ratschläge und gewann dafür den Eindruck, "daß er ohne sie nicht mehr weiter könne", es tat ihr gut, als er "ihren Mut und ihre Gefaßtheit bewunderte, ihre Stärke und eine Vernunft in ihr, über die gewiß kein anderes zwanzigjähriges Mädchen verfüge."[18] So kompensierte sie in dieser Partnerbeziehung das, was ihr am meisten fehlte, eben Gefaßtheit, Stärke und Vernunft. Diese auffallende Neigung zur Schauspielerei deutet auf ihre geheimen Bedürfnisse hin. Das Theater erlaubt, den Schein als Wirklichkeit zu erleben. Eine mit Erich konstruierte Wirklichkeit gab ihr das erlösende Gefühl der Wichtigkeit und Unentbehrlichkeit in der Beziehung Frau-Mann. Im selbst gespielten Theater spielte sie sich die Rolle der vollkommenen Frau zu, die dem Mann als Stütze dient und ohne die der Mann sicher umkommen müßte.

Auch für Miranda aus der Erzählung "Ihr glücklichen Augen"[19] ist die reale Welt, die sie umgibt, keine Grundlage für Selbstfindung und Erfolg im Leben. Sie kreiert zwar keine Ersatzwelt wie Beatrix, aber sie findet doch eine andere

---

[17] ebd., S.325.
[18] ebd., S.326.
[19] ebd., S.354-372.

Methode, um ihrer Angst vor der Wirklichkeit aus dem Wege zu gehen. Sie verringert die Wahrnehmungsperspektive, indem sie die Brille verliert. Ihre Stab- und Zersichtigkeit empfindet sie als Geschenk des Himmels, die ihr den Anblick von Gräßlichkeiten, den Blick in die Hölle ersparrt. Eigene Vorstellungen von der Welt geben ihr das Gefühl der Sicherheit und reichen ihr völlig aus. Der Bereich der Erotik sei auch bedrohlich und angsterregend. Sie braucht Männer, um sich sicherer zu fühlen, meint jedoch nie, eine gleichberechtigte und attraktive Partnerin für sie zu sein. Das immerwährende Gefühl auf den Liebespartner angewiesen zu sein und ihm ausgeliefert zu sein, treibt sie in die Panik, ihn verlieren zu müssen. Diese Panik provoziert Mißtrauen und Argwohn, was immer zur Trennung führt. Sie fühlt sich auch in die Enge getrieben, verirrt und verloren. Andere Frauen scheinen für sie keine Mängel aufzuweisen, sind viel schöner, interessanter, atraktiver und begehrenswerter. Diese neurotische Betrachtung des Erotischen, voll Furcht und Überzeugung, daß man in der Liebe keine Chancen hat, und dies von vornherein, macht sie zu ihrem eigenen Opfer. Was ihr bleibt, ist die Flucht aus den Armen des einen Mannes in die des anderen, wo sie sich eine Oase des Friedens, der Sicherheit und Geborgenheit für eine Weile zu finden vortäuscht.

Das auffallendste Merkmal des Romans "Malina" ist die Unbedingtheit der Liebe, der sich die Ich-Erzählerin gegen jeden Verstand ergibt. Ohne ihren Partner, ohne seine Liebe glaubt sie nicht existieren zu können. Sie stürzt sich auf Ivan, nicht weil sie ihn liebt und genauso geliebt werden will, sondern aus innerem Zwang, aus dem Bedürfnis, im Zusammensein die Lebenssicherheit zu gewinnen. Die Unbedingtheit des Zusammenseins mit Ivan, die hr die Erlösung aus Höllenqualen ermöglicht, entstammt dem Katastrophengefühl, der Einsamkeit und der Hilflosigkeit.

"Seit ich diese Nummer wählen kann, nimmt mein Leben endlich keinen Verlauf mehr, ich gerate nicht mehr unter die Räder, ich komme in keine ausweglosen Schwierigkeiten, nicht mehr vorwärts und nicht vom wege ab, da ich den Atme anhalte, die Zeit aufhalte und telefoniere und rauche und warte...und solange ich ihn höre und mich von ihm gehört weiß, bin ich am Leben."[20]

Das sagt sie, obwohl sie ganz genau weiß, daß diese Liebe zum Tode verurteilt und die Trennung unvermeidlich ist. Daß sie dies sehr gut weiß, zeugt der Satz: "Aber da Ivan mich nicht liebt, und auch nicht braucht, warum sollte er mich eines Tages lieben oder brauchen".[21]

Sie ist sich also der Sinnlosigkeit und Unbeständigkeit dieser Bindung ganz bewußt, leidet (sich fest an ihn krallend) und begnügt sich masochistisch mit den

---

[20] ebd., Bd.3, S.30.
[21] ebd., S.78.

Krümmeln, die Ivan ihr von seinem Leben großzügig übrigläßt. Ein verirrtes Lächeln, das bißchen Zeit zwischen einer Verabredung und der nächsten, ein paar Minuten am Telefon, und das nur selten, müssen ihr genügen, um wenigstens für kurze Zeit ihr weibliches Ich auferstehen zu lassen. Ihr Verlangen, ununterbochen mit ihm und in ihm zu sein, kann nie gestillt werden. Sie ist überhaupt nicht imstande, ein selbständiges inneres Leben zu führen, ist völlig gelähmt und braucht Ivan nicht als Partner, sondern als Stütze für eine Verkrüppelung. Kein Wunder, daß Ivan sich wie in einer Falle fühlt und zu befreien versucht, was ihre Angst vor dem Verlassenwerden noch verstärkt bis zum völligen Zusammenbruch, bis zur Absage als Frau zu leben, bis zur Auflösung und Auslöschung hinter der Wand. Am Leben bleibt Malina mit seinen männlichen, gesunden, kreativen Eigenschaften.[22] Er ist eben imstande "nur mit Gedanken Umgang haben und allein nichts Liebes kennen, und nichts Liebes tun."[23]

Dieses, in "Erklär mir Liebe" ausgesprochene Credo scheint seine Geltung auf das Gesamtwerk verbreitet zu haben und es klingt wie eine Warnung. Für die Gefühle, die das weibliche Geschlecht Jahrtausende getragen hat, gibt es keinen Platz mehr.[24] Die Frau mit ihren weiblichen Eigenschaften ist zum Tode verurteilt. Die "Elixiere des Mannes" scheinen erbarmungslos alles zu töten, was sich nicht verteidigen kann. Franziska, im Fragment gebliebenen Roman "Der Fall Franza"[25], wird von ihrem berühmten und reichen Mann Leo Jordan zur Abtreibung gezwungen, ohne besondere Gründe, nur weil er sich das Kind nicht wünscht. Sie kniet vor dem Chirurgen und bittet ihn, ihr nachher diesen Fötus zu geben, damit ihr Mann ihn sich in einem Einsiedeglas ansehen konnte, "bis ans Ende seiner Tage"[26]. Dann entscheidet sie sich, das Stück vom Fötus, aus welchem "sein Herz hätte werden können"[27], aufessen zu wollen, "wenn es nicht leben sollte"[28]. Als dem Chirurgen gegen den Eingriff Bedenken aufkommen, die er dem berühmten Psychiater Jordan gegenüber äußert, befielt ihm "die Autorität Jordan...auroritär: keine Bedenken."[29] Die männliche Aggression hat ihren Höhepunkt erreicht. Der Mann gleicht einer Bestie und wütet und die Wut hat verheerende Folgen. Die gequälte und entmündigte Franziska richtet ihre Aggres-

---

[22] Vgl. Hans Höller: Ingeborg Bachmann, Frankfurt/Main 1987, S.225-291.
[23] Ingeborg Bachmann, ebd., Bd.1, S. 109.
[24] Vgl. Walter Helmut Fritz und Helmut Heißenbüttel: Über Ingeborg Bachmanns Roman `Malina`", in: Text + Kritik, H.6, München 1980, S.20-27.
[25] Ingeborg Bachmann, ebd., S. 359-482.
[26] ebd., S.419.
[27] ebd., S.420.
[28] ebd., S.420.
[29] ebd., S.420.

sion nicht gegen ihren Mann, sondern gegen sich selbst.[30] Der Tod ist für sie die Flucht in die Sicherheit, Befreiung und Erlösung vor der Übermacht des grausamen Mannes, für den sie schon das dritte Opfer war, und der sich inzwischen mit dem nächsten vergnügt.

Die Tragödie wäre vollkommen, wenn sie wahr wäre. Eine wahre Tragödie ist jedoch ohne Rücksichtsnahme auf die natürlichen Umstände nicht möglich. Diese natürlichen, gesellschaftlichen Umstände sind in der Prosa von Bachmann deutlich präzisiert.Das Land heißt Österreich,der Ort Wien oder die Umgebung, die Zeit - die zweite Hälfte des zwanzigsten Jahrhunderts.Die gesellschaftliche Ordnung ist mehr oder weniger eine demokratische, und die Frauen leben im Wohlstand, der die materielle Abhängigkeit vom Mann ausschließt. Wenn sie sich von den Männern und ihren Launen abhängig machen, liegt es nur an ihnen, an ihren psychischen Bedürfnissen, unter den Fittichen eines starkrn, liebenden Partners sein zu müssen. Diese Bedürfnisse sind als durch Jahrtausende gesstaltete Rolle der Frau in der Familie und in der Gesellschaft, und nicht als Ergebnis konkreter gesellschaftsbezogener Tendenz anzusehen.Die Tatsache, daß eben die Liebesbedürfnisse so stark und im Zusammenhang mit dem Gefühl der inneren Unruhe und der Bedrohung auftreten, zeugt nur davon, daß eben diese dargestellten Frauen nicht selbstständig als freie Individuen existieren wollen oder können.Die verängstigten Geschöpfe aus dem Band "Simultan" verlieren ihre psychologische Wahrscheinlichkeit nicht. Trotz des allgemeinen Wohlstandes und der Gleichberechtigung in Österreich der 60er Jahre ist die psychische Enge, die Vereinsamung und das Gefühl des Verloren-Seins einzelner Frauen deutlch abzulesen. Daß der erotische Bereich alle anderen determiniert, ist auch klar. Trotz der inneren Zerrissenheit, suchen sie ihren Platz an der Sonne und haben die Hoffnung, daß es ihnen einmal gelingt, den richtigen Mann, den Retter und Erlöser zu finden.

In den Romanen gibt es diese Hoffnung nicht mehr. Die psychologische Wahrscheinlichkeit in der Charakterzeichnung der Frauen als gesunder unf frei handelnder Individuen läßt auch stark nach. Der gesuchte und gefundene Mann erweist sich immer als skrupelloser Mörder, dem man nicht entgehen kann. Doch, die Heldinnen Bachmanns gehen immer in die gleiche Falle, als ob ihr Leben ausschließlich in der erotischen Liebe realisiert werden könnte.

Für Franziska wäre es doch einfacher, sich von ihrem Mann scheiden zu lassen als ihr ungeborenes Kind abzutreiben und daran selbst zugrunde zu gehen.

---

[30] Mehr dazu in: Sara Lennox: Geschlecht, Rasse und Geschichte, in ʾDer Fall Franzaʾ", in: Text + Kritik, Sonderband. Ingeborg Bachmann, München 1984, S.156-171. Vgl. dazu auch Marianne Schuller: "Wider den Bedeutungswahn, zum Verfahrren der Dekomposition in ʾDer Fall Franzaʾ", ebd., S.150-155.

Ihre Wahl zeugt nur von ihrer schwachen psychischen Konstitution. Dasselbe gilt für Fanny Goldmann und für die Ich-Erzählerin in Malina, denn sie könnten, wenn sie wollten, den Männern den Rücken kehren und weiter leben. Es liegt an ihnen, daß sie an der emotionellen Kälte ihrer Männer zugrunde gehen. Die Frauen des 18. Jahrhunderts haben es in den damaligen gesellschaftlichen Umständen viel schwerer gehabt. Die Dichter von einst zeigten jedoch, daß es trotz allem möglich ist, frei zu sein und die menschliche und weibliche Würde zu bewahren. Heute, in der Zeit des allgemeinen Wohlstands und der Emanzipation des Individuums, zeigt Ingeborg Bachmann, daß es nicht möglich ist, frei zu handeln und mit Würde zu leben. Doch, nicht die gesellschaftliche Situation, sondern die neurotische Unangepaßtheit der Bachmannschen Versagerinnen sollten nach der Schuld für ihr Scheitern befragt werden.

CZESŁAW PŁUSA

DAS EROTISCHE UND DAS SOZIALE IM ERZÄHLWERK VON DIETER WELLERSHOFF

Eine rein individualpsychologische - wenn auch psychoanalytisch vertiefte - Deutung der Literatur wäre unhistorisch und würde die soziale Dimension jeder individuellen Kunstäußerungen ignorieren[1]. Mit dieser Überzeugung stellt sich Wellershoff auf den Boden einer materialistischen Ästhetik, nach welcher "jede Kunstform, auch die autonomste gesellschaftlich vermittelt ist, und das bis ins technische Detail,"[2] und faßt die Kunst als eine Konkretion von Erfahrung auf. Wo Literatur zum Kunstwerk gedeiht, ist sie "geistiger Spiegel und Interpretation des Zustands der menschlichen Gesellschaft in seinem bestimmten geschichtlichen Stadium."[3] Das Wesen von Wellershoffs Werk scheint uns primär in der Widerspiegelung der unmittelbar erlebten, objektiven Wirklichkeit im Bewußtsein des Subjekts zu liegen, der sich schließlich jetzt unsere Aufmerksamkeit zuwenden soll. Halten wir uns zum Zwecke der Klärung an seine Essaybände "Literatur und Veränderung" (1969), "Literatur und Lustprinzip" (1973) und "Das Verschwinden im Bild" (1980). All diese Bücher lassen sich als der Versuch zusammenfassen, Literatur als eine der Möglichkeiten aufzuspüren, mit deren Hilfe das unterdrückte Lustprinzip sich zu Worte meldet, Literatur als Versuch: *wesentlich* zu werden. Literatur als Widerstand gegen Enge und Angst, gegen Verhinderung und Verwirrung, gegen das Gefühl de Frustration und das Bewußtsein des Unselbständigseins. Literatur als Option für die Freiheit.

Für den Wellershoff der Essaybände scheint der Schlüsselbegriff 'Eros' zentrale Bedeutung zu gewinnen, was schon im Titel des Bandes "Literatur und Lustprinzip" seinen Ausdruck findet. Die erotische Erfahrung ist bei Wellershoff in der Absage an die bestehenden Lebensformen verwurzelt. Sie durchbricht die schmerzhafte Gewalt der versklavenden gesellschaftlichen Realität und strebt nach einer mit ihr nicht zu vereinbarenden Freiheit, die aus der Narrheit der Liebe hervorgeht. Zweifellos reicht die Unterdrückung der menschlichen Natur weit in die Vergangenheit zurück, in Form von Verboten und Vorurteilen, aber das ausschließliche Kriterium der Identität eines Subjekts, seine affektive Struktur soll - laut Jochen Hoffmann[4] - erst in der bürgerlichen Gesellschaft der

---

[1] Vgl. Dieter Wellershoff, Die Wahrheit der Literatur, München 1980, S. 74
[2] Thomas Metscher, Ästhetik als Abbildtheorie, in: Das Argument 17, 14. Jg. 1972, S. 942/943
[3] Erich Köhler, Troubadourlyrik und höfischer Roman, Berlin 1962, S. 5
[4] Vgl. Jochen Hoffmann, Die Erkenntnis des Dritten. Zur Konstruktion eines neuen Subjekts, Marburg 1980

letzten 400 Jahre völlig bezwungen werden, was bei Wellershoff in der berühmten Formel: "Der moderne Mensch lebt nicht, sondern wird gelebt"[5] Ausdruck findet.

In Anlehnung an Herbert Marcuse geht Wellershoff davon aus, daß die hochindustrielle Gesellschaft auf der strikten Trennung von Lust und Leistung beruht. Die Idee der 'inneren Freiheit', die den privaten Raum bezeichnet, worin der Mensch 'er selbst' werden und bleiben kann, wird heute durch die technologische Wirklichkeit angegriffen und beschnitten. "Massenproduktion und -distribution beanspruchen das ganze Individuum".[6] Das Ergebnis ist eine unmittelbare Identifikation des Individuums mit seiner Gesellschaft und dadurch mit der Gesellschaft als einem Ganzen.

Gunther Runkel versucht ebenfalls, indem er von einer patriarchalischen Gesellschaft schreibt, das verstrickte Verhältnis zwischen Individuum und Gesellschaft aufzugreifen und weist darauf hin, daß das Leistungsprinzip ständig die Unterdrückung des Lustprinzips erheischt. Die Frau wird bei Runkel vom außerfamiliären Leistungsbereich abgeschnitten und auf den innerfamiliären Lustbereich, mit der Anforderung dem Manne Lust zu bereiten, verwiesen. Der Mann hat nur zwei Möglichkeiten, seine männliche Herrschaft zu verteidigen: Entweder die Frau unmittelbar unter das Leistungsprinzip zu beugen und sie zum 'Arbeitstier' zu degradieren oder sie indirekt diesem dienstbar zu machen und sie als 'Geschlechtstier' zu benutzen; wozu auch gehört, sie bei Bedarf als Heilige und Ruhepol abstrakt zu erhöhen.[7]

In der christlichen Ideologie wird die Frau einerseits zum Objekt der Lust und ewigen Bedrohung verdinglicht und anderenseits im Marienkult idealisiert. Im Bild der konservativen Christen wird sie zu einer Dirne und Hexe und auch zu deren Gegenteil, der Jungfrau, stilisiert. Nach der Vorstellung von Sprenger und Institoris sind Frauen für Hexerei anfälliger, weil sie weniger Glauben haben, was beide aus der Etymologie des Wortes 'femina' ableiten wollen. "Femina nämlich kommt von 'fe' und 'minus' (fe = fides, Glaube; minus = weniger; also femina = die weniger Glauben hat)".[8] Zur Hexerei treibt sie die fleischlicher Begierde, die bei den Frauen unersättlich ist. Deshalb freunden sie sich mit den Dämonen an, um ihre Begierden zu stillen. Sowohl die Verdinglichung der Frau als Dirne, als auch die Entstofflichung der Frau als Jungfrau, sind infantile Lösungen, wenn man diese Frage abstrakt und außerhalb des sozialen Kontextes

---

[5] Dieter Wellershoff, op. cit., S. 35
[6] Herbert Marcuse, Der eindimensionale Mensch, Neuwied und Berlin 1967, S. 30
[7] Gunther Runkel, Trieb und Funktion, Hamburg 1974, S. 109
[8] zit. nach Gunther Runkel, Trieb und Funktion, Hamburg 1974, S. 109

betrachtet, was der Schriftsteller und Psychologe Wellershoff in seinem Werk sichtbar vermieden hat.

Wellershoff beruft sich auf Sigmund Freud, und seine Behauptungen laufen auf die Negation der herrschenden gesamtgesellschaftlichen Institutionen und Interessen hinaus, die der Verwirklichung der individuellen Freiheit des Menschen im Wege stehen. Die Natur unserer Triebe ist im voraus festgelegt; sie ist konservativ und ein blinder Drang unseres Organismus, den Zustand totaler Befriedigung wiederherzustellen, den jeder Mensch in der vorgeburtlichen und auch noch in der frühkindlichen Vereinigung mit der Mutter erlebt hat. "Gegen diese Erinnerung, gegen das Lustprinzip der frühen unbewußten Seelenschicht muß das werdende Individuum gezwungen werden, sich seiner Umwelt anzupassen, d. h., immer mehr Triebenergie zu hemmen und auf kulturelle Ersatzziele zu richten".[9]

Einen untilgbaren Widerspruch zwischen dem ursprünglich grenzenlosen Lustverlangen des Individuums und der Gesellschaft zeigen die dämonische Sirene und ihre Komplementärfigur, ihr asexuelles Gegenstück Brita, in der Novelle "Die Sirene". Die beiden Denkkonfigurationen sind keine selbständigen Figuren. Sie sind lediglich eine Projektion von Elsheimer. Die Anwesenheit der beiden Frauen im Bewußtsein des Mannes versinnbildlicht die Trennung seiner psychischen Innen- und sozialen Außenwelt. Der Wissenschaftler Elsheimer schreibt in seiner Arbeit über die Grenzen des Ichs und versucht darzulegen, "wie sie durch die Sprache gesetzt und verteidigt werden".[10] Sätze wie etwa: "Meine Hand berührt deine Schulter", "Ich drücke deine Hand", "Sie tritt in mein Zimmer"[11] schaffen Abgrenzungen und Unterscheidungen, durch die die wechselseitigen Beziehungen erst klar umrissen werden. Die Grenzen werden hier durch die Possesivpronomen 'meine Hand', 'deine Hand' oder 'mein Zimmer' gesetzt. Der psychoanalytisch argumentierende Essayist Wellershoff verweist darauf, daß diese feste Realitätsverbindung gelockert werden kann, wenn sich z.B. im Zustand des Halbschlafs die tabuisierten Gefühle und verdrängten Wünsche melden, wenn das Ich im schlafähnlichen Zustand die Impulse des Unbewußten nicht mehr kontrolliern kann. Dann erfolgt der Einbruch des Irrationalen in die Vernunftwelt. Elsheimer, der die Begrenzung des Ichs wissenschaftlich abhandeln will, erlebt am eigenen Leib eine Grenzüberschreitung, einen Ich-Verfall, der ihn seiner bürgerlichen Umgebung, seiner Frau Brita, seiner Familie entzieht. Er verfällt zunehmend dem Gesang der Sirene, deren Stimme im Telefon immer erotischere, schließlich obszöne Formen annimmt.

---

[9] Dieter Wellershoff, Literatur und Lustprinzip, Köln 1973, S. 14 f
[10] Dieter Wellershoff, Die Sirene, Köln 1980, S. 34
[11] ebda

Sieht man wie der frühe Marx die erotische Sphäre, den Bereich intimster menschlicher Interaktion als paradigmatisch für die Gesamtheit zwischenmenschlicher Beziehungen, so erscheint das Verhältnis des Protagonisten Elsheimer zu seiner erotischen 'Partnerin' Sirene als Metapher der Inauthentizität der Existenz eines Menschen, dessen alter ego zum fremden und austauschbaren Objekt degradiert wurde. Elsheimer bleibt mit einem Teil seines Wesens potentieller Feind der Gesellschaft, denn diese beharrt darauf, die Antriebe jedes Menschen in sozial nützliche und erlaubte Bahnen zu lenken. Seine Existenz hat den Charakter eines Doppellebens. Sein gewohntes Leben versandet in einem fremden Raum, in dem allein stereotypisierte und entindividualisierte Verhaltensformen und Funktionen verlangt werden. Sie erzeugen notgedrungen ein falsches Selbstverständnis, wenn der jedem Menschen innewohnende Drang nach Selbstaktualisierung, Selbstverwirklichung und freier Expression mit den Werten und Forderungen der Umwelt in Konflikt gerät und dann unter ihrem Druck oder dem ihrer verinnerlichten Normen, verleugnet und falsch kanalisiert wird.

Elsheimer blendet mit diesem falschen Selbstbild und ist die Personifikation einer Lebenslüge. Die Kehrseite dieser falschen Tugendhaftigkeit ist Ressentiment und Depression. In Sirene sucht Elsheimer im Grunde nichts anderes als erotische Phantasiereize und Erregungen, die seine verdrängten Instinkte auszuleben und sein Lebensgefühl zu verschönern versprechen. Dies wird in den heraufkommenden Bildern deutlich, die Elsheimers Verhältnis zur Welt, seine Ängste, Wünsche und seine Begierden zum Ausdruck bringen. "'Sirene' "war eine Stimme, die aus seiner Leere kam [...] Das Meer, die Grenzenlosigkeit, die Leere des winterlichen Strandes, die Nacht in einem fremden Zimmer dort an der Küste waren in seinem wortlosen, gedankenfernen Gefühl mit ihr verschmolzen."[12]

Sirene wird zum reinen Objekt der Befriedigung von Elsheimers Bedürfnissen; sie ist kein eigenständiges Subjekt, zu dem ein zwischenmenschlicher Kontakt hergestellt wird. Man erkennt leicht, daß kein Gefühl der Zuneigung und keine Kommunikation mit Sirene erlaubt wird. Sie wird auf ihre stereotypisierte Funktion als Lustobjekt reduziert und als Gegenstand zwischen Gegenständen empfunden.

Freuds Vorstellung über den institutionell respektierten Teil der Weiblichkeit einerseits und den sinnlich begehrten andererseits findet ihre Illustration in Wellershoffs Frauenfiguren deutlich genug. Die asexuelle, respektierte Mutter Brita wird von der sexuellen Sinnlichkeit der Sirena getrennt. Wellershoffs Werke überspannt das Gemeinsame im Verhältnis von Männer zu Frauen. Sie begehren allein die Weiber, die sie verachten, die Prostituierten, was mit Freuds

---

[12] ebda, S. 110

Lehre im Einklang zu stehen scheint. In dem Roman "Der Sieger nimmt alles" lesen wir: "Wir sind kein Liebespaar mehr. Aber wir halten zusammen, wir verstehen uns. Das ist viel wichtiger. Das brauche ich jetzt, wo im Geschäft so viel auf dem Spiel steht."[13] An anderer Stelle findet sich eine ganz ähnliche Bemerkung. "Es war verdammt schwierig, wenn Sexualität und Geschäft so eng miteinander verknüpft waren wie in seiner Ehe. Er haßte die vertrackte Logik, die ihm die Freiheit nahm: Elisabeth wollte geliebt werden, um sich nicht mißbraucht zu fühlen, und er mußte sie lieben, weil er sie brauchte".[14] Ohne Zweifel handelt es sich in dem Roman "Der Sieger nimmt alles" um die Verdinglichung der menschlichen Verhältnisse. In seiner Ehe findet Ulrich das sexuelle Glück nicht mehr; es macht sich aber in der Verdoppelung der Dirnenfigur kenntlich. Er kann Katrin und ihre Schwester nicht auseinanderhalten; die beiden, und nicht die Ehefrau Elisabeth, vermögen ihn erotisch stark zu stimmulieren. Manifest an diesem Beispiel ist die Austauschbarkeit der Beziehungen, wo die Frau ihres individuellen und wirklichen Lebens beraubt und zum Spielball des Mannes wird, sei es im erotischen, sei es im gesellschaftlichen Sinne.

Persönlich akzentuierte Liebe und verstehender Kontakt sind in Wellershoffs Universum inexistent. Das institutionalisierte staatliche Gemeinschaftsleben in der Familie ist für Elsheimer ohnehin eine abstrakte und leblose Fiktion. Sein Verhältnis zu seiner Frau Brita ist hinreichend klar geworden und entspricht der Gesamtheit zwischenmenschlicher Beziehungen, die der englische Psychiater D. Laing in bezug auf die moderne Kommunikation als zerrütet durchschaut. "[...] Und einer der teuflischen Kreise unserer interpersonalen Entfremdung heutzutage ist der zweier entfremdeter Leben, zweier selbstverewigter Einsamkeiten, Nichtigkeiten, die sich von der Nichtigkeit des anderen nährt, unentwirrbare, unbefristete Verwirrung, tragisch und komisch der immer fruchtbare Boden endloser Gegenbeschuldigungen und Trostlosigkeit".[15] So erscheint es denn auch selbstverständlich, daß Elsheimer immer anfälliger für die Versuchung wird und sich den erotischen Einflüsterungen Sirenes ergibt und ausliefert. Damit war das Versprechen einer anderen Einheit verbunden: "Komm, sagte die Stimme, sei einig mit mir, ich verstehe alles, ich weiß alles, höre nur noch auf mich".[16]

Dem Außen eines wesenlosen, entfremdeten Berufs- und Gesell-schaftslebens steht nicht mehr, wie noch im bürgerlichen Roman des problematischen

---

[13] Dieter Wellershoff, Der Sieger nimmt alles, Köln 1980, S. 34
[14] ebda, S. 225
[15] zit. nach Dieter Wellershoff, Die Auflösung des Kunstbegriffs, Frankfurt/Main 1976, S. 108
[16] Dieter Wellershoff, Die Sirene, S. 168

Individuums, ein wesenhaftes, menschlich reiches Innen gegenüber. Daß das Individuum in seiner privaten Sphäre, in seinen Beziehungen zu seinem Liebespartner, seiner Familie, seinen Freunden, menschlich bleiben könne, gerade dies wird in Wellershoffs Büchern als Illusion denunziert. Die 'privaten' Beziehungen der Helden weisen eine total verdinglichte Struktur auf, die derjenigen zwischen den Mitgliedern einer marktwirtschaftlich organisierten Gesellschaft im ökonomischen und zunehmend auch im privaten Bereich entspricht: Kontaktlosigkeit, Reduzierung des Anderen zum austauschbaren Objekt, zum Mittel zur Erreichung egoistischer Zwecke, Nichtexistenz moralischer Kategorien.

Dem sorgfältigen Leser wird aufgefallen sein, daß Wellershoff auf zwei Grenzen verweist, die unsere Entwicklung abstecken. Es sind die Un- und Überangepaßtheit - beides Formen, den unerträglichen Angstzustand vor dem Tode zu bewältigen. Der Überangepaßte wagt nicht, er selbst zu sein und sich von der Gesellschaft zu unterscheiden, weil er seine Trennungsangst seit dem Moment der Geburt nicht überwunden hat. In der zwanghaften Identität mit dem großen Kollektivsubjekt versucht er, die angstmachende Erfahrung des Selbstseins zu vermeiden. Er verzichtet auf sein personales Werden aus Angst vor Isolation, die in ihm frühe Todesschrecken aktualisieren würde. Die Verbindung zu Brita läßt sich laut dieser Deutung als Elsheimers Anpassung, sein festes Gebundensein an die gesellschaftlichen Normexistenzen nachvollziehen. Diesen Weg begleitet ein Ich-Schwund.

Die Kehrseite der selbstvergessenen Anpassung ist Unangepaßtheit, die sich möglicherweise im Eros manifestiert. Sowohl Elsheimer als auch der Protagonist der Erzählung "Doppelt belichtetes Seestück" entwickeln die Theorie, daß das praktische Leben der Bereich der Not sei, was Anpassung bedeutete oder Einsicht in das Notwendige, wie man es gelernt hatte und von anderen erwartete, und daß es daneben Träume und Phantasien gibt, in denen die bisher durch starre Zwänge verdeckten Triebimpulse im erotischen Bereich aufgedeckt und eingestanden werden. Beides sind Versuche, den Tod zu vermeiden, den körperlichen und den seelischen, so daß sich das Leben als Spiel zweierlei Prinzipien, Un- und Überangepaßtheit, Eros und Tod, zeigen kann. Sollte Sirene das erotische Prinzip der Unangepaßtheit weitgehend versinnbildlichen, so kann sich Brita als ihr extremer Gegensatz, als die Vergesellschaftung des persönlichen Lebens äußern. Brita, obwohl sie im Roman als undeutlicher, flüchtig umrissener Romanschatten auftaucht, ist ein asexuelles Gegenstück der dämonischen Sirene.

In der Tat stehen die beiden Figuren, Sirene und Brita das Modell für die Trennung von psychischer Innenwelt und sozialer Außenwelt. Elsheimers grenzenloses Lustverlangen bezieht sein energetisches Potential aus der Unterdrückung der unmittelbaren Triebwünsche durch die Gesellschaft. Was nicht alltägliches Leben werden kann, steigert sich zum utopischen Leuchten eines

Ausnahmezustandes, der nun als das einzig wahre Leben erscheint. Aber diese Faszination wird zugleich als Bedrohung erlebt. Wenn man ihr folgt, gibt man die Sicherheit auf, mit der das konforme vernünftige Verhalten von der Gesellschaft belohnt wird. Etwas Destruktives scheint in dem Luststreben zu liegen. Es ist ein Protest gegen alle Bedingtheit und Begrenzungen des Ichs, gegen den Tod. Das Realitätsprinzip dagegen gilt als ein System der kollektiven Lebenserhaltung und verlangt von jedem einzelnen Lustverzicht und Arbeit. Aus diesem Spannungsverhältnis zwischen Lust und Arbeit konstituiert sich eine Person, die zwischen den Vorteilen der sozialen Anpassung und der destruktiven unvernünftigen Triebenergie wählen muß. Der Mensch wird hier der Gefahr ausgesetzt, die ständig im Betrug verankert ist. Denn: Um das Leben zu erhalten, hat man auf die volle Erfahrung des Lebens verzichten müssen. Das Leben wird im Rahmen eines gegen den Tod errichteten kulturellen Abwehrsystems erfaßt, mit dem sich Elsheimer endgültig versöhnt und den Gesang der Sirene als böse, verworfene, fremdartige und gefährliche Stimme vermeidet.

Elsheimers Rückkehr in die gewohnte Welt ist eine Illustration einer Lebensauffassung, deren Sinn einzig in der vernünftigen Selbstbehauptung gegen den Mythos der leidenschaftlichen Liebe liegt. So könnte man annehmen, daß für Wellershoff der Gesang der Sirenen Ausdruck eines falschen Erlösungsversprechens wäre. Die katastrophale Welt darf nicht im Gesang verklärt werden. Als das Telefon erneut klingelte, schloß er das Gespräch mit einer Mißstimmung ab: "Hör zu", sagte er, "ich habe es satt. Ich will nicht mehr, daß du anrufst".[17] Für Elsheimer beginnt "das endliche Erwachsenwerden [...], die Vernunft?"[18] Hier vollzieht sich ein Reifeprozeß, der in der Einschränkung des Lustprinzips zugunsten des Realitätsprinzips verankert ist. Er weiß, daß seine Heimkehr in die Zivilisation elementar von der in der Sirene dargestellten Sexualität bedroht wird. Die Frau als Sirene ist bei Wellershoff aus der Realität ausgebürgert. Das Glück, das sie versprach, hätte die Autonomie des Mannes zerstört. Elsheimer brauchte ein Gefühl von Zusammenhang. "Er fühlte sich versucht aufzuzählen, was alles zu ihm gehörte, die Menschen, die mit ihm lebten, diese [...] Versuchung war sein Feind".[19] Er sah ein, daß "sein gewohntes Leben versandete" und "je mehr er sich ihr überließ, um so rascher und unaufhaltsamer"[20] alles andere seinen Sinn verlor.

Dieses Doppelleben flößt ihm die Angst ein, daß die unangepaßten erotischen Impulse einen dunklen exterritorialen Persönlichkeitsbereich bilden könn-

---

[17] ebda, S. 212
[18] ebda, S. 213 f
[19] ebda, S. 144
[20] ebda, S. 153

ten, der weiter wirksam bleibt. Sie könnten sich im Traum ankündigen oder wieder ins Bewußtsein als falsche, konforme Charaktermasken, sei es als moralischer Biedermann, sei es als musterhafte Mutter und Hausfrau eindringen. Das gesamte Erzählwerk Wellershoffs bestimmt die Polarität des Frauenbildes, das im Gegensatz zwischen dem weiblichen Sozialcharakter und dem dämonischen Geschlechtswesen Frau kenntlich gemacht wird, so wie es in der Erzählung "Der schöne Mann" der Fall ist. Barbara wird konzipiert als starkes erotisches Stimulans, zum reinen Triebobjekt degradiert. Sie hatte vorübergehend viele Männer. Alle hatten sie im Stich gelassen. "Der letzte dieser durchreisenden Besucher, ein bärtiger Literaturdozent, [...] hatte gleich damit begonnen, ihr zu erklären, daß er seine Frau und seine Kinder liebe und niemals verlassen würde. Dann aber hatte er von ihr erwartet, daß sie es vorübergehend vergaß".[21] Die ständige Rückkehr der Männer in die Normalität des Alltags bezeugt deren Eintritt in die Ordnung des vernünftigen Lebens. Hier kommt zum Ausdruck, was Marianne Schuller in ihrem Aufsatz "Die Nachtseite der Humanwissenschaften"[22] beweisen wollte. Ihre These vom engen Zusammenhang zwischen kultureller Produktion und Weiblichkeit weist eine auffällige Ähnlichkeit mit Wellershoffs Werken auf. Die beiden Autoren scheinen zu dem Standpunkt gelangt zu sein, daß die Voraussetzung kultureller Produktion das männliche Vergessen und das Tötungsgebot sind. Solange der Schriftsteller bestrebt ist, ein Werk zu schaffen, muß er das Bewußtlose, Triebhafte, Verdrängte, das mit der Chiffre Weiblichkeit versehen wird, vergessen, so wie Elsheimer es tut, für den sich die Sirene als Frau in den inneren Feind seiner männlichen Vernunftordnung verwandelt hat. Um erwachsen zu werden und in den Prozeß der schöpferischen Arbeit einzutauchen, kann man nicht umhin, die erotischen Triebregungen zu entschärfen oder sich gar von ihnen ganz zu befreien. Dieser Weg scheint für Wellershoff wünschenswert zu sein, sobald er den Tod der Sirene notwendig findet. Erst die Überwindung des Weiblichen ermöglicht den Anteil am kulturellen Prozeß.

Man muß auch erkennen, daß Wellershoff nicht beansprucht, den Menschen aus dem Naturzusammenhang herauszulösen, sondern die Abtötung der wilden Natur fordert, damit das Chaos weiblicher Sexualität in die Ordnung des Ehelebens kommen kann. Wenn Jochen Hoffmann die Erkenntnismöglichkeiten

---

[21] Dieter Wellershoff, Der schöne Mann, in: D.W.: Die Körper und die Träume, Köln 1986, S. 68-120, hier S. 80
[22] Marianne Schuller, Die Nachtseite der Humanwissenschaften. Einige Aspekte zum Verhältnis von Frauen und Literaturwissenschaft, in: hrsg. von Gabriele Dietze, Die Überwindung der Sprachlosigkeit. Texte aus der neuen Frauenbewegung, Darmstadt und Neuwied 1979, S. 31 ff

des modernen Menschen als "enterotisiert"[23] abtut und ganze Landschaften lustvoller Erlebnisse auf sexuelle (genitale) Erfahrung und Befriedigung reduziert, so scheint z.b. der Roman "Die Schattengrenze" eine Illustration dieser Auffassung zu sein. In den einzelnen sexuellen Szenen entfesseln die Hauptfiguren ihre unbeherrschte Natur und geraten in ein konfuses Gewimmel, in dem sie einerseits Genuß erreichen, aber sich andererseits als vernünftige Subjekte im gegenseitigen sündhaften Begehren auflösen.

In dem Buch "Glücksucher" wiederholt Wellershoff wieder seine Überzeugung, daß man gegen den Tod nur ankämpfen kann, wenn man "seinem Leben, eine Form, eine Ordnung gibt, wenn schon keinen Sinn".[24]

In der Leidenschaft dagegen scheint etwas Destruktives zu stecken. "Sie ist ein Protest gegen alle Bedingtheiten und Begrenzungen des Ichs, gegen den Tod, die Trennung, die Vernunft des Verzichts, der zu einem rasenden und unmöglichen Ausbruchsversuch aus der Zeit und in letzter Konsequenz in die Irrealität des Todes führt".[25] In den zahlreichen Entkleidungsszenen im gesamten Prosawerk vollzieht sich jene 'Entgrenzung', die Wellershoff als Ich-Verlust und Regression der Lüste abwertet, deren noch unsichtbarer Fluchtpunkt der Tod ist.

Das erzählerische Spannungsfeld scheint bei Wellershoff zwischen zwei Antipoden zu pendeln. Erstens: der Mensch wird als Vernunftwesen, zweitens als Triebwesen aufgefaßt. Im Zusammenhang mit dieser klassischen, der metaphysischen Tradition entstammenden Definition des Menschen bedenkt auch Jochen Hennigfeld, wie im Menschen beide Prinzipien zusammensein und sogar einwirken können. Eine dualistische Konzeption bedroht die Einheit des Menschen. Diesen Dualismus will Wellershoff bekämpfen, indem er sich auf Nietzsche beruft und eine schwierige Synthese verlangt. "Das Individuum muß selbstständig und verantwortlich werden, es muß autonom und sozial handeln, und damit das möglich wird, müssen seine eigenen Lebensimpulse mit den Forderungen der Gesellschaft in wechselseitiger Belebung und Formung zu einer lebendigen Einheit verschmelzen".[26] Schließlich geht es darum, daß die 'Sozialisation' ganz in der 'Personalisation' aufgehen und ganz individuell werden muß. Vielleicht, wie es Wellershoff fragt, "kann daraus sogar etwas Neues, Schöpferisches, ein neuer Wert, eine neue Lebensmöglichkeit für die Gesellschaft entstehen".[27]

---

[23] Jochen Hoffmann, Die Erkenntnis des Dritten; zur Konstitution eines neuen Subjektes, Marburg/Lahn 1980, S. 5
[24] Dieter Wellershoff, Glücksucher, Köln 1979, S. 133
[25] Dieter Wellershoff, Literatur und Lustprinzip, S. 14
[26] Dieter Wellershoff, Erkenntnisglück und Egotrip. Über die Erfahrung des Schreibens, in: D. W.: Das Verschwinden im Bild, Köln 1980, S. 187-235, hier S. 190
[27] ebda

MAŁGORZATA POŁROLA

ZIEHT DAS EWIG-WEIBLICHE [NOCH] HINAN? - ZWEI PORTRÄTS UNEROTISCHER KÖRPERLICHKEIT: ARNO SCHMIDT UND GISELA ELSNER.

> "Das war ja eine Behauptung schon der Kirchenväter, daß der Oberleib des Menschen Gott verfertigt habe, Satan die untere Hälfte; / Also Satan... eine kleine Libation bringen"
> (A. Schmidt, Die Gelehrtenrepublik)

Die Sprache der Gefühle braucht keine Worte - sie besteht aus dem Ätherischen: geheimen Zeichen, Düften, der Aura des Zaubers, unsichtbaren Regungen des Herzens, flüchtigen Glücksmomenten, dem Rausch der Sinne; all das ergibt einen seltsamen Code, eine in jedem Fall individuelle Chiffre, die dennoch bei allen Menschen etwas Gemeinsames aufweist. Wie kann man nun darüber in Worten schreiben, die dazu nie ausreichend sind? Die nicht-verbalen Künste, wie etwa Tanz oder Musik, scheinen dazu viel besser geeignet zu sein als Literatur. Trotzdem ist die dichterische Auseinandersetzung mit dem Eros fast so alt wie die Menschheitskultur. Aus den Binsenweisheiten taucht das Wesen des Erotischen auf, jener intimen Sphäre des menschlichen Lebens, die - wie keine andere - von Spannungen und Widersprüchen lebt, den Menschen einmal zu Gott, einmal zum Dämon macht. Als kosmogonische Urkraft hat der Eros nicht nur eine geordnete Welt aus dem Chaos entstehen lassen, sondern er stellt jene universelle Macht dar, welche die Weltordnung immer wieder neu aufbaut. In diesem zeitlosen Mysterium seien sowohl das Göttliche wie das Teuflische am Werk: "Die Engel, die nennen es Himmelsfreud' / die Teufel, die nennen es Höllenleid, / die Menschen, die nennen es - Liebe" / - schrieb Heinrich Heine im "Buch der Lieder". Von Anbeginn der Menschheitsgeschichte findet das Erotische im sokratischen Sinne als "Hingabe an die Ausformung der Seele und des Geistes", "sittliche und geistige Förderung" und (nach Platon) als "Streben und Liebe zur Erkenntnis der Idee des Schönen", "Verlangen nach Zeugung im Schönen" (Symposion)[1] Eingang in Literatur und Kunst und erweist sich als ihr ungewöhnlich fruchtbarer Nährboden.

Definiert man die Erotik vom biologisch-medizinischen Standpunkt aus als "Liebe von stark ausgeprägter sexueller Grundlage, Sinnlichkeit" und die erotische Liebe als jenen Zustand psychisch-körperlichen Empfindens, in dem "die

---

[1] Vgl. Lexikon der Antike, hrsg. von Johannes Irmscher und Renate Johne, Leipzig 1984, S. 159

Intensität der sexuellen und emotionellen Elemente gleich"[2] sei, so kommt man auf die Etymologie des Wortes "Liebe" zurück. Im Griechischen kann das Wort sowohl "Krankheit" als auch "Irrsinn" bedeuten. In seinen "Beiträgen zur antiken Erotik"[3] bemerkt Prof. Hans Licht zum ersteren Aspekt, der sinnlich-erotische Trieb beruhe auf einer "Störung des gesunden Gleichgewichts des Körpers und der Seele", d. h. die Seele verliere ihre "Herrschaft über den Körper unter dem Zwange des erotischen Verlangens". Dagegen wird in einer (vorübergehenden) Trübung der Verstandestätigkeit, in einem durch das erotische Begehren bewirkten "Rauschzustand" eine enge Verwandschaft mit dem Irrsinn entdeckt. Demnächst sollen diese beiden Komponenten ebenfalls der Erotik in der Literatur innewohnen. Ist es denn auch so? Wie wurden Liebe und Eros seit Sappho und Ovid, von den Nachfolgern der alten Griechen, den "vielleicht größten Erotikern aller Zeiten",[4] erlebt und besungen? Ein Exkurs im Telegrammstil soll auf den Variantenreichtum der Akzentsetzung und die Verschiebung der Zeitoptik aufmerksam machen.[5]

Die mit Erotik durchtränkte griechische Mythologie prägt zweifellos in hohem Grade die sexuelle Zwanglosigkeit des Altertums. Das Mittelalter bringt die Entwürdigung des Weiblichen als Sitz einer unreinen, teuflischen Macht mit sich. Erst die höfische Minnedichtung der Troubadoure und der Mythos von Tristan und Isolde kündigen einen allmählichen Umbruch an. Die Renaissance mit ihrer Huldigung der antiken Ideale leitet eine Sittenemanzipation ein. Die Erotik des "Decamerone", die frivolen Produkte der französischen und englischen Literatur, der zotige Humor eines Rabelais, zynische Schilderungen des Lebens der Kurtisanen bei Aretino - dies alles gilt als eine Vorbereitungsstufe für die Literatur des freiheitsliebenden 18. Jahrhunderts, welches "skandalöse" Schriften von Ch. de Laclos und "perverse" von de Sade hervorbringen sollte. Man könnte glauben, daß in Punkto "Liebe + Eros" bis dahin bereits alles Mögliche gesagt worden sei: hier die ätherische Schönheit eines vergötterten Wesens - da vulgäre Bettspiele mit käuflichen Weibern; Lobpreisung des entsagenden Ehelebens neben ausführlichen Beschreibungen des Geschlechtsverkehrs; Satiren über schlampige Frauen und Glorifizierung der homoerotischen Liebe; idyllische Liebesbilder in "unschuldigen" Schäfergedichten neben düsteren Visionen verbrecherischer Perversitäten der Mönche - was blieb da noch zu entdecken übrig?

---

[2] Siehe: Kazimierz Imielinski, Erotyzm, Warszawa 1970, S. 35
[3] Hans Licht, Beiträge zur antiken Erotik, Dresden 1924, S. 16
[4] ebda, S. 16
[5] Vgl. diesbezüglich eine sehr aufschlußreiche Studie von Zdzislaw Wrobel, Erotyzm w literaturze nowozytnej, Lodz 1987. Siehe auch: Roman Szymanski, O milosci - sentencje i zmyslenia, Warszawa 1980

Die Literatur des 19. wie auch des 20. Jahrhunderts bringt im Grunde genommen nur eine - allerdings stark wissenschaftlich fundierte - Durchspielung alter Muster. Für die Romantiker wird die Liebe zu einem Leidensweg (Werther), zu einer beinahe religiösen Entzückung, einem Credo, einem Schwebezustand zwischen Wirklichkeit und Irrealität, schließlich zu einer Vorstufe zur Hölle (E. T. A. Hoffmann). Balzac und Flaubert analysieren das Erotische vor dem sittlich-sozialen Hintergrund als ein Element der "menschlichen Komödie", und das Weibliche erfährt bei ihnen eine Metamorphose in der Vision einer gefrässigen Gottesanbeterin, einer femme fatale. Die Naturalisten schildern mit Vorliebe das Brutale, Atavistisch-Animalische, den biologisch-triebhaften Aspekt der Erotik. Baudelaires giftige Blumen und das Krankhaft-Häßliche, Verlaine's exhibitionistische Beichte, Swinburnes und Sacher-Masochs Perversitäten, die Dämonisierung des Weiblichen bei G. d'Annunzio, satanistische Orgien bei J. Huysmans, der nietzscheanische Kult des Dionysos - die dekadente Literatur stattet das Erotische deutlich mit infernalischen Zügen aus. Die Psychologisierung der Erotik (Freud) scheint schließlich jene Richtlinie geworden zu sein, an die sich die völlig emanzipierte Literatur des 20. Jahrhunderts halten wird.

Diese endgültige "Emanzipation" der Erotik in der modernen Literatur unseres Jahrhunderts, ihre "Psychologisierung" vollzieht sich erst dank der radikalen Befreiung der tabuisierten Sprache zunächst in den Gedichten von G. Apollinaire, den Werken der Surrealisten, den Romanen von D. H. Lawrence (Lady Chatterley), letzten Endes dank der "revolutionierenden" Schilderung des sexuellen Bewußtseins des Menschen bei James Joyce. Die Joyce'sche Methode, mit Hilfe der vulgär-obsessiven Erotik die Mechanismen der menschlichen Bedingtheit zu beschreiben, steht am Anfang der sexuellen Revolution der 50er und 60er Jahre, welche - nach Rollo May[6] - zu einer Trennung der Gefühle von der Vernunft, zur Alienation des Körpers und dessen Herabsetzung zur Rolle der Maschine geführt haben sollte. Die Beseitigung der sexuellen Tabus bedeutet nämlich nicht, daß es den Menschen gelungen ist, das Gefühl innerer Unruhe und die Last der Schuldkomplexe aus ihrem erotischen Leben restlos zu eliminieren.

Erotischer 'Exhibitionismus' - sei es als Manifestation oder Maske vorgetäuschter Männlichkeit und Emanzipation, sei es als Flucht vor der Banalität des Alltags und Verarbeitung gewisser Traumata, sei es endlich als charakteristisches Merkmal der conditio humana von heute - findet auch in der neueren deutschsprachigen Literatur seine Anhänger (oder sogar 'Apostel'), auch (oder gerade) unter renommierten Schriftstellern.

---

[6] Vgl. Rollo May, Milosc i wola, Warszawa 1978

Einer solcher Autoren ist Arno Schmidt, von manchen Kritikern und Kennern seines Werkes als der deutsche James Joyce[7] oder der "noch schlimmere" H. Miller[8] bezeichnet, aber auch verschrien als Pornograph[9], Genitologe[10], Satyr aus dem deutschen Flachland[11], Dichter des "hormonalen Irrseins"[12], literarischer Clown[13] und Kabarettist[14], unappetitlicher und primitivster Sinnengenießer[15], lüsterner Darsteller von "Unterwäsche und Verwandtem"[16] - um nur besonders markante Epitheta zu erwähnen. Hilde Rubinstein, eine der wenigen Frauen, die Schmidts Literatur erforschen, bemerkte sehr boshaft: "[...] wenn die Menschen so viel Zeit und Kraft dem Sexus widmeten, wie Arno Schmidt es schriftstellerisch tut, fiele Krieg wahrhaftig weg!"[17]. Wäre man geneigt, alle Texte von Schmidt in diesem Sinne einseitig zu interpretieren, so müßte man schon seinen berühmten programmatischen Satz: "Jeder Schriftsteller sollte die Nessel Wirklichkeit fest anfassen; und Alles zeigen: die (schwarze) schmierige Wurzel; den (giftgrünen) Natternstengel; die (prahlende) Blume(n)büchse"[18] ebenfalls als Projektion obsessiver Sexualität auslegen. Tatsächlich wird in der literarischen Welt dieses Schriftstellers der Kult des männlichen Genius gefeiert, jenes "Gehirntieres", das sich als ein neuer creator mundi aufspielt. Somit gewinnt die Literatur von Schmidt Bedeutung vor allem als "Manifestiertes Gewissen anthropologischen Typus"[19], als Manifestation der Spaltung des Menschen in 'Kopf und Tier' und als Illustration des Antagonismus zwischen "Gehirn und Genitalien"[20] (Schopenhauer). So entsteht hier eine 'erotische' Konstellation, welche sich aus dem Gegensatz zwischen der "geistigen", intellektuellen, den Sexus

---

[7] Siehe: FAZ 11. April 1969 (anonym); auch Robert Weninger, Arno Schmidts Joyce-Rezeption 1957-1970, Frankfurt/Bern 1982

[8] Vgl. Jürgen Busche, "Abend mit Goldrand" - Alterswerk und Jugendsünde. Arno Schmidt oder: Die ewige Wiederkehr des Schriftstellers, in: FAZ 7. Oktober 1975

[9] Hilde Rubinstein, Zettels Traum (- Deutung), in: Sinn und Form 4 (1983), S. 801

[10] Vgl. Wolfgang Marx, Geni(ta)le Tiefenschau, in: Psychologie heute, Nr. 8, Jg. 9, August 1982

[11] Karl Heinz Bohrer, Satyrspiel im deutschen Flachland, in: Welt der Literatur vom 6. 8. 1964

[12] Korbinian Nemo, Dichtung oder hormonales Irrsein? Zu Arno Schmidts Buch "Das steinerne Herz", in: Weltbühne 12 (1957), Nr. 50, 11. 12. 1975

[13] K. H. Kramberg, Arno Schmidts vertrackte Prosa, in: Süddeutsche Zeitung, 4. März 1961

[14] Vgl. Wilhelm Westecker, Ein Veitstänzer der Sprache. Zu Arno Schmidts Kurzroman "Aus dem Leben eines Fauns", in: Christ und Welt, 24. Sept. 1953

[15] Vgl. ebda

[16] Siehe: Karl Korn, Auf den Abfallhalden der Sprache. Arno Schmidts "Das steinerne Herz", in: FAZ 19. Jan. 1957

[17] Hilde Rubinstein, Zettels Traum (-Deutung), S. 803

[18] Arno Schmidt, Aus dem Leben eines Fauns, Frankfurt/Main 1973, S. 26

[19] Horst Thome, Natur und Geschichte im Frühwerk Arno Schmidts, München 1981, S. 155

[20] Zitiert nach Horst Thome, op.cit. , S. 214

verdrängenden Männerwelt und der lüsternen, dem Sexualtrieb blindlings folgenden Frauenwelt ergibt. Schmidt verarbeitet gewisse Traumata und "macht sie dem Leser bewußt" - es ist das sog. Parzival-Syndrom: "die Erfahrung der vaterlosen Jugend, das Aufwachsen auf einer matriarchalisch strukturierten Insel inmitten einer patriarchalisch geformten Umwelt"[21]. Im Essay "Dya Na Sore" finden wir diesen Gedanken extrem formuliert: "Das beste Weib ist, als Weib betrachtet, ein zu unwichtiger Gegenstand für die Würde eines Mannes. Sein Weg geht an ihr vorüber. Das Weib als Weib: was ist ihr Wesen als Furcht und Weichheit? Sie ist ein schwankend unerträglich Ding, das sich spreizet und ächzet, und durch seine kleinen Schrecknisse mehr Ermüdung als Teilnehmung erregt. Es ist nur ein großes Schauspiel in der Welt: und das ist der Mann!"

Schmidts Männerfiguren sind reife, 40-50jährige Männer - "besessene" Archivare, Bibliothekare, Übersetzer, sonderbare "größenwahnsinnige" Eremiten, die in ihrer "Welt aus Literatur" vollkommen glücklich sind. Die Frauenwelt existiert für sie als eine 'unterentwickelte' biologische Art, die - gelegentlich - als Spiegel ihrer Überlegenheit und Genialität dient, denn - wie Karl Kraus es vortrefflich aphoristisch formuliert hat - 'Die Sinnlichkeit der Frau ist jene Urquelle, in der sich der Intellekt des Mannes stets erneuert'. In diesem Sinne wird hier das Weibliche wahrgenommen und porträtiert. Schmidt zeichnet mit Vorliebe zwei Inkarnationen des Weiblichen: knabenhafte, 'androgyne' Typen mit unterentwickelten Geschlechtsmerkmalen und übertrieben üppige, matronenhaftmonströse "Wallküren". Nur zu diesem ersteren Typ - wenn überhaupt - fühlen sich Schmidts Protagonisten hingezogen, und mit solchen "Halb-Weibern" gehen sie ab und zu 'Liebesabenteuer' ein. Wie sehen diese Frauen aus?: "lang und knochig, Schritte wie ein Mann" (Schulausflug), "rothaarig und leicht sommersprossig: so groß wie ich, gelbgeränderte Brillengläser ritten über dem Irokesenprofil" (ebd.). Folgende Zitate heben andere anatomische Merkmale hervor, auf die jene Männer ihre besondere Aufmerksamkeit lenken:

"Die Eine; 6 Fuß groß; [...] endlose Armstöcke, tiefbraune, knieten vor ihr auf dem Tisch [...] Busen zumindest zur Zeit nicht feststellbar. Bussardig hakte die Nase aus dem Irokesenprofil; der ungefüge, fast lippenlose Mund; randlose Brillengläser ritten vor knallrunden Augen" (SmP).

"Die kleinen, sehr weichen Brüste; die kleine, sehr feste Hand, [...], die Wildkatze, [...] ihr dünnes seladonenes Gesicht schwebte dreieckig [...] vorbei; der biegsame Körperstiel richtete es [...] hin und her [...]; langsame finstere Göttin" (SSp).

---

[21] Lenz Prütting, Die Wissensprobe. (Hermeneutische Probleme im Umgang mit dem Werk Arno Schmidts, in: Jörg Drews (hrsg), Gebirgslandschaft mit Arno Schmidt. Grazer Symposion 1980 (edition text + kritik)

Nur Entstellung und "Maskulinisierung" des Weiblichen erlauben dem Schmidtschen Mann - ausnahmsweise -, die Intellektualität der Frau zu billigen. Eine "Psychoanalytikerin, und mitten in ihrer Doktorarbeit" (KGe), "klare Köpfin", "die Götzin mit der eisernen Hand", die "ma 'ne gute Literatenfrau abgeben" (wird), erweckt das Interesse des Mannes nur deswegen, weil sie sich mit dem Thema beschäftigt "Analerotik [...], muß natürlich 'ne dolle Sache sein". Außerdem: "dieses Gesicht!: breit & rotmarmoriert; [...] der Mund ein brutal klaffender Schnitt von derselben Farbe (da völlig ungeschminkt); [...] Nicht die geringste Andeutung von Busen".

Bei der Beschreibung des zweiten Typus wird die Frau im Zerrbild des "Weiberfleisches" deutlich monströs:

"[...] meine Nachbarin, eine alleinstehende Dame, züchtige Walkürenfigur [...]" (Ins); "die derbe Dicke nickte mit dem ganzen rotmarmorierten Fleisch, und lachte" (Schl); " 'bei mir ist alles Natur', sagte die Walküre, und lehnte sich voller zurück" (Tro); "Nach links lugen: einen Busen hatte Frau Findeisen, mindestens Größe Neun!" (Kak); "Ruth, Vollebüste - Füllebauch" (Was).

Die bei Schmidt auffallend oft variierte "Busenerotik" ("die Brust der Frau ist schöner als der Schoß! - " (Kaff)) legt die Vermutung nahe, daß seine männlichen Figuren in der wiederholten Erfahrung der Präfiguration des Weiblich-Mütterlichen eine Auseinandersetzung mit ihrem präödipalen Komplex vollziehen und eine pubertär-infantile Zurückgebliebenheit verraten.[22]

Genauso manisch-obsessiv empfinden die Männer bei Schmidt ihre Angst und Abscheu vor der Fortpflanzung. Wenn sie schon (was bei diesem Autor selten ist) verheiratet sind, dann "erfreulich-kinderlos" (KiH). Sie glauben, die Kinder "[...] leben in 3/4 Sklaverei. Eltern haben kein Recht: die wollten nur den Koitus und wir waren das Allerunwillkommenste, mit Flüchen begleitet..." (BH). Ihre Angst vor der Zeugung, auf das Weibliche übertragen, äußert sich in der Frigidität mancher Frauen. Indessen heißt es als Argumentation: "Jeder Mann kommt mit einer Frau aus: es muß allerdings die richtige sein. - Und sie muß wissen, daß sie nicht bei jedem Mal ein Kind angehängt bekommt!" (BH). In der Erzählung "Experiment Mensch"[23] wird eine düstere Vision des Weltuntergangs

---

[22] Siehe: Peter Härtling, Er nahm die Brille ab, um mich nicht zu sehen, in: Der Rabe. Magazin für jede Art von Literatur, Nr. 12 (1985), S. 172, schreibt: "In dem Archivar steckte eine bübische Seele; der Schöpfer der auf riesigen Seiten getippten Großbücher war noch nicht am Ende seiner Pubertät". Und weiter (S. 173): "Als ich in seine blauen blinden Augen blickte, dachte ich zum einen an die Augen eines von mir ungeliebten, zu zotigen Späßen neigenden Mitschülers, zum anderen an die des Teiresias, des Homerschen Propheten".

[23] Veröffentlicht in: Wolfgang Weyrauch (hrsg), Alle diese Straßen. Geschichten und Berichte, München 1965, S. 312-315, hier S. 314

infolge der Überbevölkerung entworfen und über die tierische Fortpflanzungslust der Menschheit gehöhnt:

"[...] das war nun das Ergebnis! [...] Hätten sie wenigstens durch legalisierte Abtreibung und Präservative die Erdbevölkerung auf hundert Millionen stationär gehalten; dann wäre genügend Raum gewesen, abendlicher [...] Aber alle 'Staatsmänner', die Waschweiber, hatten dagegen geeifert [...] - ach, es war doch gut, daß Alle weg waren".

Durch diese zynischen Worte bricht die Akzeptanz eines nüchtern kalkulierten, menschenunwürdig gefühllosen Auslebens als eines idealen Modells sexuellen Verhaltens durch, welche in der gnostischen Weltanschauung der Schmidtschen Figuren wurzelt. In dieser durch den Leviathan erschaffenen Welt, der Emanation des Demiurgischen, ist die Verweigerung der Arterhaltung "das einzige Mittel des Menschen, gegen die Herrschaft des Bösen zu rebellieren"[24]. Damit steht der Gnostiker mit seinem sexuellen Libertinismus "jenseits allen positiven Rechts, und jenseits aller bürgerlichen Moral"[25].

Der Körper als materielle Form und Abbild des demiurgischen Schöpfers, die Leiblichkeit also, führt dem Mann stets das Bild der "sich in den Schwanz beißenden Schlange" vor Augen. Deswegen erscheinen bei Schmidt gerade die Frauen mit ihrem Kult des procreatio in unzähligen negativen Metamorphosen als gefrässige, bissige, gefährliche Würge- und Raubtiere, als Verkörperungen des Leviathan. Die ausgewählten Zitate lassen das Bild eines enormen Ungetüms enstehen, ein insekten-vogel-lurchen-ähnliches Unwesen lebendig werden:

"[...] die Augen: zwei Käutzchen" (SSp), "ihr Nasenschnabel hakte fest, [...] ihre Zähne kniffen sehr" (SmP), "ihre Arme [...] zähe Otternglieder" (SmP), "im Spinnweb geflüsterter Worte" (SmP), "die große weiße Wölfin" (Faun), "alte Wildkatze" (SSp), "da ringelten sich ihre Armschlangen schon an meinem Hals" (Tina), "sie kam tappend, auf Pantoffeltierchen [...] und schnaubte erwartungszufrieden; [...] (alligatoren klafften Schenkelkiefer) [...]" (Herz), "vampirig-angeregt" (Cal).

Einen der Höhepunkte erreicht diese negative Inkarnation des Weiblichen in der Beschreibung der Gottesanbeterin als Sinnbild der sexuellen Unersättlichkeit:

"Sie lief, schlenkrig, [...] grillenhaft, meine braune Zikade. Kam in Gottesanbeterin-Stellung auf mich zu, legte mir die scharfen Vorderbeine über die Schultern, und versuchte lange, mich zu verzehren. Mit Händen; mit Zähnen" (SmP).

---

[24] Dietmar Noering, Der "Schwanz-im-Maul". Arno Schmidt und die Gnosis, in: Bergfelder Bote Lfg. 63/Juni 1982, S. 6
[25] ebda

Diese tierischen Verwandlungen der Frauen vollziehen sich nicht nur in der Phantasie der Männer. In "Die Gelehrtenrepublik" erlebt der Held ein sagenhaftes erotisches Abenteuer mit einer Zentaurin. Bei der Beschreibung dieser sodomistischen Beziehung scheut Schmidt nicht davor zurück, sich vor allem über die "sportliche Leistung" des Mannes lustig zu machen:

"Ich gab mir [...] alle Mühe (und doch eine verdammt komische Situation: ich mußte immer die Augen zu machen! [...] Da konnte man sich ein Mädchen einbilden.) [...] wir machten ein Durcheinander aus uns (einmal stand ich fast Kopf!)".

Eine andere von Schmidt bevorzugte Methode, erotische Eindrücke zu fixieren, ist die "Botanisierung" des Frauenkörpers. Bei der Transposition der Landschaft in die Sphäre des Sexuellen ensteht allerdings ebenfalls das Gefühl des Bedroht- oder zumindest des Verlorenseins des Mannes in der weiten Natur. Noch deutlicher als im Falle der Animalisierung zeigt sich hier die Produktivität der pars-pro-toto-Technik:

"Also im weißen Dschungel ihrer Glieder: [...] das Dorngesträuch zweier Hände jetzt über mir [...]" (Tina).

"Im Wassersturz ihrer Hände [...] die breite goldene Wüste ihres Bauches; über die meine Hand karawante [...]" (Herz).

"In den weißen Bergen ihrer Brust [...] Die Tundra ihres Bauches; [...] in den Kürbisgärten ihrer Brust [...]" (Gel).

"Sie benahm sich schon wieder dornsträuchiger [...]" (Was).

Diese Tendenz wird auch anders praktiziert - die Empfindung der Allgegenwart des Weiblichen projizieren die Männer in die Natur und übertragen sie zwangsläufig sogar auf tote Gegenstände:

"[...]: die mondän-dünne Hängetitte des Mondes"(Kaff).

"Wolkenschau (wie Urteil des Paris): eine schlanke Schnelle [...], eine vornehme Dicke mit kurfürstlich gebogenem Popo, und erhabenem Busenfett, wie von den Römern erbaut" (Faun). "Vor dem Schaufenster: - eine schwarze Siebenachtelhose schritt weitgebärdig über Blusenbusen; gelbe magere Handschuhe tasteten lüstern an Mädchenwäsche [...]" (Som).

"Ein Wegweiser stürzte uns hölzern entgegen, breitete kupplerisch drei geschminkte Arme [...]" (SmP).

Die Einmaligkeit der Schmidtschen Erotik beruht zweifellos auf seiner ungewöhnlichen Sprachintensität und -zauberei. Er weiß es, subtile Empfindungen in enorm kondensierten Einzelwörtern wiederzugeben und nicht selten (wenn auch mit ironischer Absicht) stimmungsvoll-romantisch zu wirken:

"Neue Wege der Erotik; in warmem Wasser, die Fingerehe, [...]" (Herz). " 'Ja' - aus geküßtem Flüstermund: wir zehenspitzten aus dem winzigen Flur [...]" (BH).

" 'Gute Nacht: Lisa!'. 'Gu - te - Nacht', sang es fröhlich und müde vom Bett her [...] fein und äolsharfig, zauberflötig, paganinisch [...]" (SSp).

Schmidts berühmte Sprachspiele sind in ihrer einseitigen Doppeldeutigkeit manchmal recht amüsant; man kann sich das Lachen nicht verbeißen, wenn man z. B. folgendes liest:
"Glieder hingen und standen an mir herum" (Herz).
"Sie besah mich, enttäuscht; - aber ich war ja schließlich nicht Herr Kules" (Gel).
"Karpe die Emm jetzt" (Kaff). "Und sie hand-tierte; [...] (Hand-Thier)" (Kaff).
"[...] durchs Brandenburger Tor: und det war vielleicht enge, Mensch, wie bei 'ner Jungfrau: [...] " (Tro).
"Aber ihr hatte der Ausdruck 'huronisch' mißfallen;" (Kaff).

Es gehören zweifellos viel Phantasie und Sinn für Humor dazu, einen Geschlechtsakt z. B. in einem Quasi-Latein zu schildern, ohne dabei einfach vulgär zu sein; wie lustig das Ergebnis geraten kann, wird am folgenden Zitat sichtbar:
"Nunc handum in ruckum fühlebant, nunc sua neglis (Tittia cratzebant, nunc lendos, nun kniqiosque). Auch 'Beinos bauchumque bekiekant': [...]" (Herz).

Allzu oft findet der Autor jedoch Gefallen an "Zotigem", auch wenn es als Sprachspiel verkleidet erscheint, wie hier:
"Rostig und bleiern (und kalt, Anus Dei!" (SmP).
"(Sie) erhob sich, meinen Schaum vorm Bauch" (Tina).
"Wimperntier & Rüsseltier: ich betrachtete uns vorher unten" (Herz).
"Und 'ne Pfeife hatte der Häuptling, wie der Rattenfänger von Hameln" (Gel).
"Sursum cauda" (Was).

Die Spaltung in 'Kopf und Genitalien' als existentielles Trauma der Männer-Figuren bei Arno Schmidt gewinnt in den späteren Werken des Autors immer schärfere Konturen. Die "Poetik des Häßlichen", der Ekel vor dem Organischen, in der Einstellung zum eigenen alternden Körper manifestiert ["In dieser Welt ald zu weerdn iss kain Glück:" (Kaff)] verleihen der Erfahrung des Sexuellen sehr deutlich Züge einer "grotesken Erotik", denn: "der wichtigste Brennpunkt alles menschlichen Thuns und Gebahrens [ist] eine im letzten Grunde lächerliche, unsagbar groteske Sache - am allermeisten komisch ist, daß der Intellekt das alles einsieht und doch immer wieder dem Triebe unterliegt"[26], obwohl "Objekte des höchsten Lustbegehrens gleichzeitig die Ausgangskloake für die

---

[26] Hans Licht, Beiträge zur antiken Erotik, S. 35

flüssigen Abfallstoffe des Körpers"[27] sind. Abscheu und Ekel als Quelle der sexuellen Reize werden zum neurotischen Syndrom. Deswegen wimmelt es in Schmidts Texten von Szenen, in denen mit beinahe masochistischem Genuß das defekte Funktionieren der "südlichen Regionen"[28] studiert wird. Die jedem Menschen "von Jugend an innigst vertrauten Sexual- und Darmentleerungsgebräuche" [29]potenzieren die Empfindung von der Häßlichkeit, der Manifestation des Todes und der Verwesung, die Überzeugung von absoluter Sinnlosigkeit unserer Existenz. ["Naja; der Alltag ist eben das elementarische Daseyn" (Cal)].

Ekel und Ironie kommen sehr stark zum Ausdruck in solchen Feststellungen wie z. B.: "[...] gesegnet sei unsere physikalische Seite, nischt wie Drüsen und traulicher Gestank, Saft und Haare [...]" (BH). "Bei Blumen saugen wir begierig den Duft ihrer Gen=Italien ein: könnten unsre nich auch so riechn [...]" (Kaff).

Mit zunehmendem Alter verwandeln sich Schmidts "geniale" Männer in erotomanische Typen, sentimentale Impotente, "Möchte-gern"-Schwärmer, Gedankenspieler "mit ausgesprochener Schrumpfpotenz, allen Minderwertigkeitskomplexen" (Son): "die Verschlüsse werden undicht, Du magst wollen oder nicht" (KGo), "Männer! (Kaum noch; 2, 3 Mal im Jahr)" (Was). Das Bewußtsein, daß "mit 46 [...] jeglicher Kuß der letzte sein [kann]!" (Kaff) treibt sie auf die späte Suche nach dem Eros - dabei verfallen sie entweder auf Frauen, die diesem Bedürfnis nicht genug Verständnis entgegenbringen ["Du hast keene Seele" (Kaff)] oder sie sind auf die eigenen frigiden Gattinnen angewiesen. Da gründen sie geheime "Männerbünde"[30] und werden verbitterte Voyeure:

"[...] [wir] spähten den fernen Schnitterinnen unter die Röcke" (KiH), "[sahen] der taubstummen Begegenseitigung weiter zu" (Syl), "begattete[n] sie ebensolange mit den Augen" (Kaff).

"Dann begann [...] das Thier, das es nicht gibt - nennen wir's den so genannten kosmokomischen Eros - sich wieder in seine beiden Hauptbestandteile aufzulösen" (Cal).

Mit ihrem Impotenz-Komplex, der jetzt (so wie früher das Weibliche) in Natur und Landschaft projiziert wird: "[...] der Regen faselte flink friseurhaft impotente Geschichten" (SmP), "Der Eiswind kastrierte mich" (Herz); "Sie zog einem Waldchampignon das Präputium zurück [...]" (SSp). "Ein Lichtpenis, schornsteinlang, stieß zuckend der Nacht ins Zottige (knickte dann aber zu früh

---

[27] ebda, S. 26
[28] Wolfgang Marx, Geni(ta)le Tiefenschau, a.a.O.
[29] Korbinian Nemo, Dichtung oder hormonales Irrsein?, a.a.O.
[30] Vgl. Lenz Prütting, Brief an Wolfgang Meurer vom 14. 1. 1981, in: Bargfelder Bote Lfg. 53/Mai 1981, S. 14-15

ab" (Faun)) kommen die Männer nicht zurecht. Um seiner Last (wenn auch nur für kurz) zu entkommen, suchen sie Trost im Alkoholgenuß ["Ihr wißt, ich saufe strategisch...: (Son)] und reagieren die Spannung in zotigen Witzen und bitterer Autoironie ab:

"Wir 'Drüsen=Sklawn' "(Kaff); "Hämorrhoiden?! - Gewiß, sie zieren den Gelehrten; [...]" (Kaff).

"Im Alter handelt sich 's sowieso nur noch um eine Art pornographischen Lachkabinetts" (Schw); man "erledigt den Fall dann grundsätzlich in der Fantasie - " (Som).

Sogar die uralten Liebes-Mythen werden als Beispiele für groteske Erotik paraphrasiert. Der Orpheus von heute, ein Trivialliterat, impotenter Onanist, der eine lesbische Orgie belauscht, wird nicht vom Eros entflammt - der Sexualtrieb und die Macht des Geldes erweisen sich für ihn als Antriebskraft und Grundgesetz des Daseins.[31] Denn "wozu ist (schließlich) der Sänger da, wenn nich um das Uni-sive Perversum mitzustenographieren? Allen zum Anstoß, keinem zur rechten Freude" (Cal).

Fassen wir zusammen: Der Sexualkomplex tritt bei Arno Schmidt sowohl als "Grundthema wie auch als Neurose"[32] auf. Der undurchschnittliche Intellekt seiner literarischen Helden scheint eine besonders intensive Hormonproduktion zu fördern, doch ihr Geist und ihre Seele bleiben vom Eros unberührt. Die Zufriedenheit mit sich selbst und das Ausbleiben einer autokratischen Instanz schließen für sie die Möglichkeit aus, tiefe und dauerhafte emotionale Bindungen mit Frauen eingehen zu können. Es sind entweder kurzfristige Abenteuer, gespielte Ein-paar-Tage-Idyllen, Einsamkeiten in der Ehe oder auch kaltblütig kalkulierte sexuelle "Dienstleistungen" z. B. zwecks Gewinnung wertvoller Bücher:

[" Schlüssel zu einer Bücherkammer und ein strammes weißes Weib: was will man mehr als Mann?!" (Herz)]. Ihre Selbstsicherheit und die Casanova-Mentalität wurzeln in der unbeirrbaren Überzeugung, daß keine Frau ihrem Intellekt und ihrer gern zur Schau getragenen "Männlichkeit" zu widerstehen vermag. Ihre vermeintliche Attraktivität (solange sie nicht impotent werden) bewirkt ebenfalls, daß sie sich kaum anzustrengen brauchen, um eine Frau zu gewinnen. Eine besondere Strategie der Verführung muß nicht entwickelt werden, solange der primitive Trieb der Frau - dieses unersättlich-gefrässigen Tiers - gestillt werden kann. Deswegen gibt es zwischen der Bekanntschaftsschließung

---

[31] Vgl. Jörg Drews, Caliban Casts out Ariel. Zum Verhältnis von Mythos und Psychoanalyse in Arno Schmidts Erzählung "Caliban über Setebos", in: Gebirgslandschaft mit Arno Schmidt, München 1980, S. 138
[32] Wolfgang Proß, Arno Schmidt, S. 71

und dem Geschlechtsverkehr kaum einen Raum für die Erotik. Der Verlust der Frau, jenes austausch- und ersetzbaren anatomischen Details, wird ebenso emotionslos und lakonisch quittiert: "[...] in mir wars still wie in einem Schrank" (BH).

Die Literarisierung des Themas "Erotik" unter dem Motto "coito ergo sum" führte bei Arno Schmidt mit notwendiger Folgerichtigkeit zu jener Art der Verarbeitung von Wirklichkeit, bei der "die Methode viel mehr Aufmerksamkeit verdient als die Inhalte".[33] Das bewußte Beharren des Dichters bei der "unbewußten Abbildung von Leibreizen in der Literatur" (KGe) und die permanente "Erotisierung" der Sprache: "[...] die ganze Sprache ist ja irgendwie sexuell superfoetiert!" (Cal) werden oftmals als die einzige Qualität der Schmidtschen Werke hervorgehoben. Diese Einseitigkeit setzt jedoch den faktischen Wert seiner Literatur zu Unrecht herab. Der Schriftsteller geht zwar an das Thema "Erotik" mit aller Offenheit heran, leistet dabei jedoch so viel, wie vielleicht kein Anderer - er behandelt das Objekt enorm ulkig. Er lacht boshaft über das Menschengeschlecht ["Der Mensch, das 'hurraschreiende' Tier" (Faun)], aber auch gnadenlos über sich selbst. Er "hanswurstelt",[34] aber im großen Stil. Und wenn er manchmal auch exzessiv vulgär wird, dann mit dem Ziel vor Augen, durch den Exzeß "die ordinäre Gemeinheit von Verhaltensschablonen und genormten Empfindens- und Denkreaktionen zu entlarven"[35]. Mit all seiner Exotik der Provinz-Erotik,[36] anatomischer Exaktheit und Phantastik, latent-homoerotischer Ausrichtung und manifester Misogynie, mit seiner bis zur Groteske verzerrten Genital-Symbolik, wirkt Schmidt im Grunde genommen unerotisch, aber auch nicht trivial-vulgär. Alle, die sich über die Literatur des sexuell-besessenen Schmidt mokieren, mögen genauer hinsehen, ob dieses "Lachkabinett", dieses Porträt unerotischer Körperlichkeit nicht geradezu einmalig meisterhaft in der deutschsprachigen Literatur ist - sehr originell und vielleicht doch mit Recht mit Joyce vergleichbar?

Die sexuelle Besessenheit der literarischen Männer-Figuren bei Arno Schmidt wie auch die des Schriftstellers selbst, aber auch ein Überblick über die Geschichte der Erotik in der Literatur im allgemeinen, liefern Beweise dafür, daß - rein quantitativ gesehen - dieses Thema eigentlich eine "männliche" Domäne bleibt. Sogar die Psychologen machen auf den Umstand aufmerksam, daß die Erotik bei den Frauen sich in geringerem Maß als bei den Männern entwickelt

---

[33] ebda, S. 71
[34] Hilde Rubinstein, op.cit. , S. 797
[35] Karl Korn, Auf den Abfallhalden der Sprache..., a.a.O.
[36] Vgl. K. H. Bohrer, Satyrspiel im deutschen Flachland, a.a.O.

hat, obwohl doch gerade bei der Frau der Überfluß an biologischer Energie bedeutend größer ist als bei dem Mann.[37]

Zweifelsohne ergibt sich diese Differenz aus dem patriarchalischen Modell unserer Weltstruktur, der Jahrtausende langen Funktionalisierung der Frau und Reduzierung des Weiblichen auf dessen biologische Rolle. "Auch wenn der Mann Herr des Hauses ist, so soll zu Hause doch allein die Frau herrschen", behauptete noch Marie von Ebner-Eschenbach.

Das Zusammenschrumpfen des Weltalls einer Frau auf den häuslichen Mikrokosmos ist in unserem Jahrhundert längst überwunden worden, sowohl im Selbstbewußtsein der emanzipierten Frauen, im Paradigma des Sozialen als auch im literarischen Schaffen.

Gisela Elsner ist eine der Schriftstellerinnen, welche mit demonstrativer Offenheit ihren Beitrag zur Enttabuisierung des Erotisch-Sexuellen leisten. Ähnlich wie Schmidt wurde auch sie der Pornographie bezichtigt[38] und als Autorin von skandalösen Obszönitäten gebrandmarkt[39]. Das Erotisch-Sexuelle wird bei Elsner ebenfalls (wie bei Schmidt) zum Rang des Programmatischen erhoben, gleichzeitig jedoch viel deutlicher (und eindeutiger als bei Schmidt) zum Werkzeug funktionalisiert, mit dessen Hilfe die Verlogenheit der bürgerlichen Welt demaskiert wird. Die Autorin gewährt uns einen Einblick in das "Gruselkabinett des bürgerlichen Alltags"[40] und entlarvt gnadenlos Verhaltensmuster und Banalitäten, die sich zu "höllischer Bosheit addieren"[41].

Elsners Erzählweise ist konsequent leidenschaftslos-realistisch und monoton, ihre Sprache "kantig, rauh, bewußt unelegant"[42], die Beschreibung der Details ermüdend, die Verschachtelung der Sätze unerträglich. Im Umgang mit den sprachlichen Schemata als Spiegelbild des bürgerlichen Lebens überbietet die Schriftstellerin "männliche Skepsis, männliche Zynismen, männliches Paradieren mit Un- oder Antimoral"[43]. In der Zuwendung zum Sexuellen demonstriert Elsner vor allem, inwieweit die erotische Unsittlichkeit Widerspiegelung der Moral im allgemeinen ist. Diese These illustriert schon ihre erste Erzählung "Der

---

[37] Vgl. Kazimierz Imielinski, Erotyzm, S. 43
[38] Siehe: Norbert Honsza, Edward Bialek, Grupy literackie w RFN i Austrii, Gruppe 47, S. 16, (Wroclaw 1987)
[39] Siehe: Helmut Jaesrich, Der große Haufen, oder die ganz klitzekleinen Super-Riesen, in: Der Monat, 1964, H. 189, Elsner 'Die Riesenzwerge' in: Neue Deutsche Literatur, 13 (1965), H. 2
[40] Jürgen P. Wallmann, Bericht von guten Bürgern, in: Zeitwende 1971, H. 2, S. 193
[41] ebda
[42] ebda
[43] Werner Ross, Die kaltschnäuzigen Mädchen. Zu den neuen Romanen von Gisela Elsner und Gabriele Wohmann, in: Merkur 1971, H. 274, S. 197

Achte"[44]. In ungewöhnlich verzerrter Szenerie wird hier ein Geschlechtsakt geschildert, der sich unter merkwürdigen Umständen vollzieht: "[...]sieben verlotterte Gören binden ihre armen ausgemergelten Eltern aufeinander, um so unter den spähenden Kinderblicken die Zeugung des Achten zu erzwingen"[45]:
"Und während oben der Geist des Vaters seinen Willen kundtat in wüsten Flüchen und Verwünschungen, tat sich unten die Schwäche seines Fleisches kund in zunehmender Stärke".

Die Häßlichkeit dieser arrangierten animalischen Paarung haftet jedoch nicht ihrer Schilderung selbst (dazu ist sie zu sehr naturalistisch-grotesk), sondern der vorangehenden Beschreibung des Tierischen und Scheußlichen "draußen und drinnen", in der 'großen' und der 'kleinen' Welt: auf der Straße decken sich gerade Hunde - die Hundehalter schauen zu und "brechen beide in ein meckerndes Gelächter aus'. In einer abstoßend schmutzigen Küche sitzt ein ungewolltes, wurmbefallenes Kind und beobachtet einen auf dem Fußboden kriechenden, in Glieder zerstückelten Wurm:

"Die Glieder innerhalb der Kette biegen und strecken sich wie die Wurmenden bei der Berührung mit einem Wurmende ... Ebenso verhalten sich die einzelnen rechts und links des Wurmes liegenden, höchstens fingerlangen und dann aus mehreren Gliedern bestehenden, mindestens fingernagellangen und dann meist aus nur einem Glied bestehenden Wurmstücke".

Vor diesem Hintergrund der biologisch-organischen Unappetitlichkeiten vollzieht sich im Finale die "öffentlich" gewordene menschliche Paarung, der nicht nur zugeschaut, sondern auch nachgeholfen wird. Die Welt bei Elsner befindet sich im Stadium der Animalisierung - der Mensch, der mythische Riese, verwandelt sich in einen Zwerg, ein "mechanisch agierende[s] Unwesen aus Tier und Gliederpuppe" mit "gänzlich emanzipierten Triebmechanismen"[46]. Das Recht des Dschungels, "Fraß, Begattung und Herrschaftsterror"[47] bestimmt nach Ansicht der Autorin die Regeln des unmenschlich gewordenen menschlichen Zusammenlebens.

Der "antibürgerliche Affekt"[48] der Prosa von Elsner manifestiert sich u.a. in konsequenter Bekräftigung der These über die Unvereinbarkeit von Liebe und Ehe und dem schonungslosen Anprangern des Ehebundes als "der falsche[n]

---

[44] Erschienen in dem Band, Die Riesenzwerge,
[45] Annemarie Auer, Schein und Widerschein..., S.156
[46] Ernst L. Offermanns, Gisela Elsner, Die Riesenzwerge, in: Neue Deutsche Hefte, Nr. 100/Juli/August 1964, S. 137
[47] ebda, S. 136
[48] Annemerie Auer, Schein und Widerschein..., S. 155

Form von Liebe" und "institutionalisierte[r] Liebesleere".[49] Peter von Matt bemerkt zu dieser unüberbrückbaren Dichotomie folgendes:
"Die Eheschließung ist ein ökonomisches Ereignis, dessen Erfolg und Effizienz von der Liebe bedroht wird; die Liebe hingegen ist ein außerökonomisches Ereignis, das in der ständigen Gefahr schwebt, in den Bereich der harten Wirklichkeit von Geld und Geschäft zu geraten"[50]. Auch bei Elsner spiegelt die Struktur der Ehe die gesamtgesellschaftlichen Machtverhältnisse laut dem Grundsatz: "Gott regiert die Welt, [...] der Papst die Kirche, [...] der Chef die Firma, der Mann das Weib"[51] wider

Die Männer, die 'Herren der Welt', sind bei Elsner "Angestellte in unteren Führungspositionen", die meist "erst durch die Ehe ihre berufliche Stellung erreichen können"[52]. Frauen werden so zu "Statussymbolen ihrer Männer"[53]. Daraus ergeben sich notwendigerweise allerlei Abhängigkeiten. Diese führen besonders in intimen Beziehungen zu Spannungen und Gereiztheiten, weil sich hier die bloße "Pflichterfüllung" wie in keiner anderen Sphäre belastend auswirkt. Das verletzte Ehrgefühl und die Scham, daß man seinen sozialen Aufstieg der Frau zu verdanken hat, werden ihr in aggressiver Geste und Gefühllosigkeit heimgezahlt. Man will in diesem Geschöpf nicht die eigene Schwäche gespiegelt wahrnehmen - deshalb läßt man sie mindestens im ehelichen Schlafzimmer den gebürtigen Respekt vor dem starken Geschlecht spüren. Hier verfügt der 'Herr der Welt' uneingeschränkt über alles, d. h. über den Frauenkörper. Dieser besteht für ihn aus einem kopflosen Rumpf, der kein Recht hat, etwas anderes zu erwarten, als nur "gebraucht" zu werden:

" - mit dem Ruf: 'was soll ich denn sonst wollen mitten in der Nacht', (stürzte er sich auf sie)" (Ber).

Die Lieblosigkeit der "ehelichen Übungen", welche jeglicher Natürlichkeit und Spontaneität beraubt sind, wurzelt in einem vom Ehemann aufgebauten System der Ge- und Verbote; folglich darf die Frau keinen Anspruch darauf erheben, dem Geschlechtsverkehr einen Genuß für sich abgewinnen zu wollen:

"[Er] verlangte, daß ihr, wenn ihm danach zumute war, danach zumute war. Mangelnder Einklang, behauptete er, raube ihm den Ansporn gänzlich."

Die Routine im ehelichen Bett sucht Kompensation außerhalb des Hauses, in den geheimgehaltenen sexuellen Projektionen. Das Verdrängte staut sich zu

---

[49] Peter von Matt, Liebesverrat. Die Treulosen in der Literatur, Carl Hanser Verlag München Wien 1989, S. 71
[50] ebda, S. 67
[51] ebda, S. 73
[52] Michael Töteberg/Wend Kässens, Gisela Elsner, in: H. L. Arnold (hrsg), Kritisches Lexikon der deutschsprachigen Gegenwartsliteratur, Edition Text und Kritik, München, S. 5
[53] ebda

einem 'Verfolgungswahn' und der Mann kommt mit seiner außer Kontrolle geratenen Lust nicht zurecht:

"[Er] litt unter der ständigen Verschiebung seines Trieblebens auf den Abend, nach der Arbeit, nach der Heimfahrt, nach dem Essen, nach dem Beten mit den Kindern" - diese Lust, die ihn [...] am Schreibtisch im Büro zumeist und mitunter vormittags übermannte, die machte ihm trotz aller Abwechslung zu schaffen."

Die Alltäglichkeit und Eindimensionalität der mechanischen Pflichterfüllung, die Forderung des Mannes, daß die Frau jederzeit 'disponibel' zu sein hat, spornt sie dazu an, sich auf ihre eigene Art und Weise für die Demütigungen zu rächen. Sie zweifelt die Männlichkeit des Gatten an, übersieht mit Böswilligkeit seine sexuelle Bereitschaft, sucht Schutz hinter ihren Mutterpflichten oder läßt sich gehen. Wie in einem schiefen Spiegel zeigt Elsner in der Figur einer dicken, von Kindern umringten, kochmüden Ehefrau das Unerotisch-Weibliche und Bürgerlich-Prüde in einem: "[Im Schlafzimmer] fand [Dittchen] seine Frau, mürrisch murmelnd: mach kein Licht - [...] im Bette liegend und so wenig ausgezogen vor, daß es [ihn] nicht verwundert hätte - 'du bindest dir', schrie er, 'ja nicht einmal die Schürze ab' - , hätte sie sich ihm in Hut und Handschuhen hingegeben."

Langeweile und Neugier - die beiden Triebkräfte der Erkenntnis - und der unterschwellige Wunsch, die Lustlosigkeit der häuslichen "Erotik" exzessiv auszulassen, halten die Ehepaare nicht davon ab, gewöhnliche Partys bei Bekannten allmählich in Orgien zu verwandeln, während - allerdings in verdunkelten Räumen - Gruppen-Sex praktiziert wird. Der Rausch über den eigenen Mut, gegen das "Berührungsverbot" verstoßen zu haben, bleibt jedoch durch die Unfähigkeit überschattet, aus der neugewonnenen Freiheit vorbehaltlos Gebrauch zu machen: allzu lange schwankten sie "zwischen Lust und Scham. In ungelenkter Nachahmung aufreizender Bewegungen wirkte Keitels Frau statt kokett und käuflich, altjungferlich trotz ihrer Jugend [...]".

Selbstverständlich kommt bei diesem Blindekuh-Spiel der eigene Ehepartner als mögliche Kontaktperson nicht in Frage:

"Auch während der folgenden Feste haftete, obwohl dies keiner eingestand, dem Gedanken allein an die Paarung mit dem Ehepartner etwas Anrüchiges, wenn nicht Abwegiges an."

Die Frauen, die sich anfänglich "am meisten jedoch schämte[n], geben sich nun viel Mühe, sinnlich und verworfen zu wirken"[54] und fordern ihre Männer zu immer größerer Aktivität heraus. Aber verbotene Früchte schmecken nur, solange sie verboten sind. Einmal gekostet, verlieren sie ihren herrlichen Ge-

---

[54] Jürgen P. Wallmann, Bericht von guten Bürgern, a.a.O., S. 193

schmack: "Während er in seinem Versteck von Lastern träumte, arteten die Feste in zunehmendem Maße ins Hausbackene aus."

Noch wagt niemand laut zu fragen, "[...] wo das enden soll[t]e?" - man müßte sich vor den Anderen schämen, kapitulieren zu wollen. Daher ergeht man sich (wenn auch - zu sehr entkräftigt - nur theoretisch) in Perversitäten, die evtl. noch ausprobiert werden könnten: "Für eine Weile lagen die Keitels in einem regelrechten Wettstreit, da es galt, sich gegenseitig ihre Fortschrittlichkeit zu beweisen. Nebeneinander auf der Bettkante sitzend, sprachen sie allabendlich von den abartigsten Ausschweifungen. Nachsichtig verbesserte [er] die Irrtümer diesbezüglich seiner Frau."

Er, der Mann, weiß ja alles besser. Aber trotz seines besten Willens muß er sich bald geschlagen geben; da ihm die bittere Erkenntnis "immer ist es im Grunde genommen mit jeder gleich" zuteil wurde, kann er nicht umhin, einen Abwehrmechanismus über sich walten zu lassen, welcher sich in Abscheu vor allem Weiblichen manifestiert:

"Die Fügsamkeit der Frau [...], die aus Furcht, irgend etwas falsch zu machen, mit derselben Hingabe Liebkosungen wie Gewalttätigkeiten ertrug [widerte ihn] auf eine Weise an, daß er sie von sich stieß."

Das Bewußtsein um die eigenen 'anerzogenen' Sexualkomplexe wird nun wieder wach und bringt die ehrgeizigen, auf jegliche Vervollkommnung bedachten 'Herren der Schöpfung' auf die Idee, sich in dieser Hinsicht von besserwissenden Fachleuten beraten zu lassen. Mit Hilfe eines Zeitungsinserates gelingt es, ein professionelles Paar für die Spiele zu gewinnen. Als jedoch die Sex-Utensilien aus einem Lieferwagen gepackt werden, "rutscht den biederen Bürgern das Herz in die Hosentasche: sie sind ratlos, sie schämen sich, sie schmeißen das Pärchen raus, und eine gereizte Stimmung liegt fortan über den Beteiligten"[55]. In der geordneten bürgerlichen Welt muß nun immer die Gerechtigkeit triumphieren - für jedes Vergehen muß jemand schuldig und verantwortlich gemacht werden: eine Frau wird zum Sündenbock und die Strafe ist hart. Die Bäckerstochter, die "vulgäre Anstifterin" der Orgien, "eine Kleinbürgerin par excellence wird von den anderen diplomierten Kleinbürgern gemeinsam `bestraft'"[56], indem man sie niederträchtig sexuell mißhandelt. Somit wird der Triumph des männlichen Geschlechts nachgewiesen:

"Und während Frau Stief, deren Körper Keitel ohne jegliche Neugier mit dem Stock bestocherte, hohe, unartikulierte Laute ausstoßend, auf eine herausfordernde Weise wehrlos in die Knie ging, mißdeutete Dittchen diese ein-

---

[55] Werner Preuß, Von den "Riesenzwergen" bis zur "Zähmung". Zu Gisela Elsners Prosa und ihren Kritikern, in: Kürbiskern 1985, S. 124
[56] ebda

zig aus Schwäche eingenommene Haltung absichtlich, daß heißt er hieß sie als Pose gut [Hinrich näherte] plötzlich seinen Unterleib den [...] Haaren der Frau Stief, murmelnd: 'Hund hin, Hund her' [...]".
Diese Szene hat eine tiefere Bedeutung - sie demaskiert die Gefährlichkeit der bürgerlichen "Moral auf Abruf". Sobald "das Kompensationsvermögen an einem Punkte überschritten wird", muß ein Opfer für die gestaute Aggression gefunden werden, denn: "moralische Rechtfertigung ist in diesem Zusammenhang die beliebteste, die Verdächtigung des Opfers die gängige Methode"[57]. Dabei wird allerdings übersehen, daß man selbst Opfer dieser Scheinmoral wird: der Mann von Frau Stief überrascht die betrunkenen Ehegatten bei dem perversen Exzeß und verständigt ihre Frauen. Fortan "haben die Männer in ihren Ehen nichts mehr zu lachen", und das akzeptieren sie, "da auch sie die herrschende Moral anerkennen"[58]. Sie billigen - wie vor der Heirat -, daß sie sich den Körper ihrer Gattinnen stückweise kaufen müssen. Jetzt ist die Frau an der Reihe den Mann zu dirigieren, die Bedingungen zu bestimmen und die Anforderungen zu stellen; der Mann ist nur noch Kinderzeuger, Familienernäher und gezähmtes "Haustier":

"Keitels Frau vermochte nur zu denken: und so etwas macht ihm Spaß - und konzentrierte sich dann dermaßen auf die Empfängnis, daß sie, von einem leichten Zusammenzucken einmal abgesehen, [...] in keiner Weise [berührt schien]. 'Was, schon fertig', sagte sie nach dem Frottiertuch greifend, 'fein'."

"Man behandelt mich, sagte er sich, wie ein Tier".

Wie weit kann nun diese "Zähmung" getrieben werden? Inwieweit ist es möglich, die traditionelle Rollenverteilung in der Ehe umzukehren? Auf diese Fragen antwortet Elsner in dem "auf makabre Komik"[59] zugeschnittenen gleichnamigen Roman. Es ist Geschichte einer konsequenten "Domestizierung"[60], "einer langwierigen Entmannung, die schleichend und schmerzlos vonstatten" geht. Die Frau ist eine enorm selbstbewußte, "erschreckend" emanzipierte, untalentierte Journalistin, ein weiblicher Vampir, stets auf der Suche nach neuen Opfern." Er, der Mann, ist ein "Autor mit Anfangserfolgen" und mangelndem Selbstbewußtsein"[61]. In dem raffinierten Machtkampf hat er keine Chance. Die Frau versteht es, bei ihm "Schuldgefühle zu provozieren und seinen Widerstand zu brechen"[62], mag es auch mit noch so niederträchtigen Methoden sein:

---

[57] ebda
[58] Michael Töteberg, Gisela Elsner, a.a.O., S. 5
[59] Gisela Elsner, Die Zähmung, rororo 1984, Umschlagsnotiz
[60] Michael Töteberg, Gisela Elsner, a.a.O., S. 10
[61] ebda
[62] ebda

"Er zweifelte nicht daran, daß es ihr lieber gewesen wäre, wenn ihn nicht der Hunger, sondern eine höhere Einsicht dazu veranlaßt hätte, seine Protestaktion zu beenden."

Allmählich läßt er sich alle häuslichen Pflichten aufbürden und mit dem Bekenntnis, "er hielt es für ein Vorurteil, daß er die Hausarbeit bislang als diskriminierend betrachtet hatte", besiegelt er sein Schicksal. Er bringt es soweit, "daß ihn Reinigungsmittel in letzter Zeit mehr interessierten als weibliche Reize". Sein "Sauberkeitsfimmel" artet schließlich in eine Krankheit aus, der die Umwelt verständnislos entgegensieht:

"Die Nähe ihres nackten Körpers erweckte bei ihm keinerlei Begierden. Selbst wenn er eine Erregung verspürt hätte, hätte er gezögert, den Beischlaf zu vollziehen. Er wollte nämlich die frische, duftende Bettwäsche nicht verunreinigen."

Hatte er am Anfang noch das Gefühl, "weder Fisch noch Fleisch" zu sein, kam er sich "auch ohne Kastration wie ein Eunuch vor", so identifiziert er sich jetzt mit der Rolle einer perfekten Hausfrau ["Wie die meisten Hausfrauen bin ich, weil mich die Hausarbeit vom Geldverdienen abhält, vom Wohlwollen meines Ehepartners abhängig"] so stark, daß er äußerlich weibliche Geschlechtsmerkmale entwickelt: er wird fett und bekommt Brüste. Insgeheim jedoch gibt er zu, er sei "eine geschlechtslose Mißgeburt, [...] die weder zeugen noch gebären" kann. So ist 'der Mensch auf das Tier gekommen' - er ist ein geschlechtsneutrales, hochleistungsfähiges Haustier mit einer Vorliebe für typisch weibliche Beschäftigungen geworden.

Die "Tabubrecherin" Elsner schreibt keine Sex-Romane, obwohl Sex-Situationen in ihrer Prosa entweder mit kalter Schnoddrigkeit oder in grotesker Übersteigerung dargeboten, stets präsent sind. Genauso wie im Falle von Arno Schmidt kann der Begriff "erotisch" in bezug auf ihre Literatur nur mit äußersten Vorbehalten angewandt werden. Ihre "physiologische" Analyse dieses Phänomens gewinnt eine sehr konkrete soziologische Tragweite. Sie entblößt soziale Abhängigkeiten und bürgerliche Hindernisse, welche "jeden halbherzigen Ausbruchsversuch" aus dem gewohnten Ritual in eine "lächerliche Geste verwandeln"[63]. Weder der "häuslich-eheliche" noch der "befreiende" Sex ist bei Elsner fröhlich - der letztere ist lediglich ein Ventil für gestaute Frustrationen[64]. Jeder Versuch der sexuellen 'Emanzipation' bewirkt eine noch "krassere Perversion der ohnehin pervertierten Moral"[65], denn am Ende triumphiert doch immer

---

[63] Michael Töteberg, Gisela Elsner..., a.a.O., S. 5
[64] Jürgen P. Wallmann, Bericht von guten Bürgern, a.a.O., S. 194
[65] Michael Töteberg, Gisela Elsner..., S. 5

die "jahrhundertelang anerzogene Leibfeindlichkeit"[66] - die bürgerlichen Rituale erweisen sich mächtiger als alles andere. Elsner ist eine "schwarze Humoristin des Monströsen"[67] - sie macht dieses Monströse im bürgerlichen Alltag mit Hilfe einer verengten Optik überdeutlich. Sie arbeitet wie ein Soziologe, welcher uns aus der Analyse etlicher addierter Einzelphänomene allgemeine Schlußfolgerungen ziehen läßt. Mit einer derartigen allgemeinen Schlußfolgerung: "Der Kampf im Privaten ist die Fortsetzung des Konkurrenzdenkens außerhalb der Familie"[68] begründet die Schriftstellerin die obsessive Einengung ihrer Erzählperspektive.

Fazit: die beiden besprochenen Autoren bestätigen die Legitimität der im Titel des Artikels formulierten These: in der neueren deutschen Literatur hat das "Ewig-Weibliche" kein Existenzrecht mehr. Weder die literarisch porträtierten noch die schreibenden Frauen sind Inkarnationen des Zeitlos-Weiblichen, eines Wesens, das bereit wäre, sich zu opfern, "um dem Neuen zu dienen"[69]. Das Erotische hat somit seinen Wert als "Lebenselixier"[70] endgültig verloren - es ist genauso "unmagisch" und illusionslos geworden, wie der Mensch von heute; "es entzieht sich nicht mehr dem direkten Ausdruck", spricht sich nicht mehr "über vermittelnde Instanzen, über Bilder aus, die an die sinnliche Wahrnehmung appellieren"[71]. Die Schriftsteller sind nicht mehr fähig, das Vermittelnde, Verfeinerte zu beschreiben - vom Eros als "geistige Zart- und Feinheit des Sexuellen"[72] ist nur noch das 'utilisierte' Sexuelle übriggeblieben, allerdings ist es - durch das in unserem Unterbewußtsein verankerte, typisch abendländische Stigma der Idealisierung des Psychischen in der Erotik belastet - sehr problematisch geworden.

---

[66] Jürgen P. Wallmann, Bericht von guten Bürgern, S. 194
[67] Michael Töteberg, Gisela Elsner..., S. 2
[68] Gisela Elsner, zit. nach Michael Töteberg, S. 11
[69] Erläuterungen zur deutschen Literatur, Klassik, hrsg von Kurt Böttcher, Berlin 1978, S. 446
[70] Nike Wagner, Geist und Geschlecht. Karl Kraus und die Erotik der Wiener Moderne, Frankfurt/Main 1982, S. 51
[71] ebda, S. 50
[72] Kazimierz Imielinski, Erotyzm, a.a.O., S. 45

ARNO SCHMIDT UND GISELA ELSNER

VERZEICHNIS DER TITELABKÜRZUNGEN

(TEXTE VON ARNO SCHMIDT UND GISELA ELSNER)

(Ber) - Das Berührungsverbot
(BH) - Brand's Haide
(Cal) - Caliban über Setebos
(Faun) - Aus dem Leben eines Fauns
(Gel) - Die Gelehrtenrepublik
(Herz) - Das steinerne Herz
(Ins) - Geschichten von der Insel Man
(Kaff) - KAFF auch Mare Crisium
(KaK) - Tag der Kaktusblüte
(KGe) - Kundisches Geschirr
(KiH) - Kühe in Halbtrauer
(Schl) - Schlüsseltausch
(SmP) - Seelandschaft mit Pocahontas
(Som) - Sommermeteor
(Son) - Der Sonne entgegen
(SSp) - Schwarze Spiegel
(Syl) - Die Abenteuer der Sylvesternacht
(Tina) - Tina/oder über die Unsterblichkeit
(Tro) - Trommler beim Zaren
(Was) - Die Wasserstraße

THOMAS SCHNEIDER

VON DEM OBJEKT DER BEGIERDE UND DER ARMUT DERER,
DEREN GIER GRUND IHRER ARMUT IST
DIE STRUKTURELLE NEGATION WEIBLICHER EROTIK IN DER DEUTSCHEN
LITERATUR UND BEFESTIGUNG DURCH EINE LITERATURWISSENSCHAFT
MÄNNLICHEN BLICKES

Der eingangs plakatierte Defekt bezieht sich nicht nur auf die deutsche Literatur und Literaturwissenschaft. Desiderat ist die Veränderung im Schreiben und die Wahrnehmung von Geschriebenem in Richtung Respekt vor der Gleichheit und gleichzeitiger Andersartigkeit der Geschlechter, ohne peinliche Vergangenheitsbewältigung. Wenn Liebe über Lippenbekenntnisse hinausgeht oder Gewalt an die Stelle der Achtung tritt, dann allemal.

Mit dem Lesen, so wissen wir seit Augustinus, spätestens aber seit Dantes Göttlicher Komödie, fing alles an: "Galeotto fu il libro", sagt dort Francesca, die eben durch die anregende Lektüre eines Kusses in die Arme des Bruders ihres Mannes sank, von ihrem Gatten zusammen mit ihrem Geliebten erstochen wird und direkt in der Hölle landet. Ein Kuppler war das Buch, und der es geschrieben hat.[1]

Galeotto, der Fürst, ist hier der Autor des Buches, der Kuppler und der Voyeur bei seinen künftigen Leserinnen, Verführer des Weiblichen als pars pro toto, notwendige Folge eines gesellschaftlichen Konsens, eines Kodex männlicher Provenienz. Fremde Früchte pflücken, heißt den erhobenen Zeigefinger einer Gesellschaftsordnung herauszufordern, die den Verführer wegen seiner offensichtlichen Indiskretion straft, nicht ob seiner Absicht. Das Frauenopfer, ganz physische Gewalt, ist selbstverständlich, wird zur didaktischen Funktion.[2] Männer sind in diesem Rollenspiel überlegen, verwalten für die weniger selbstbeherrschten Frauen Gefühle, Entscheidungen und deren Sehnsucht, die sie selbst erst einmal definieren. "Beim Lesen war's, daß sich die Blicke fanden". Er, der Autor Galeotto, der Fürst und Kuppler, schrieb und behielt den Überblick, sie las und wurde gefangen im Netz ihrer Assoziationen. Sie das schuldige, er das unschuldige Opfer. Der Romanzero Paolo, der Schwager, bleibt Staffage. Das Weib riß ihn herab. Sie erzählt - als Bestrafte und deshalb zu Bestrafende - vom Hergang erotischer Kulmination: "Wir lasen einst, auf Kurzweil nur be-

---

[1] Barbara Vinken, Durch Lesen die Unschuld verlieren. Schrift und Körper als austauschbare Metaphern im Roman. FR 9.4.91, S. 9
[2] Vgl. Kate Millett, Sexus und Herrschaft. Die Tyrannei des Mannes in unserer Gesellschaft. Reinbek 1985

dacht,/Wie Lanzelot sich wand in Liebesbanden:/ Allein war ich mit ihm, ohn Arg und Acht./ Beim Lesen kams, daß sich die Blicke fanden,/ Und mehr als einmal blich die Wang uns beiden,/ Doch eines machte Will und Wehr zuschanden:/ Vom Lächeln lasen wir, wie dran sich weiden/ Die Blicke, wie ers küßt, der Buhle hehr, -/ Da küßt auch mich, den nichts von mir kann scheiden,/ Erzitternd küßte meinen Mund auch er .../ Galeotto war das Buch und ders erdachte!/ An jenem Tage lasen wir nicht mehr..."[3]

Die braten in der Hölle, die wider das Verbot handeln. Doch ausführlich berichtet die Literatur über die Regelverletzungen. Daß Männer das Agens sind dabei, ist selbstverständlich, Frauen bilden das Movens, inkarnieren Verführung. "Kund ward mir, daß verdammt zu solcher Pein/ Die Fleischessünderin, die da blind willfährt,/ Vernunft mißachtend, dem Gelüst allein."[4] Die weibliche Rolle in der Erotik bleibt unbesetzt; Männer bespielen die Bühne, sind theatralisch kapable Subjekte. Das andere Geschlecht ist die Bühne, auf der gespielt und gelehrt wird, was das Schöne und das Häßliche sind

"Man führe sich den folgenden Abschnitt aus Philons *Über die Tiere* [...] vor Augen, in dem Philon die Natürlichkeit des ausschließlichen Vollzugs sexueller Beziehungen zu Fortpflanzungszwecken 'beweist' und dann ebenso die Natürlichkeit männlicher Selbstbeherrschung 'beweist', die sich weibliche Lüsternheit unterwirft:

Nicht nur unter von uns domestizierten und aufgezogenen Tieren, sondern auch unter anderen Arten gibt es welche, die über Selbstbeherrschung zu verfügen scheinen. Wenn das ägyptische Krokodil zur Kopulation aufgelegt ist, schleppt es sein Weibchen ans Ufer [sic!] und dreht es um, wobei es natürlich ist, sich ihm zu nähern, wenn das Weibchen auf dem Rücken liegt. Nach der Kopulation dreht das Männchen es mit seinen Vorderbeinen wieder um. Aber wenn es die Kopulation und die Befruchtung spürt, wird das Weibchen vorsätzlich arglistig und verlangt nach einer weiteren Kopulation, wobei es ein dirnenähnliches Verhalten an den Tag legt und die gewöhnliche Kopulationsstellung einnimmt. So kann ein Männchen unverzüglich feststellen, sei es durch Witterung oder andere Mittel, ob die Aufforderung echt oder nur vorgetäuscht ist. Von Natur aus ist es wachsam und achtet auf verborgene Dinge. Wenn die Absicht dieses Verhaltens sich dadurch erweist, daß beide einander in die Augen schauen, reißt er ihr die Eingeweide heraus und verschlingt sie, denn sie sind sehr zart. Und ungehindert von gepanzerter Haut oder harten und spitzen Rück-

---

[3] Dante, Die Göttliche Komödie. Frankfurt a.M. (Insel) ²1978, S. 34
[4] Ebd., S. 32

gratwirbeln reißt er ihr das Fleisch heraus. Aber damit genug von Selbstbeherrschung."[5]

Hier wird aber auch die Fremdbestimmung von Sexualität vorgeführt, die strukturelle Abwesenheit von Erotik manifest. Grausame patriarchalische Bestrafung weiblicher Lust, männliche Vernunft, legitimierte Gewalt. Die Frauen landen ob ihrer Lust in der Hölle, die Männer ziehen sie als Opfer mit hinein. Erotik, das Schöne am Sinnlichen, gehört dem Mann allein, die Wollust als Schmutz, das Eigentliche des 'Wegs zum kleinen Tod', wird dem Weiblichen zugeurteilt. Männliche Orgasmen sind demnach vernünftig, weibliche bestenfalls vorkantianisch.

Liebe, Literatur, Lesen: Orte der Verführbarkeit, Orte des Erotischen, Orte der Sehnsucht nach Kompensation für das Nicht-Geliebtwerden, Konterbande des Begehrens - und Zeugnisse der Unterdrückung anderer Blicke. Die historischen Schaufenster unserer Literatur sind voll von männlichem Blick, Erotisches darin geht auf Autoren zurück. Sie schreiben und sie beschreiben das, was sie unter jener vermeintlich männlichen Freiheit und weiblicher Obsession verstehen: Männer erwählen das Objekt ihrer Begierde, Frauen erwarten den darauf folgenden mehr oder minder heftigen Akt der Dokumentation erotischer Phantasie. Daß Liebe als Erotik auch ganz schön häßlich sein kann, und im Annehmen der Schuld daraus Liebe und Zärtlichkeit erwachsen können, weil schrecklich Lieben keine Schuld sein kann, das erzählen *25 schöne Geschichten von Liebe und Tod*[6] von Hermann Kinder.

Auch heute gilt der Satz, daß erfolgreiche erotische Literatur (und was heißt das) dort angesiedelt ist, wo Frauenherzen noch gekonnt gebrochen +werden; erotische Literatur als Höhenkamm, nicht Talsohle. Weshalb sonst tragen Bücher mit sogenannt erotischem Inhalt noch heute nahezu ausnahmslos männliche Namen bzw. männliche Pseudonyme. Eine empirische Erhebung über die Käuferschaft und eine begriffliche Ausdifferenzierung des Erotikbegriffs in diesem Zusammenhang wäre äußerst wünschenswert.[7]

"Frauen schreiben nicht. Und wenn sie schreiben, bringen sie sich um."[8] Daß Frauen über Liebe schreiben, mehr vielleicht als Männer, ist klar - wohin sonst mit dem Leidensdruck, ohne ihn mit Gewalt auszuleben. Daß ihre Texte wesentlich seltener publiziert werden, ist auch klar. Daß aber Autorinnen vielleicht andere erotische Paradigmata formulieren, die auch ein großes männliches

---

[5] Martha Nussbaum, Knechtschaft und Freiheit des Eros. In: Merkur 3 (1991) 211
[6] Hermann Kinder, Liebe und Tod. 25 schöne Geschichten von A - Z. Zürich 1983
[7] Bemerkenswert ist das Buch/die Edition von Gudula Lorez, Hautfunkeln. Erotische Phantasien und Geschichten von Frauen. Berlin 1982
[8] Hans-Jürgen Schmitt, Weder reich noch berühmt. Eine Erotik-Anthologie lateinamerikanischer Frauen. In: FR (2.4.91) S.7

Publikum interessierten, daran wird in Lektoraten und Redaktionen auch heute höchst ungern gedacht. Daß Frauen radikaler Öffentlichkeit einklagen über ein Thema, das ihre Unterdrückung perpetuiert unter dem Augenaufschlag schlüpfrigen Schmunzelns, ist notwendig und wünschenswert.

Ein Teilgebiet dieses gesellschaftlichen Dilemmas ist eingrenzbar: die Wissenschaft von der Literatur und die Art und Weise, wie sich diese Disziplin ihre Gegenstände aussucht und wie damit verfahren wird.

Mit der Liebe in der Literaturwissenschaft gab es ja schon stets Probleme; ohne sie gäbe es vermutlich kaum die unsäglichen Agglomerationen von Vivisektionen literarischer Erotik, die eine Sparte von Literaturwissenschaftlern zu Kritikern verkommen ließen. Sie schufen den Index, an dem sie sich delektierten. Bis vor wenigen Jahren galt jener Seitenarm als schlüpfrige Domäne des starken Geschlechtes, feminine Ansichten und Frauen mit Öffentlichkeit versuchte man mit dem - zum Teil vielleicht berechtigten Vorwurf - des Unwissenschaftlichen, rein Agitatorischen zur Seite zu drängen. Mit Erfolg. Autorinnen wie Elfriede Jelinek haben es da schwer. Ranickis Mündel Ulla Hahn hat es da etwas einfacher zu landen.[9]

Je radikaler ein Unterschied in der Wahrnehmung und Ausgestaltung des Erotischen zwischen Geschlechtern problematisiert wird, desto vehementer schweigt die literarische Maschine das aus, der auch konstitutiv - noch, und wer weiß wie lange noch - die Literaturwissenschaft angehört. Diese Maschine, die Erotik auf Sinnlich-Geschlechtliches reduziert, bleibt deshalb eine um weibliche Sichtweisen reduzierte Funktionseinheit, in sich gekehrt, vergibt die Chance, im Dialog mit Angebotenem zu sich und zum Anderen zu kommen, Erotik zu synthetisieren.

Eine Asynchronie in den Geschlechterbeziehungen illustrieren Autoren und Autorinnen von * bis * usw.; darin besonders die Diskrepanz zwischen weiblichen Empfindungen und Sehnsüchten und männlichen Verhaltensweisen. Vergessen wurde, den Mehrwert dieser Veränderungsbeschleunigung aufzuteilen, öffentlich zu machen.

Es genügt nicht, über Ingeborg Bachmanns Schriften nachzudenken. Zu viele andere Autorinnen warten ebenfalls.[10]

Eine weibliche Erotik kommt im Inventar der neueren deutschen Literatur vor. Heute. Elfriede Jelinek war genannt.[11] Knapp 100000 Exemplare *Lust* sind

---

[9] Ulla Hahn, Ein Mann im Haus. Roman. Stuttgart 1991. Die FAZ notiert dazu unter der Rubrik *Warnung*: "Dieser Roman ist durchdrungen vom Fatalismus einer Autorin, die nichts zu sagen hat und das auch noch laut tut..." (FAZ 5.5.1991, S. 34)
[10] Vgl. Sigrid Weigel, Die Stimme der Medusa. Schreibweisen in der Gegenwartsliteratur von Frauen. Tende 1987
[11] Elfriede Jelinek, Lust. Reinbek 1989

verkauft worden. Wer hat dieses aufklärerische Buch wohl gekauft? Männer und ihre Frauenphantasien kommen nicht gut da weg.

Männerphantasien über Männer - und die erotisch (aber was ist das!!)- gibt es ja ohnehin kaum. Tabu-Thema, Homoerotik, Schweinkram, Aberatio..

Wer kauft also Jelineks böses-lästerliches Buch? 100000 Stück Klageliteratur und Infragestellung des so selbverständlich Erotischen ist den Autoren, die das nicht schreiben wollen und können zur Aufgabe gegeben; die Klage darum, das Weinen, die Wehmut.

Erinnert man Martin Walsers *Jagden, Dorle und Wolf*[12], beispielsweise, oder Adolf Muschgs *Turmhahn*[13], die jedenfalls, die vom Prostatavorfall Bedrohten, die füllen dieses Vakuum nicht aus.

Erotische Literatur ist eine Literatur, die mit männlichem Blick das fokusiert, was Männer phantasieren.

So ists bislang fast nur. Das kann natürlich auch von Frauen gemacht werden, und das wird auch leider allenthalben getan. Hauptsache, der Preis stimmt. Und das betrifft nicht nur das weite Feld des Ghostwritertums und der Groschenromane. Erstaunlich, wie weit die Macht der Prostitution reicht. Da 95% aller Stellen im Hochschulbereich von Männern besetzt sind, ist eine strukturelle Veränderung auch in der Wahrnehmensweise der Literaturwissenschaften kaum zu erwarten. Denn die hätte doch bei aller Offenheit statthaben dürfen. Doch auch da gibt es ein strukturelles Oben und Unten. Beine breit und brav wieder zusammen. So auch die Aufarbeitung des Vergangenen: "Literaturgeschichte ist ein Teil der Geschichte des gesellschaftlichen Ganzen, und so wie diese als Geschichte einer männlich strukturierten Gesellschaft die Beiträge der Frauen nicht objektiv darstellt, so auch nicht die Literaturgeschichte. Die Widerstände, die Frauen den Weg in die Literaturgeschichte vesperrten, saßen bereits in den *Vorstellungen von Literatur und vom Künstler,* wie sie den verschiedenen Methoden der Literaturgeschichtsschreibung und der Literaturwissenschaft zugrunde lagen."[14]

Erotik ohne repressive Implikationen gibt es dort kaum zu goutieren, d.h. sich gefahrlos gleichberechtigt darin verlieren zu können, ist nicht angeraten. Erotik dem Erlebnisbereich männlicher Konkurrenzräume zu überlassen, d.h. Erotik dorthin zu versetzen, wo ihr Mißverständnis zum Auftrag eines Öffentlichen wurde, das könnte die Wissenschaft von der Literatur ändern helfen. Hier

---

[12] Martin Walser, Jagd. Roman. Frankfurt a.M. 1988. Dorle und Wolf. Eine Novelle. Frankfurt 1987
[13] Adolf Muschg, Der Turmhahn. Frankfurt a.M. 1987
[14] Gisela Brinker-Gabler (Hg.), Deutsche Dichterinnen vom 16. Jahrhundert bis zur Gegenwart. *Gedichte und Lebensläufe.* Frankfurt a.M. 1978, S. 17

wäre ein erkenntnisleitendes Interesse, ein gesellschaftspolitischer Auftrag formuliert.

Es gibt eine sinnliche Literatur. So wird behauptet. Kennen tut sie nur scheinbar niemand. Kennen tun wir die Schmierenopern von Goethe bis Rilke, Henry Miller und John Updike - bis hin zur *ars amandi*. Und die ist eine davon, denn die weibliche Lust kommt auch bei Ovid nicht vor.

Eine erotische Freiheit mit Männern und Frauen, mit ihren Phantasien und Obsessionen, ihren Klein- und Großheiten kommt so in unserer schönen Literatur nicht vor. Die Literatur belehrt hier das Leben wie umgekehrt die Kunst. "Es gibt eine Permanenz von Männertrumpf und Männergewalt - denn die Geschichte der erotischen Literatur ist weitestgehend eine Geschichte der Männerphantasien. Und wenn der berühmte Satz Adornos stimmt, daß man geliebt werde einzig da, wo schwach man sich zeigen dürfe, ohne Stärke zu provozieren, dann lehrt der Vergleich: "Schön wärs's, wenn Lust und Liebe herrschaftsfrei zu leben wären."[15]

Doch dem ist nicht so angesichts einer Buchstabenflut von verlockenden Texten, die aufgeilen statt aufklären über Lust und Liebe. Die Alten haben wir beerdigt. Deren Erotik staubt nur noch. Erotik heute ist häßlich, schaut man die Herrschaftsverhältnisse an, die damit verbunden sind. Erotik heute sollte aber doch hübsch sein, weil man das Elend darum nunmehr besser wegkolorieren kann.

Doch das kommt in der literaturwissenschaftlichen Diskussion nicht vor, und zur anrüchigen Anregung, über das hinwegzusehen, dienen die neuen visuellen Reproduktionsmechanismen eher (Bilder, Photos, Fernsehen, Videos).

Seit Erich Fromms Differenzierung in die **Liebe des Habens** und die **Liebe des Seins**[16] hat sich auf dem Sektor der literaturwissenschaftlichen Beschäftigung mit dieser These hinsichtlich ihrer Bedeutung für die hermeneutische Arbeit an Texten über die Liebe wenig getan.

Leider hat sich vor allem noch weniger in der Reflektion der kulinarischen Seite von Fromms Theorem über die Liebe bewegt. Frauen und Männer, die darin vorkommen, haben Lust; nur wer bekommt *mehr* Lust literarisch zur Verfügung? Die Analyse von Texten hängt notwendig dem Akt der Entstehung hinterher, klar. Aber nach den Ursachen der nahezu völligen Ausblendung erotischer Literatur aus dem Analyse-Kanon sollte dann gerade doch gefragt werden. Dort, also im Abseits des Diskurses, werden wohl doch Tabuzonen tangiert, wenn nicht direkt penetriert? Oder?

---

[15] Hermann Kinder (Hg.), Die klassische Sau. Zürich 1989, S. 504
[16] Erich Fromm, Haben oder Sein. Stuttgart 1976, S. 52-54

OBJEKT DER BEGIERDE UND ARMUT

Die deutsche Literaturwissenschaft wird im historischen Längs- wie Querschnitt fast ausschließlich von Männern repräsentiert. Sie entschieden darüber und machen das auch jetzt, womit man sich beschäftigen sollte und auch tut, worüber die Studierenden - heute meist Frauen - geprüft wurden und werden. Über erotische Literatur von einem Mann geprüft zu werden, der bei sogenannt "bestimmten" Worten im Redefluß stockt, vielleicht süffisant grinst, wünsche ich keiner Frau. Also: da ist was los und was bitte?

Erotische Literatur kommt im offiziellen Kanon derer, die ihn machen und wünschen, nicht vor. Oder doch? Ist "Werther" nicht jener Rubrik "Schmerzen der Liebe" verpflichtet? EROS, der Gott der Liebe, "Verkörperung der lebensbeherrschenden Macht ... der Weltschöpfer ... Verlangen nach Zeugung im Schönen"[17] tritt doch in vielerlei Gestalt in all den Werken auf, mit denen sich die deutsche Literaturwissenschaft beschäftigt. Was also trennt die Erotik von der Liebe? In der Rezeption von Literatur jedenfalls scheint es diese Trennung zu geben. Woher sonst rührten Begriffe wie "Giftschrank", wenn nicht aus der Grauzone männlicher Tabuisierung von sexuellen Gefühlen. Von Frauen jedenfalls ist solcher Umgang mit Begierde und den Objekten ihrer Begierde wenig überliefert, was nicht bedeutet, daß sie nicht ebenso monomanisch mit ihrem Tabu umzugehen bereit wären. Die Trennenden allerdings - und das sind leider Männer - würden sich gegen eine Trennung im wirklichen Leben verwahren, bestimmt.

Erotik muß folglich irgendetwas mit dem Appendix der Seele zu tun haben; lexikalisch als "sinnliche Seite der Liebe" rubriziert, flößt der Begriff Respekt ein, handelt es sich doch um auch Eigenes.... - Und fröhlich setzen psychohydraulische Verdrängungsmechanismen ein, beschützen sensible Seelen vor körperlichem Unrat, entbrennt jener scheinbar unauflösbare Widerspruch zwischen "wahrer Liebe" und "sinnlicher Begierde". Außen vor bleibt der Schmutz (woraus neues Leben biologisch erwachsen soll!!), drin blüht das erhöhte Gefühl.

Mit den erhöhten Gefühlen - also den aus der Schamgegend (!!) emporgstiegenen -, den somit erhabenen Empfindungen beschäftigt sich ein deutscher Literaturwissenschaftler. - Dienstlich. Nicht wissen möchte ich, was er in den sogenannten Giftschränken ...

Tabuzonen, also die Bereiche, die durch bestimmte Interessen zu "schwarzen Löchern" erklärt werden, bestimmen ex negativo die Gegenstände, mit denen sich Wissenschaft von der Literatur beschäftigt: gesellschaftliche Realität. Erotik als subversives Eingeständnis des "Ichs - trotzdem" kommt darin

---

[17] Lexikon der griechischen und römischen Mythologie. Hrsg. v. Herbert Hunger. Wien ^{5}1959, S. 108

nicht vor, weil methodisch nicht greifbar, wird letztlich verbogen, gefälscht in pseudoliterarische Münze, zu bezahlen die Schulden, von denen niemand etwas wissen soll. Petrarkismus, Alibi-Bachmann.

Keine Frauen-Literatur gibt es!? - Richtig. Es gibt keine Literatur ohne Männer. Eine Literaturwissenschaft ohne Männer möge es auch nicht geben; wer sonst garantierte Historismus? Eine Literaturwissenschaft, die sich mit allen Themen auseinandersetzen kann, auch mit jenem seltsamen lebensweltlichen Tabu, diese Literaturwissenschaft könnte vielleicht auch Erotik, also die geballte Kraft der Liebe, ungeschminkt und ohne wenn und aber aushalten.

Was aber momentan dafür gehalten wird, ist höchstens der Abglanz eines trüben männlichen Blicks, vielleicht voller Sehnsucht.

Zwar existiert mittlerweile eine engagierte Anzahl von Verlagen, die sich in ihrem Programm mit den Fragen weiblicher Sehens- und Seinsweisen beschäftigen und dabei den Betroffenen das Wort geben, doch reicht dies m.e. bei weitem nicht aus. Denn nur eine Minderheit dieser Minderheit beschäftigt sich mit dem so heiklen Thema weiblicher Erotik und Sexualität in der Literatur. Noch weniger Institutionen verbleiben den Autorinnen, wenn sie über das Fehlen ihrer geschlechtlichen Befindlichkeit in der sogenannten erotischen Literatur - und hier ist nur einmal die deutscher Sprache gemeint - reflektieren und informieren wollen. Selbst in "post-frauenoffensiveverlags-zeiten" muß diese Abwesenheit in einer von Männern verwalteten Literaturwissenschaft nachdenklich stimmen. Betroffen sollte machen, daß auch die Argumentationsstrategien von Fachvertreterinnen meist männlichem Denken folgen. D.h., sich selbst ad absurdum zu führen. Man kennt die Funktionsweisen der "persuasio": Möglichst lange anhaltend bedauern, daß niemand die Fahne des "schwachen Geschlechtes" (!!!) hochhält, dann ist auch in effigie für dasselbe genug getan, panem et circences. Macht, d.h. Amt und Würden korrumpieren allemal, machen vor Geschlechtsmerkmalen nicht Halt. Desgleichen Lust und Laune, jenen Umgang damit zu kaschieren, umzumünzen.

Die doppelbödige und deshalb erotikfremde Umgehensweise mit Liebe im gesellschaftlichen Diskurs erfahre ich deshalb besonders in der deutschen Literaturwissenschaft - die für ihren Umgang mit dem Objekt ihrer Begierde geradezu berühmt ist -, weil dieser Umgang dort nicht einmal thematisiert wird. So treten die Tabus an die Stellen der Leichen, die es in der deutschen Literatur nicht gibt bzw. geben darf. Wer schriebe schon eine Literaturgeschichte deutscher Liebesbriefe, in denen Eros zum vorläufigen Ziele käme?

Es gilt also vorläufig hier festzuhalten
- eine leider von spezifisch männlicher Wahrnehmung durchdrungene Literatur, die Liebe, Erotik und Sexualität mit festgeschriebener Rollenidentität zwischen Mann und Frau als Gewinner-und Verliererin-Einheit gleichsetzt, partner-

schaftlichen Lustgewinn verunmöglicht, weil exemplarisch ausschließt, Beziehungen zwischen den Geschlechtern typisiert, ihre Einzigartigkeit negiert, homosexuelles Empfinden als problematisch thematisiert, eine Literatur, deren erotische Quellen dürftig sind. Die Quellen sind generativ männlichen Ursprungs. Und da besteht ein Defizit.

Es gilt weiterhin festzuhalten
- eine Wissenschaft von der Literatur, die - wenn überhaupt - in der Beschäftigung mit Erotik und Sexualität - also etwa Liebe - in Texten einen männlich-verengenden, d.h. ausgrenzenden bzw. vereinnahmenden Blick hat. Das ist bedauerlich.

Es gibt vor allem aber auch **Pornographie**, die von vielen männlichen Literaturwissenschaftlern vielleicht insgeheim doch dem Grenzbereich des Erotischen angerechnet wird - gleichsam eine augenzwinkernde Verfehlung, ein Kavaliersdelikt *richtiger* Männer, über das man ja nur reflektiert, es nicht selbst exekutiert, vielleicht nur heimlich delektiert.

Diese Pornographie machen nicht Frauen, sondern die wird unter Benutzung ihres Körpers und unter Ausbeutung ihrer Gefühlswelt gemacht. Dort gibt es beileibe nicht nur Männer erregende Bilder. Vielmehr lebt dieses uralte Befriedigungssystem einer von Männern zementierten Kompensationsgesellschaft vom Text. Als Haupt- und Nebentext, als alleiniges Stimulans, Garniture oder Bildlegende.

Inhalt dieses immanenten Textes ist immer die Erniedrigung von Frauen zur Triebbefriedigung des meist männlichen Benutzers. Leider ist dies nicht nur die Realität der Pornohefte und -filme; die dort vertauschte Lebenswelt Erotik und Sexualität gegen pornographisches Verhalten ist gesellschaftliche Realität, ohne Bindung an politische Ideologien und Theorien. Ein soziokultureller Tiefentext, ein gesellschaftlicher Körper.

Zu diskutieren wäre folgendender Ausblick: "Der Gegenstand der Literatur ist etwas, das man das Menschliche nennt, das heißt die Beziehung menschlicher Wesen zueinander, ihre komplexen Empfindungen und Emotionen; die Pornographie hingegen zeichnet sich durch eine Geringschätzung durch detaillierte Charakterisierung (...) aus, ist blind für die Frage der Motive und ihrer Glaubwürdigkeit und beschränkt sich auf die Wiedergabe unmotivierter und endloser Verrichtungen entpersönlichter Organe."[18]

Die Literaturwissenschaft, die sich mit Goethes Liebesleben auseinandersetzt und nur mit ihm, macht sich mitschuldig an dem, was heute immer noch ein gleiches Unrecht ist, Unrecht gegen Männer und Frauen, die das nicht akzeptieren wollen und werden.

---

[18] Susan Sontag, Die pornographische Phantasie. In: Akzente 13 (1968) 81

WOLFGANG BRAUNE-STEININGER

EROTIK IN DER DEUTSCHEN NACHKRIEGSLYRIK

Die an literarischen Traditionen und Stoffvarianten vielfältige deutschsprachige Nachkriegslyrik hat im Bereich des erotischen Gedichts wenig eingängige Beispiele vorzuweisen. In den literaturwissenschaftlichen Übersichten[1] fällt das Genre "erotische Lyrik" nicht ins Gewicht, und auch Hinweise auf vielleicht bedeutende Einzeltexte fehlen. Es ist bezeichnend, daß die beiden wirkungsreichsten Dichter nach 1945, Gottfried Benn und Bertolt Brecht, in dieser Zeit keine dezidiert erotischen Gedichte publiziert haben[2].

Der Erotomane Benn, dessen Frühwerk von Lustmotiven durchwoben ist, residierte nach Kriegsende in der Pose des weltentsagenden Olympiers[3]. Seine Gedichte der Spätphase sind ein klangmagisches Aprèsludieren, das mitunter Zeitdiagnosen über die enthumanisierenden Folgen des Fortschritts beinhaltet. So konstatiert das Titelgedicht der 1951 erschienenen Sammlung *Fragmente* ein Symptom der Krise des modernen Menschen die Divergenz von Triebverlangen und Seelenlehre[4]:

[...]
Ausdruckskrisen und Anfälle von Erotik:
das ist der Mensch von heute,
das Innere ein Vakuum,
die Kontinuität der Persönlichkeit
wird gewahrt von den Anzügen,
die bei gutem Stoff zehn Jahre halten.
[...]

Der notorisch polygame Brecht sparte in seinen Gedichten der Spätphase das Baalsche Szenarium promisker Außenseiterfiguren weitgehend aus und ver-

---

[1] Vgl. das bibliographische Verzeichnis von Wolfgang Braune-Steininger, Das Portraitgedicht als Gattung der deutschen Nachkriegslyrik. Poetik, Erscheinungsformen, Interpretationen, Phil. Diss. Gießen 1988, S. 399-444.
[2] Ganz dem Benn-Stil nachempfunden ist das erotische Gedicht *Ausschweifung* von Otto Heinrich Kühner, Wozu noch Gedichte? Gedichte, Frankfurt am Main u.a. 1983 (Literatur heute; Ullstein Buch 26089),S.17, in dem verschiedene Bildungsgutreminiszenzen sprachmelodisch verbunden sind.
[3] Zur Bedeutung der Erotik in Benns Werk vgl. Jürgen Schröder, "Blaue Stunde". Gottfried Benns Liebesgedichte, in: Jahrbuch der Deutschen Schillergesellschaft 29(1985),S.491-513.
[4] Gottfried Benn, Gesammelte Werke in vier Bänden. Hg. Dieter Wellershoff, Bd.3: Gedichte, Wiesbaden 1960,S.246.

sifizierte dagegen lakonisch-skeptische Überlegungen zur politischen Vergangenheit und Gegenwart, z.B. in den *Buckower Elegien*. Seine derb-pornographischen Gedichte dieser Zeit, unter anderem *Über die Verführung von Engeln* und *Sauna und Beischlaf*, wurden erst posthum veröffentlicht[5].

Paul Celan, der mit Benn und Brecht das Dreigestirn der bedeutendsten deutschsprachigen Nachkriegslyriker bildet, ist weniger durch seine schwer entschlüsselbare lyrische Erotik bekannt geworden. Zwar sind in seinen Gedichten Signaturen von Sexualität enthalten; sie können aber häufig erst durch die Kenntnis der Stoffvorlage erschlossen werden. Barbara Klose hat z.B. die sexuelle Metaphorik der "Gottesanbeterin" - Fangheuschrecke *Mantis religiosa* - in Celans Lyrik dechiffriert, indem sie die literarische Quelle - die Schriften des französischen Insektenforschers Jean-Henri Fabre - entdeckte und mit Gedichten aus dem Band *Lichtzwang* in Beziehung setzt[6].

Celans sublime und schwer nachvollziehbare erotische Lyrik, die eine gesonderte Studie erfordern würde, ist eine Facette seiner hermetischen Poesie und bildet sicherlich nicht den Hauptteil seines Werkes. Auch die meisten anderen in den Kanon arrivierter deutscher Nachkriegslyriker aufgenommenen und von Otto Knörrich vorgestellten Dichter[7] sind weniger mit Erotik in ihrem Oeuvre hervorgetreten als durch Naturgedichte, Wortkombinatorik, Sprachspiele, politische Losungen und poetologische Statements in Versform. Obwohl im gesellschaftlichen Bereich die Enttabuisierung der Intimsphäre erfolgte, - besonders in der sogenannten "sexuellen Revolution" seit Mitte der sechziger Jahre -, bildet die periphere Präsenz erotischer Lyrik, von den achtziger Jahren abgesehen, ein Kontinuum deutscher Gedichte der Nachkriegszeit. So dominierten in der Lyrik der zweiten Hälfte der vierziger Jahre die Motivkomplexe: moralische Selbstfin-

---

[5] Bertolt Brecht, Gesammelte Werke (werkausgabe edition suhrkamp), Supplementband IV. Hg. Hertha Ramthun, Frankfurt am Main 1982, S.401f. Zu Brechts posthum erschienenen pornographischen Sonetten vgl. den Beitrag von Roland Ulrich in dem vorliegenden Band.
[6] Vgl. Barbara Klose, 'Souvenirs entomologiques'. Celans Begegnung mit Jean-Henri Fabre, in: Chaim Shoham und Bernd Witte (Hgg.), Datum und Zitat bei Paul Celan. Akten des Internationalen Paul-Celan-Colloquiums Haifa 1986, Bern u.a. 1987 (Jahrbuch für Internationale Germanistik. Reihe A: Kongreßberichte. Band 21),S.122-155.
[7] Otto Knörrich, Die deutsche Lyrik seit 1945, 2., neu bearbeitete und erweiterte Auflage: Stuttgart 1978 (Kröners Taschenausgabe 401. Erstauflage unter dem Titel: Die deutsche Lyrik der Gegenwart, 1945-1970, Stuttgart 1971).

dung nach der Katastrophe des Krieges[8], Rückbesinnung auf humanistische Werte und Kulturideale[9] sowie Verklärung der Natur [10].
Die Möglichkeit, Erotik als literarisches Schockmittel einzusetzen, wurde kaum genutzt. Statt dessen provozierte Günter Eichs Gedicht *Latrine* aus dem Band *Abgelegene Gehöfte* (1948) durch das Reimen von "Hölderlin" auf "Urin" und wendet damit wie viele Nachkriegsgedichte den Kunstgriff an, durch Auseinandersetzung mit der literarischen Tradition außerliterarische Realität zu problematisieren[11]. In seinen Liebesgedichten verzichtet Eich wie viele seiner Dichterkollegen auf explizite Erotik. Versifizierte Schilderungen von 'Männerphantasien' sind in den deutschen Gedichten der fünfziger und sechziger Jahre eine Seltenheit. Trouvaillen wie Wolfgang Weyrauchs Gedicht bleiben lediglich die Regel bestätigende Ausnahmen:

Mädchen, radfahrend[12]

Spring ab, die Felgen beben,
ich zaubre Dich vom Rad,
zu Busch und Strauch, ein Schrat
wird Dich vom Sattel heben,

komm mit, die Hohen Bleichen
sind unser Laken, Bett
aus Freilauf und aus Speichen,
die Klingel Amulett,

ach, lern den Kuß der Zungen,
Dein Anorak zerreißt,
von Hemd und Haut umschlungen,
ich liebe, bis Du schreist.

---

[8] Vgl. Leonard Olschner, Verhinderte Heimkehr. Das Heimkehr-Motiv in der deutschen Nachkriegslyrik, in: Zeitschrift für deutsche Philologie 108(1989),S.221-244.
[9] Besonders ausgeprägt in den 1946 erschienenen Gedichtbänden *Dies Irae* von Werner Bergengruen und *Moabiter Sonette* von Albrecht Haushofer.
[10] Vgl. Karl Riha, Das Naturgedicht als Stereotyp der deutschen Nachkriegslyrik, in: Thomas Koebner (Hg.), Tendenzen der Literatur seit 1945, Stuttgart 1971 (Kröners Taschenausgabe 405), S.157-178.
[11] Vgl. dazu Wolfgang Braune-Steininger, So kam Hölderlin nach 1945 unter die Deutschen, in: Wolfgang Braungart (Hg.), Über Grenzen. Polnisch-deutsche Beiträge zur deutschen Literatur nach 1945, Frankfurt am Main u.a. 1989 (Gießener Arbeiten zur neueren deutschen Literatur und Literaturwissenschaft. Band 10),S.202-213, dort: S.204-207.
[12] Wolfgang Weyrauch, Atom und Aloe. Gesammelte Gedichte. Hg. Hans Bender. Frankfurt am Main 1987,S.71 (zuerst in Weyrauch, Gesang um nicht zu sterben. Neue Gedichte, Hamburg 1956).

Das Rollengedicht formuliert die Vision eines modernen Fauns, der sich einem jungen Mädchen als Meister der Liebe zeigen will. Offen spricht er seine Fixierung auf das Körperliche aus. Die sprachliche Darstellung bewegt sich mit zumeist kreuzweise gereimten dreihebigen Jamben mit alternierend unbetonter und betonter Endsilbe ganz im Formenkonservatismus der fünfziger Jahre. Diese männliche Überlegenheit ist aber auch in Weyrauchs lyrischem Werk eine Rarität. In den Liebesgedichten der ersten beiden Nachkriegsjahrzehnte herrscht vielmehr ein zurückhaltender, oft esoterisch komplizierter Ton vor. So bemerkt Hans Wagener im Nachwort seiner Anthologie allgemein zur zeitgenössischen Liebeslyrik: "In den Gedichten selbst wird das Thema Liebe oft nur angedeutet. Die Reduktion des Gefühls ist fortgeschritten, Sensibilität wird kaschiert. Zweifel am Selbst und am Gegenüber und Mut zur Individualität spielt sich gerade im heutigen Liebesgedicht als innere Auseinandersetzung ab. Liebe wird angedeutet in einer Geste der Angst, überhaupt etwas über Liebe zu sagen."[13] Wie groß mußte daher das Problem erscheinen, Sinnlichkeit im Gedicht zu transponieren! Gründe für die Krise der modernen Liebeslyrik konnte bereits Karl Krolow in seiner Frankfurter Poetik-Vorlesung ausfindig machen, als er auf die zunehmende Entindividualisierung im 'Strukturwandel der Öffentlichkeit' hinwies: "Das Liebesgedicht sieht sich vielfachen Schwierigkeiten gegenüber. Mit dem Schwinden des Persönlichen in der modernen Massengesellschaft zerfiel auch die Fähigkeit der Identifikation mit dem, was im Liebesgedicht bisher als Gefühl destilliert worden ist."[14]

Die seit Mitte der sechziger Jahre zunehmend aufgeheizte politische Atmosphäre schuf keine günstige Zeit für Lyrik. Die Forderungen nach Politisierung der Literatur und Aktionismus der Dichter riefen bei den Schriftstellern unterschiedliche Reaktionen hervor und hinterließen Spuren in ihren Werken. Möglicherweise war dies ein Grund dafür, daß Krolow seine *Bürgerlichen Gedichte* (1970), die handfeste Pornographie beinhalten, unter dem Pseudonym "Karol Kröpcke" veröffentlichte[15].

Den Kunstgriff, erotische Lyrik durch einen Rollensprecher zu artikulieren, wendete dagegen Marie Luise Kaschnitz an. Die Kaschnitz steht in einer Reihe vieler profilierter Dichterinnen, die die deutsche Nachkriegslyrik mitgeprägt haben und damit, wohl bisher einmalig in der deutschen Literaturgeschichte[16], die

---

[13] Hans Wagener (Hg.), Deutsche Liebeslyrik, Stuttgart 1982 (Reclam Universal-Bibliothek 7759), Nachwort (S.357-367),S.366.
[14] Karl Krolow, Aspekte zeitgenössischer deutscher Lyrik, Gütersloh 1961,S.56.
[15] Zu diesem Gedichtband vgl. Gerhard Kolter, Liebe, Eros, Sexualität. Stichworte zu Karl Krolows "Bürgerlichen Gedichten". Ein Essay, in: Text + Kritik, Heft 77 (Januar 1983): Karl Krolow, S.81-85.
[16] Vgl. auch Knörrich, Die deutsche Lyrik seit 1945 (Anm.7),S.143.

Bedeutsamkeit von Frauen im Literaturbetrieb unterstrichen haben. Mythologische Stoffvorlage für das Kaschnitz-Gedicht ist Homers *Odyssee* (8,457ff):

Nausikaa[17]

Komm wieder ans Land
Tangüberwachsener
Muschelbestückter
Triefender Fremdling
Du
Noch immer der alte
Voll von Männergeschichten
Fragwürdigen Abenteuern
Lieg mir im grasgrünen Bett
Berühre mit salzigen Fingern
Mein Veilchenauge
Meine Goldregenlocken
Fahr weiter nach Ithaka
In dein Alter in deinen Tod
Sag noch eins
Eh du gehst.

Die Klage der verlassenen Geliebten ist das Hauptmotiv des Textes. Nausikaa als Sprecherin schildert Odysseus und sich selbst in kühnen Komposita, die für ihn dem Meeresbereich und für sie der Pflanzenwelt entstammen und mit Farbmetaphern verbunden sind. Die Odysseus zugedachten Attribute werden zudem durch ihre Plazierung als Einwortverse auch optisch hervorgehoben. Gipfelnd in dem "Du" als Einzelzeile, formuliert die Verlassene ihre Unterwerfung vor dem scheidenden Geliebten, dem sie vergebliche Bitten, besonders solche nach weiterer sinnlicher Erfüllung, nachruft.

Die Nausikaa-Episode erfuhr auch ihre lyrische Bearbeitung in zwei Gedichten Günter Kunerts, wobei besonders das erste eine drastischere Erotik offenbart als die Verse der Kaschnitz:

---

[17] Marie Luise Kaschnitz, Überallnie. Ausgewählte Gedichte 1928-1965, (1Hamburg 1965), Frankfurt am Main 1984 (Fischer Taschenbuch 5820),S.209 (zuerst in: Kaschnitz, Ein Wort weiter. Gedichte, Hamburg 1965). Zum modernen Liebesgedicht vgl. auch den Kaschnitz-Vortrag: Liebeslyrik heute, Mainz 1962 (Akademie der Wissenschaften und der Literatur. Abhandlungen der Klasse der Literatur, Jg.1962,Nr.3).

Nausikaa I[18]

Fand mich. Schickte fort
die Freundinnen.
Unter Sonnengeißeln, unter dem Gebüsch
am Strande,
unter Stöhnen, Stammeln wirrer Worte,
löste sich die ganze Insel
der Phaiaken
auf in Lust, in Leiblichkeit,
bis am Ende nach dem Ende
nur ihr Körperabdruck blieb im Sand
zurück: größte Kostbarkeit,
die ich je zurückgelassen, und ihr wißt:
selten nur ließ was zurück
Odysseus,
außer seinem Samen, voller Zweifel
an irgendeine Wiederkehr
irgendeines Augenblickes.

Odysseus ist der Sprecher im Gedicht, Nausikaa nurmehr Objekt seiner Rückschau, die einer Elegie über die Vergänglichkeit erotischer Glücksmomente gleichkommt. Sein Selbstverständnis als unverwurzelter Egozentriker - "Odysseus" bildet den einzigen Einwortvers im Gedicht - gerät durch das Erlebnis mit der Tochter des Alkinoos ins Wanken. Alliterative Fügungen suggerieren eine tiefe Verbundenheit, doch letztlich obsiegt das Zielbewußtsein von Odysseus, der dennoch nicht frei von Skepsis ist. Im nachfolgenden Gedicht *Nausikaa II*[19] artikuliert ein unpersönlicher Sprecher, "man", Gedanken voller Desillusionierung und Resignation:
"[...] kein Erwarten mehr,/kein Hoffen [...]".
Kunerts 1970 veröffentlichte Gedichte sind symptomatisch für die Bearbeitung antiker Mythen, besonders von Lyrikern aus der damaligen DDR[20], die

---

[18] Günter Kunert, Warnung vor Spiegeln. Unterwegs nach Utopia. Abtötungsverfahren. Gedichte, München 1982 (dtv 10033),S.30 (zuerst in: Kunert, Warnung vor Spiegeln. Gedichte, München und Wien 1970).
[19] Ebd.,S.31
[20] Vgl. dazu Theo Mechtenberg, Von Odysseus bis Sisyphos. Zur Rezeption und Brechung mythischer Gestalten in der DDR-Lyrik, in: Deutschland Archiv 18 (1985),S.497-506, der aber Kunerts Nausikaa-Gedichte unberücksichtigt läßt.

in den siebziger Jahren zu einer selbstbewußten Artikulation von Individualität durch Ich-Aussprache durchdrangen. Die Manifestation des Subjekts gegenüber den Normen des Kollektivs erfolgte besonders in Gedichten der jungen Lyrikergeneration, die sich von den Formpostulaten der älteren Dichtergarde - erinnert sei an Johannes R. Bechers Verherrlichung des Sonetts - lösen konnten und Gedichte hauptsächlich in freien Rhythmen und lockerem Erzählton schrieben. Trotzdem blieben Hinweise auf die Politik auch in den erotischen Gedichten nicht ausgeklammert. Besonders wurde, wie Ingrid und Klaus-Dieter Hähnel in ihrer Übersicht feststellen, "das Politische über den intimen Bereich der Partnerbeziehungen eingebracht."[21] Als Beispiel fungiert das Gedicht *Military Look. Deine schönste Bluse* von Steffen Mensching[22], in dem der Sprecher im Gedicht das Entkleiden seiner Partnerin mit Assoziationen über den amerikanischen Militarismus kombiniert. Daß die Verbindung von Politischem und Erotischem auch innergesellschaftliche Kritik impliziert, zeigt das Gedicht *Neubauviertel*[23] des bereits zu den arrivierten ostdeutschen Poeten zählenden Karl Mickel: Die Normierung der Bau und Lebensweise bedingt die Schematisierung im Sexualleben der Bewohner.

Auch in westdeutschen Gedichten ist in den siebziger Jahren eine intensivere Hinwendung zum Privaten, Alltäglichen erkennbar. Nach den politisch-öffentlichen Auseinandersetzungen um die gesellschaftliche Relevanz von Literatur in den Sechzigern konnte sich nun wieder die Poesie in die Versifizierung des spannungsreichen 'Innenlebens' zurückziehen, diesmal in legerem Parlando, ohne hermetische Verschränkung und Reim- und Rhythmusfolgen. Im Zuge dieser "Neuen Subjektivität" traten erotische Gedichte häufiger auf. Die Möglichkeit der Literarisierung des erotischen Erlebens behandelt das Gedicht *Komm laß uns gemeinsam* von Christoph Derschau[24]:

---

[21] Ingrid und Klaus-Dieter Hähnel, Junge Lyrik am Ende der siebziger Jahre, in: Weimarer Beiträge 27(1981),Heft9,S.127-154, dort S.147.
[22] In: Sonntag 38/1979,S.4. Vgl. den Kommentar von Ingrid und Klaus-Dieter Hähnel (Anm. 21,S.147f), die (ebd.) Brigitte Struzyk als weitere profilierte Verfasserin politisch-erotischer Dichtung nennen, den interpretativen Akzent aber auf das Politische legen.
[23] Karl Mickel, Eisenzeit. Gedichte, Berlin 1976 (Rotbuch 156. Lizenzausgabe des Mitteldeutschen Verlages Halle),S.19.
[24] Christoph Derschau, So hin und wieder die eigene Haut ritzen... Ausgewählte Gedichte. Mit einer Interpretation von Günter Kunert, Frankfurt am Main 1986 (Fischer Taschenbuch 5020)S.15 (zuerst in: Derschau, 'Den Kopf voll Suff und Kino', Augsburg 1976).

*Komm
laß uns gemeinsam
die Wand der Nacht durchdringen.
Laß uns Gedichte formulieren
auf jede unserer Falten
auf jeden unserer Küsse.
Denn was weißt du schon
von den Stürmen
die durch meine Adern grollen.
Und was weiß ich
von den Erdbeben
in deinen Gedanken.
Was wissen wir
vom labilen Tastsinn
unserer Lippen
von unseren übersinnlichen Sinnen.*

*Und so wie du es zu mir sagst
sag ich es dir:
Zeig mir deinen Körper
damit ich seine Verzückungen
in meine Erinnerung tätowieren kann
bis in den Tod -
meinen unendlich melancholischen Schatten.*

"Gedichte" stehen hier als Zeichen höchster Sprachkunst, die die Momente intimer Zweisamkeit festhalten und damit erinnerbar machen soll. Das Problem liegt aber in den Schwierigkeiten der erotischen Beziehung -: jeder Partner weiß zu wenig vom Sinnesleben des anderen; die Leidenschaft im sexuellen Verkehr korrespondiert nicht mit der Einfühlsamkeit in die Seele des geliebten Menschen. Möglich ist daher nur die Beschreibung des Äußerlichen, Körperlichen. Dem Sprecher-Ich bleibt seine Melancholie als Endpunkt.

Besteht in Derschaus Gedicht noch erfüllte Sexualität, so negiert Karin Kiwus in ihrem bekannt gewordenen Gedicht *Im ersten Licht*[25] auch die Faszination der Intimsphäre im Verhältnis der Geschlechter. Die zarte lyrische Erotik in der ersten Gedichthälfte - die erste Versgruppe setzt ein: "Wenn wir uns ge-

---

[25] Hier zitiert nach: Volker Hage (Hg.), Lyrik für Leser. Deutsche Gedichte der siebziger Jahre, Stuttgart 1980 (Reclam Universal-Bibliothek 9976) S.88 (zuerst in: Kiwus, Von beiden Seiten der Gegenwart. Gedichte, Frankfurt am Main 1976).

dankenlos getrunken haben/aus einem langen Sommerabend/in eine kurze heiße Nacht" - kontrastiert aufs schärfste mit der Derbheit in zweiten Textteil. Angewidert vom "trüben verstimmten ausgeleierten Arsch" des Partners, kommt dem Sprecher-Ich die Einsicht, "daß ich dich einfach nicht liebe".

Kiwus, die zu den debütierenden Lyrikern der siebziger Jahre gehört[26], ist mit der 'negativen Erotik' in ihrem Gedicht ein besonders einprägsames Beispiel für die in deutschen Nachkriegsgedichten häufig vorzufindende Thematisierung gescheiterter Zweierbeziehungen gelungen[27]. Ganz im vorherrschenden Stil der 'Siebziger' verzichtet sie auf artifizielle Tektonik, komplizierte Reime und Rhythmen und kühne Metaphorik. Ein Kennzeichen der Lyrik in den achtziger Jahren ist hingegen die Rückkehr und Wiederentdeckung artifizieller poetischer Formen[28].

Unter den Dichtern, die von einer zwischenzeitlichen Phase des Erzählgedichts wieder zu gereimten Versen zurückfanden, ist vor allem Karl Krolow zu nennen, der zu den stilistisch vielseitigsten Verfassern deutscher Nachkriegsgedichte gehört[29] und auch in erotischer Lyrik eine große Bandbreite an Ausdrucksmöglichkeiten entfaltet. Als Beispiel sei das 1982 erstmals publizierte Sonett *In der Landschaft*[30] angegeben:

> *Du pflückst wilde Blumen. Du bist in der Landschaft, die*
> *den Duft von Melone hat oder von deiner Haut.*
> *Du liegst da. Du erwartest mich. Ohne Laut*
> *bist du schön. Du summst eine Melodie*

---

[26] Vgl. die Auflistung von Hage im Vorwort (S.3-18, dort:S.6) der Anthologie (Anm. 25).
[27] Vgl. besonders für den Bereich der siebziger Jahre: Hiltrud Gnüg, Schlechte Zeit für Liebe Zeit für bessere Liebe? Das Thema Partnerbeziehungen in der gegenwärtigen Lyrik, in: Michael Zeller (Hg.), Aufbrüche: Abschiede. Studien zur deutschen Literatur seit 1968, Stuttgart 1979 (Literaturwissenschaft - Gesellschaftswissenschaft 43),S.26-39.
[28] Vgl. die Überblicke von Michael Buselmeier, Poesie und Politik. Anmerkungen zur Lyrik der 70er und 80er Jahre, in: Text + Kritik, Heft 9/9a: Politische Lyrik (Oktober 1984. 3. Aufl.: Neufassung), S.55-60; M. Norberta Hoffmann, Spurensuche. Zur deutschen Lyrik der 80er Jahre, in: Stimmen der Zeit 111 (1986),S.53-61; Michael Braun, Neuanfang oder Restauration?, in: Universitas 44(1989), S.675-683.
[29] Vgl. Harald Hartung, Proteus als Lyriker - Karl Krolows lyri-sches Werk, in: ders., Deutsche Lyrik seit 1965. Tendenzen, Beispiele, Portraits, München 1985 (Serie Piper 447),S.163-182,238.
[30] Karl Krolow, Gesammelte Gedichte 3, Frankfurt am Main 1985, S.232. Vgl. die sonettpoetologische Interpretation des Gedichts von Dirk Schindelbeck, Die Veränderung der Sonettstruktur von der deutschen Lyrik der Jahrhundertwende bis in die Gegenwart, Frankfurt an Main u.a. 1988 (Europäische Hochschulschriften). Reihe I: Deutsche Sprache und Literatur. Bd.1042),S.184f.

> *ohne Text und Sinn, und ich sehe dir zu, wie*
> *dein Körper sich dehnt, wie du dich wälzt im Kraut.*
> *Gefühl kommt auf. Man mißtraut*
> *ihm oder mißtraut ihm nie*
>
> *mehr. Das Fleisch der Melone, zerschnitten,*
> *ist wie ein offener Körper, inmitten*
> *von diesen wilden Blumen: ihrem Duft*
>
> *nach Haut und Umarmung, nach allen*
> *Früchten, die langsam aus Bäumen fallen*
> *beim Geräusch von unseren ruhigen Schritten.*

Krolow bedient sich aus dem Inventar traditioneller lyrischer Erotik: "Du" ist das schon aufgrund seiner Häufigkeit dominierende Wort, dessen Bedeutung durch anaphorische Reihung noch verstärkt wird. Die Gemeinsamkeit der Liebenden zeigt das Possessivum "unseren", pointiert im Schlußvers plaziert, an. Wilde Blumen und Früchte sind Zeichen naturhaft erlebter Sinnlichkeit, und es ist folgerichtig, daß das Textszenarium "in der Landschaft" angesiedelt ist. Die Verbindung von Blumenduft, Wohlklang der Melodie und voyeuristischem Wohlgefallen erzeugt die Stimmung erotischer Vorlust beim Sprecher.

Mit der originellen Ausfüllung traditionsbeladener Gedichtformen konnte die erfolgreichste Lyrikerdebütantin der achtziger Jahre, Ulla Hahn, reüssieren. Unter anderem schrieb sie ein *Anständiges Sonett*[31], in dem der "unanständige" erotische Inhalt das Formgerüst ausfüllt. Eine Neuheit schuf sie in der langen und bedeutsamen Reihe deutschsprachiger Ophelia-Gedichte[32]: Hahns Ophelia ist keine in der Kanalisation treibende Wasserleiche mit Ratten im Haar (Georg Heym, *Die Tote im Wasser, Ophelia I* und *II*) oder auf dem Obduktionstisch sezierter Leichnam (Gottfried Benn, *Schöne Jugend*), auch kein im Fluß verfaulender Leib (Bertolt Brecht, *Vom ertrunkenen Mädchen*) oder im seichten Wasser liegendes Opfer von DDR-Grenzsoldaten (Peter Huchel, *Ophelia*), sondern eine Frau mit tiefem erotischem Empfinden, die das Taumeln im Fluß als sinnlichen Höhepunkt erlebt:

---

[31] Ulla Hahn, Herz über Kopf. Gedichte, Stuttgart 1983,S.19. Vgl. die interpretativen Ausführungen von Walter Hinderer, Liebe im Zeilensprung. Zu Ulla Hahns Gedicht "Anständiges Sonett", in; Marcel Reich-Ranicki (Hg.), Frankfurter Anthologie. Gedichte und Interpretationen. Bd.7, Frankfurt am Main 1982,S.264-266 und Schindelbeck (Anm. 30),S.167-170.

[32] Vgl. Stefan Bodo Würffel, Ophelia. Figur und Entfremdung, Bern 1985, der Hahns Ophelia-Gedicht noch nicht berücksichtigt.

Ophelia[33]

Schöner Fluß löst mir all mein
Haar dunkler Hochzeitskranz
Leckst mir in den Ohren den
kitzligen Nabel drückst mir
blasige Küsse aus Nase und Mund
Schwingst meine Brüste spreizt
mir die Schenkel verströmst dich
stößt in verzehrenden Strudeln
beständig vor und zurück
All mein Fleisch all dein Wasser
unablässiges Winden und Winseln
wie wollen sie eins sein in dir.

Das Rollengedicht nimmt auch von seiner Sprechsituation her eine Sonderstellung unter den Ophelia-Gedichten ein: Ophelia ist nicht das Objekt lyrischer Beschreibung, sondern tritt als Sprecher in den Vordergrund. Ihre Anrede gilt dem Fluß, der in der Personifikation eines Liebhabers erscheint. Graduell schildert sie seine Annäherungen vom Lösen ihres Haares bis zum Koitus. "Verzehrend" ist für Ophelia das Einssein mit dem Wasser. In nachhaltigem Erleben gibt sie sich dessen elementarer Kraft hin. Die Evokation des erotischen Kontaktes zwischen Naturmacht und Individuum erinnert an den Anfang der dritten Strophe vom Prototyp aller Ophelia-Gedichte, Rimbauds *Ophélie*: "Le vent baisse ses [Ophelias] seins [...]"[34]. Aber während hier *kein* inhaltlicher Akzent gesetzt wird, bedeutet die geschlechtliche Vereinigung von Fluß und Mädchen das Hauptthema in Hahns lyrischem Text. Die Apostrophe "dunkler Hochzeitskranz" symbolisiert die Verbundenheit Ophelias gegenüber ihrem Liebespartner. Passiv nimmt sie dessen Zärtlichkeiten auf. Vorrang hat das Verlangen des Flusses, der eine 'Fusion', d.h. ein Ineinanderfließen, von Fleisch und Wasser anstrebt.

Ein ähnlich erfolgreicher Lyrikerdebütant der achtziger Jahre wie die Hahn ist Hans-Ulrich Treichel, der sich ebenfalls mit der Revitalisierung von überkommen geglaubter Lyrikgenres Meriten im Feuilleton und bei der Leser-

---

[33] Ulla Hahn, Freudenfeuer. Gedichte, Stuttgart 1985,S.56, zuerst in: Frankfurter Allgemeine Zeitung vom 7.12.1983.
[34] Arthur Rimbaud, Oeuvres complètes. Texte établi et annoté par Rolland de Renéville et Jules Mouquet, o.O.1963 (Bibliothèque de la Pléiade 68),S.51f.

schaft erwerben konnte. Liebe und Erotik sind in seinen Gedichten kaum von bleibender Dauer. Im Gedicht *Sommer*[35] wird gar die Situation eines gehemmten Mannes projiziert, dem die winterliche Vorfreude und "Lust auf offene Blusen/Holzsandalen und Licht" mehr Wohlbehagen bereitet als das tatsächliche sommerliche Erleben. In Treichels Gedichten über Partnerbeziehungen ist die Trennung der Liebenden unausweichlich. Oft wird der Abschied als Schlußpointe in Reimgedichten suggeriert, z.B. in *Ach, Geliebte*[36]:

> *Komm, Geliebte, will dich küssen*
> *Leg mich zwischen deine Knie*
>
> *Ach, Geliebte, laß dich fressen*
> *Nie war ich so hungrig, nie*
>
> *Komm, Geliebte, laß uns tauschen*
> *Streck dich aus auf meinem Leib*
>
> *Ach, Geliebte, schon vergeß ich*
> *Daß ich niemals bei dir bleib*

Dominierend ist in dem Verhältnis der Mann, der als Sprecher in fast vagantenhaftem Ton seine Geliebte anredet. Die betonte Einfachheit der Sprache und die kunstlosen Reime lassen auf ein oberflächliches Liebesleben des Mannes schließen.

In Wolf Wondratscheks Sonettesammlung *Die Einsamkeit der Männer*[37] ist der Mann in der 'Auseinandersetzung der Geschlechter' der Frau unterwürfig. Wondratschek verarbeitet dabei wesentliche Motive von Malcolm Lowrys Roman *Under the Volcano* in eigene poetische Sprache. So wird die Problematik in der Beziehung zwischen dem Romanprotagonisten, dem in Mexiko lebenden britischen Konsul Geoffrey Firmin und seiner Frau Yvonne zu einer allgemeingültigen Darstellung der verzehrenden Liebe zwischen labilen Männern und starken Frauen ausgeweitet. Die im epischen Text stolze und distanzierte Yvonne erfährt in den Sonetten eine Stilisierung zum aufreizenden, demütigenden und männervernichtenden Vamp:

---

[35] Hans-Ulrich Treichel, Liebe Not. Gedichte, Frankfurt am Main 1986 (edition suhrkamp 1373. Neue Folge 373),S.51.
[36] Treichel, Liebe Not (Anm. 35),S.53.
[37] Wolf Wondratschek, Die Einsamkeit der Männer. Mexikanische Sonette (Lowry-Lieder), Zürich 1983. Zum portraitierenden Aspekt der "Lowry-Lieder" vgl. Braune-Steininger, Das Portraitgedicht (Anm. 1),S.245-267.

EROTIK IN DER DEUTSCHEN NACHKRIEGSLYRIK

Yvonne[38]

Sie ging wie eine heilige Verschwenderin
durch die dunklen verlorenen Ränder der Städte,
wo sie die fremden Männer traf, und die Habgier
ihrer Hände wie in einem Halbschlaf fühlte

aus dem Überhang durchwachter Nächte.
Sie gab sich ihnen hin, als rette sie auch nur noch die Schande,
und war dabei ganz jenes ungezähmte Tier
und endlich eine Unbekannte,

die ihn in seiner Einsamkeit verhöhnte.
Er hörte, wie eine Hand Briefe zerriß
und eine Frau unter dem Biß

eines Liebhabers aufstöhnte.
In ihrem Blick, im Gehn noch halb ihm zugewendet,
sah er die Liebe und wie sie endet.

Obwohl das Gedicht, wie viele in Wondratscheks Sammlung, keine durchgängigen Reimfolgen hat[39], vermögen die Endreimwörter in den Terzetten die erotische Macht Yvonnes über ihren Mann zu assoziieren. Die Klangfolge "zerriß - Biß" suggeriert die Gewalt, mit der die mächtige Frau über ihren Partner herrscht, während die Verbindung "zugewendet endet" die Geschichte der gescheiterten Paarbeziehung andeutet. Die metaphorische Beschreibung Yvonnes, "jenes ungezähmte Tier", verheißt ihr geradezu animalische Kraft. Gesteigert wird diese Idolatrie der starken Frau noch in Sonetten, die auffallend dem Carmen-Stoff verpflichtet sind. Als vom Romangeschehen gänzlich unabhängig zeigt sich das Gedicht *Macha*[40]:

Hochmütig schüttelt sie den Fächer aus
und schiebt ihn breit vor das Gesicht
und tanzt, und läßt sich Zeit,
die Männer zu erregen -

---

[38] Wondratschek, Die Einsamkeit der Männer, S.17.
[39] Vgl. die genretheoretisch orientierte Interpretation von Wondratscheks Sonetten von Schindelbeck (Anm.30),S.171-175.
[40] Wondratschek, Die Einsamkeit der Männer (Anm.37),S.30.

> *sie sehen ihren Fächer zitternd sich bewegen,*
> *ihre Augen aber sehen sie nicht.*
> *Sie schauen, warten, wandern*
> *hin und her, und jeder fühlt im andern*
>
> *wütend nur den Wunsch, sie zu besitzen.*
> *Doch wehe, einer kommt zu nah. Dann stampft sie auf,*
> *im Strumpfband wird das Messer blitzen.*
>
> *In ihrer Nähe ist kein Platz doch geht sie zuchtlos*
> *nachts noch einmal durch die Phantasie der Männer,*
> *als wolle sie die Hand um jeden Nacken legen.*

In der erotischen Körpersprache des Tanzes und der Bewegung des Fächers entfaltet sich die magische Anziehungskraft der feurigen, aber unnahbaren Carmen. Genußvoll und selbstsüchtig erregt sie die zuschauenden Männer, um sie auf dem Siedepunkt deren Verlangens abzustoßen. In Mexiko, einem Kernland des iberoamerikanischen 'Machismo', ist in den Gedichten die Frau im Carmen-Typus die dominierende Person!

Besonders ausgeprägt ist der Mythos um die vernichtende Verführerin in Wondratscheks nachfolgendem Gedichtband *Carmen oder bin ich das Arschloch der achtziger Jahre*[41], einer Lebensgeschichte in Versen, wobei das Erotische akzentuiert ist und zeitdiagnosehafte Bemerkungen über die achtziger Jahre, besonders Klagen über die seelenlose Enttabuisierung des Geschlechtslebens und die erotikfeindlichen Tendenzen der Frauenemanzipation, beigefügt sind[42]:

> *Das letzte Tabu ist ein Ladenhüter.*
> *Fortschrittliche Leute teilen sich ihre geheimsten Wünsche*
> *zuerst theoretisch mit. Und daß Zweierbeziehungen zu dritt*
> *am besten funktionieren, hört man heute*
> *selbst die Eifersüchtigsten sagen.*
>
> *Frauen wollen keine Kinder, sie wollen Einsichten gebären*
> *und kämpferisch austragen.*
> *Ein Mann ist etwas für eine Nacht.*
> *Daß er sich dabei als Mann fühlt,*
> *ist unangebracht.*

---

[41] Wolf Wondratschek, Carmen oder bin ich das Arschloch der achtziger Jahre, Zürich 1986.
[42] Ebd., S.43.

Gerade in den Ausführungen über die Frauenbewegung zeigt sich der sich seiner Antibürgerlichkeit rühmende Wondratschek erstaunlich konservativ und wenig aufgeschlossen für die Selbstverwirklichungsabsichten der Frauen, die nun das jahrhundertelang praktizierte Sexualverhalten der Männer imitieren. Mögen Wondratscheks Feststellungen von Angepaßtheit, Passivität und farbloser Nivellierung in den achtziger Jahren zutreffen, so hat er doch mit seinen in diesem Jahrzehnt veröffentlichten Gedichtbänden einiges zur vielfältigen Schattierung der erotischen Lyrik dieser Dekade beigetragen. Die achtziger Jahre sind das quantitativ herausragende Dezennium von erotischen und Liebesgedichten innerhalb der Nachkriegszeit. - M. Norberta Hoffmann stellt fest: "Das zeitlose Thema Eros und Sexus variiert bei den 80ern in allen Tönungen vom Spielerischen, Zärtlich-Tröstenden bis zur Entfremdung."[43] Literarische Traditionen wie der Petrarkismus erfahren eine originelle Fortführung und Weiterentwicklung, beispielsweise in Peter Waterhouse' drei Gedichten *An die ferne Geliebte*[44], in denen ein lyrisches "Wir" die Verehrte adressiert und unter sprachspielerischen Fügungen teleologische Reflexionen artikuliert.

Ein Unikum unter den Gedichtbänden der Nachkriegslyrik ist Gerhard Tänzers 1985 erschienene "Kleine erotische Versschule" (Untertitel) *Schönes Blumenfeld*[45], in der nahezu jede mögliche Vers-, Strophen-, Gedicht- und Reimform mit erotischen Inhalten ausgefüllt vorgeführt wird. Als Beispiel für die Stanze präsentiert Tänzer das Gedicht[46]:

> *O schöne Droste, könnt ich bei dir weilen,*
> *Rotblondes Haar und feine weiße Haut,*
> *Die Träume suchend, um die Welt zu heilen,*
> *So einsam liebend und so schnell durchschaut*
> *In deinem Turm, ich würd ihn mit dir teilen*
> *Und horcht mit dir bei Nacht der Toten Laut -*
> *Ich hätt mich ganz an deine Lust gegeben*
> *Und wüßte, was es kostet: hier mein Leben.*

---

[43] Hoffmann (Anm.28),S.58.
[44] In: Lothar Jordan, Axel Marquardt, Winfried Woesler (Hgg.), Lyrik Erlebnis und Kritik. Gedichte und Aufsätze des dritten und vierten Lyrikertreffens in Münster, Frankfurt am Main 1988 (Collection S. Fischer 59),S.118-120 (zuerst in: Waterhouse, Passim, Reinbek bei Hamburg 1986).
[45] Gerhard Tänzer, Schönes Blumenfeld. Kleine erotische Versschule, Landau/Pfalz 1985, im folgenden zitiert nach der durchgesehenen und erweiterten Ausgabe: Frankfurt am Main 1988 (Fischer Taschenbuch 9221).
[46] Ebd.,S.30.

Bisher einmalig in Gedichten an und über die Droste[47], formuliert hier der Sprecher den Wunsch, zeitversetzt mit der Droste erotischen Kontakt zu haben. Er liebt die in der Meersburg lebende Dichterin nicht nur mit 'Haut und Haar', sondern er hat sich auch ganz ihrem Werk und deren existenzzersetzenden Bedingungen ergeben. Tänzers Gedicht ist ein origineller Versuch der Annäherung und Verehrung zeitgenössischer Autoren an bewunderte Dichtervorbilder oder politische Persönlichkeiten. Dies geschieht besonders in "Gedichten einer imaginären Begegnung"[48] oder Gedichten, die den Wunsch danach formulieren.

In der DDR gehören zu dieser Gedichtgruppe auch Verse über Exponenten der Arbeiterbewegung, z.b. veröffentlichte Steffen Mensching die Vision *Traumhafter Ausflug mit Rosa L.*[49], in der sich der Sprecher mit Rosa Luxemburg "im polnischen Weizenfeld" vergnügt. In den achtziger Jahren überwiegt aber auch in ostdeutschen Gedichten über Liebe und Erotik der 'private' Inhalt. In freizügigem Ton werden intime Beziehungen geschildert, verwiesen sei beispielsweise auf Uwe Lummitsch und dessen Gedichte *Wenn du mich ansiehst, sagte sie, werde ich schön*[50] und *Blauer erotischer Maitag*[51]. Reflexionsverse über die Liebe korrespondieren mit der auch in westdeutschen Gedichten feststellbaren Tendenz, Liebe und Sexualität allgemein zu problematisieren. - Nicht jeder schreibt so unbeschwert drastische Lyrik wie der die deutsch-deutsche Realität kennende Gerhard Zwerenz, der als arrivierter Verfasser erotischer Prosa auch mit erotischen Gedichten hervortrat und damit einer der wenigen Autoren der Nachkriegszeit ist, die gattungsübergreifend Erotika verfassen.

In der Gedichtabteilung "Geile Lieder für menschliche Göttinnen" seines Bandes *Die Venusharfe*[52] kommt er recht deutlich, zumeist gereimt, zu Wort.

---

[47] Vgl. Bodo Plachta (Hg.), "ein Lasso aus klingenden Steinen". Gedichte an und über Annette von Droste-Hülshoff, Münster 1986, der Tänzers Gedicht, wohl aus Gründen zeitlicher Überschneidung der Drucklegung (das Vorwort ist auf Januar 1985 datiert), in seine Sammlung noch nicht aufgenommen hat.

[48] Zu diesem Subgenre des Personengedichts vgl. Braune-Steininger, Das Portraitgedicht (Anm.1),S.358-375.

[49] Poesiealbum 146: Steffen Mensching, Berlin(Ost)1979,S.30f. Vgl. die unter marxistischen Auspizien stehenden Interpretationen von Hans-Eckart Wenzel, Traumhafter Ausflug des Dichters S.M. mit R.L., in: Ingrid Hähnel (Hg.), Lyriker im Zwiegespräch, Berlin (Ost) und Weimar 1981,S.345-368 und Hähnel (Anm.21),S.146.

[50] Uwe Lummitsch, Mondlandung. Gedichte, Halle und Leipzig 1987, S.64.

[51] Ebd.,S.68f.

[52] Gerhard Zwerenz, die Venusharfe. Liebeslieder, Zorngedichte, Knittelverse, München 1985 (Knaur Taschenbuchreihe Erotik),S.153-240.

Das Gedicht *Unzucht*[53] verweist, ausgehend von der Verbannung Ovids durch Augustus, auf den Widerspruch zwischen sexueller Libertinage der herrschenden Politiker und ihre Unterdrückung erotischer Literatur sowie derer Autoren.

Zwerenz' gesellschaftspolitische Notiz bleibt aber in den versifizierten Bemerkungen über die Liebe in den achtziger Jahren eine Ausnahme. Ein auf Zeilen gebrochener Aphorismus über den Zusammenhang von Liebe und Erotik ist Hans Kruppas Gedicht:

> *Erotik ohne Liebe*[54]
>
> *ist wie eine*
> *Gitarre ohne Saiten.*
> *Man kann so tun,*
> *als würde man*
> *auf ihr spielen,*
> *aber es kommt*
> *keine Musik*
> *dabei heraus.*

Spruchgedichte über Liebe und Begehren schrieb auch Erich Fried, dessen ausnehmende Stellung in der deutschen Nachkriegslyrik aber mehr auf seine politischen Gedichte zurückzuführen ist. Dennoch ist sein 1979 erstmals erschienener Band *Liebesgedichte*[55], der im Februar 1991 die Auflage 224.-228. Tausend erreicht hat, nicht nur sein erfolgreichstes Werk, sondern das wohl am meisten verbreitete deutsche Gedichtbuch der Nachkriegszeit! In Frieds Liebesgedichten fehlt kaum das erotische Moment. Es ist aber ohne provokanten Gestus immer in die lyrische Verehrung der Geliebten integriert. Fried spricht sich gegen 'absolute', d.h. von ihren politischen Bedingungen losgelöste, Liebeslyrik aus[56], er wendet sich aber ebenso gegen dogmatische Forderungen, 'linke' Liebesgedichte schreiben zu müssen[57]. Die stilistischen Ausprägungen und Variationen von Frieds Liebesgedichten wären eine eigene literaturwissenschaftliche Studie wert. Zusammen mit Krolow ist er wohl einer der virtuosesten Verfasser lyrischer Erotik nach 1945. Sein Gedicht *Was es ist*[58] ist eine eindrucksvolle Li-

---

[53] Ebd.,S.177.
[54] Jörn Pfennig/Miriam Frances/Hans Kruppa, Neunundneunzig Zärtlichkeiten. Gedichte für Sie und Ihn, München 1989,S.74.
[55] Erich Fried, Liebesgedichte, Berlin 1 1979 (Quartheft 103).
[56] Vgl. ebd.,S.80: *Reine und angewandte Dichtung.*
[57] Vgl. ebd.: *Ein linkes Liebesgedicht?*
[58] Erich Fried, Es ist was es ist. Gedichte, Berlin 1983 (Quartheft 124),S.43.

terarisierung der Losung 'amor vincit omnia' und einer der bleibenden Beiträge deutscher Dichtung über die Liebe:

Es ist Unsinn
sagt die Vernunft
Es ist was es ist
sagt die Liebe

Es ist Unglück
sagt die Berechnung
Es ist nichts als Schmerz
sagt die Angst
Es ist aussichtslos
sagt die Einsicht
Es ist was es ist
sagt die Liebe

Es ist lächerlich
sagt der Stolz
Es ist leichtsinnig
sagt die Vorsicht
Es ist unmöglich
sagt die Erfahrung
Es ist was es ist
sagt die Liebe

JADWIGA GAWLOWSKA

"EROTIK ALS BEWÄHRUNGSTEST FÜR DEN MENSCHEN ODER FÜR DIE SPRACHE?"
ZU BOTHO STRAUSS: "KONGRESS. DIE KETTE DER DEMÜTIGUNGEN."

"Nur die Sprache, sagte er sich, hat dich bisher diese wie immer auch elende Einsamkeit überhaupt ertragen lassen. Du hast ja keine Ahnung, was geschieht, wenn diese Sprache einmal Alles von dir fordert und bis auf den scheinbarsten Huscher fast gänzlich wegfällt. Du weißt ja nicht, was wirkliche Einsamkeit ist, bevor du nicht dies äußerst geringfügige Rascheln nur noch, irgendwo am Rande deines Geistes, vernommen haben wirst. Du hast ja keine Ahnung, wie du dann wohl sitzen und kauern mußt, wenn erst die Worte unter sich, du aber ausgeschlossen und erkenntnislos.

Es schafft ein tiefes Zuhaus und ein tiefes Exil, da in der Sprache zu sein."[1]

Diese noch positive ("Zuhaus", "tiefes Exil") Bedeutung des Sprachbegriffs, zitiert nach Botho Strauß "Paare, Passanten", kann aber auch entstellt werden. Die Tendenz eines Menschen, sich in die Sprache zu verkleiden, um sich vor der äußeren Welt abzuschirmen, kann, ins Extreme getrieben, das Leben außer der literarischen Fiktion unmöglich machen. Man sucht in der Literatur den Zufluchtsort, den Schutz vor der kalten, nüchternen Wirklichkeit des Alltags, die die menschliche Psyche erlahmt und sie in der Kälte der Gleichgültigkeit des technischen Fortschritts zusammenbrechen läßt. Die Funktion der Sprache evolviert von einem entstellten Kommunikationsmittel (Elias Canetti "Die Blendung"), von einer sprachlichen Verhexung (Peter Handke "Kaspar") zu einer höheren Instanz (Botho Strauß "Kongreß"), die das Leben bedingt und den Menschen in der außersprachlichen Wirklichkeit zum Scheitern verurteilt.

Die Handlung des Romans "Kongreß" von Botho Strauß läßt sich einfach nicht nacherzählen. Das Buch wurde so konstruiert, daß man es hier mit einem so dichten Motivgewebe zu tun hat, daß ich mich nur auf das sprachliche Problem konzentrieren möchte. Die Leitmotive und die kontextuellen Merkmale müssen dabei konsequent ausgelassen werden, um das Sprachliche nicht unnötig zu verschleiern.

Die textuelle Befangenheit in ihrer äußersten Form wird im "Kongreß" thematisiert. Die Bedingt- und Bestimmtheit des Protagonisten durch Literatur, wird schon in den ersten Worten angedeutet - Friedrich Aminghaus ist "Leser" von Beruf. Das Lesen als Beruf weist schon auf eine Abartigkeit im Umgang mit

---

[1] S. 101, Botho Strauß "Paare, Passanten", dtv Verlag, München, 1984

dem Text hin. Bei Friedrich Aminghaus wird dieses Extrem noch durch die völlige Identifizierung mit seinem Beruf unterstrichen. Die erste "Person", die man im Gespräch mit Aminghaus kennenlernt, ist die "Buchfee" Hermetia, die ihn auf die Gefahr des Am-Text-Zugrunde-Gehen aufmerksam macht:

"Wann endlich wird Sie das leise Fauchen der Schrift nicht mehr antreiben, es sich emsig auszumalen, Wort für Wort, was Sie da lesen? Ich warte nur, bis Ihr ganzer großer Vorstellungsraum feurig zusammenstürzt wie ein Riesenstern und seine Masse sich, endlos weiterstürzend, schließlich zum schwarzen Loch in Ihrer Kognition verdichtet, so daß Ihnen nichts, gar nichts mehr lesbar sein wird und Sie endlich wieder lernen, auf Stimmen zu hören und in Bildern zu leben, ohne Trennung von nah und fern, von außen und innen, alles glaubend und allem gehorsam."[2]

Der Leser aber behauptet, ohne Text nicht existieren zu können:

"Ich erinnere mich an nichts und bestehe genau wie Sie selbst von innen nach außen nur aus Blättern und Geblättertwerden."[3]

Als einzige "Person", auf die der Leser hört, versucht Hermetia, ihm eine Alternative für das Lesen im Reisen anzubieten. Dabei wird dem Leser nur um so mehr bewußt, daß er "von Bestimmung und Charakter ausschließlich ein Leser" sei.

Die letzte Möglichkeit, den Leser als Menschen wiederzugewinnen, ist die Erotik, die als Vorbereitung auf Sex verstanden werden sollte (als die einzige Tätigkeit, die man nur als praktisches Können bezeichnen kann - also als Gegenpol vom Lesen). Friedrich Aminghaus - der Leser, kann mit der außersprachlichen Wirklichkeit nicht zu Rande kommen. Auch im Umgang mit den lebenden Menschen bedürfte er der Hilfe der Bücher oder ihrer Gestalten. Das erste Beispiel dafür ist die Begegnung mit einer Frau in der Bibliothek, mit einer "Fremdweltlerin"; in Gegenwart einer Frau weiß Aminghaus nicht, wie er sich verhalten soll:

"'Warum haben sie nicht gelesen?' fragte er erstaunt. [...] Wahrhaftig, sie gehörte nicht in diesen Raum, sie querte eine fremde Welt!

Sie setzte sich leicht zu ihm über die Tischkante, schlug die Beine übereinander und klappte den linken Schuh auf und ab. Sie schien rundum unschlüssig und nur allzu bereit, für die geplatzte Verabredung irgendeinen Ersatz zu finden. Dies spürte Aminghaus und es machte ihn beklommen. 'Lesen wir', sagte er plötzlich leise und verwirrt, 'lesen wir hier. Lesen wir augenblicklich. Sie werden

---

[2] S. 9, Botho Strauß, "Kongreß. Die Kette der Demütigungen.", Matthes & Seitz Vlg., München, 1989.
[3] S. 9, ebenda

sehen, selbst Platon zu lesen ist weitaus einfacher, als eine U-Bahn-Karte zu lösen am Automaten..."[4]

Diese Frau, die nicht aus der Welt der Literatur stammt, vermag Aminghaus nicht im geringsten zu interessieren. Nicht weil er für Frauenreize blind wäre, sondern weil sie nicht im Text oder in der literarischen Fiktion existiert. Er verläßt die Bibliothek mit dieser Frau nur deswegen, weil er Hermetia, die Buchfee, in dieser Frau zu finden erhoffte. Sie ist es aber nicht und deswegen irrt er hilflos im Labyrinth der Straßen umher. Dann bekommt er die Einladung zu einem Kogreß (der "Eventualisten", also der Menschen, die in jeder Situation eine andere Möglichkeit, eine andere Lösung anzubieten vermögen - Strauß gibt seinem Helden auch dadurch eine Chance, aus dem textuellen Komplott einen Ausweg zu finden). Der Einladung wird ein PS hinzugefügt, daß Aminghaus das noch von seinem Vater geliehene Buch unter dem Titel "Das Gesetz der Serie" dem gewissen Professor Scherrer zurückgeben möchte. Zum ersten Mal wird hier Professor Scherrer erwähnt, der später die entscheidende Rolle beim Scheitern von Aminghaus als Mensch und als Mann spielen soll. Das kommende Unheil wird auch im Titel des Buches angekündigt ("Das Gesetz der Serie"). Aminghaus wird nämlich die Chance gegeben, dieses Gesetz zu brechen. Diese anscheinend mysteriöse Geschichte wird aber konsequent entwickelt. Aminghaus nimmt die Einladung an und fährt zum Kongreß. Danach wird er den zahlreichen Versuchungen ausgesetzt, die ihn von seinem Beruf als Leser abbringen sollen. Das Funkgespräch der Taxifahrerin, die ihn vom Flugplatz ins Hotel bringt, mit ihrem Kollegen, registriert er gar nicht. Er fühlt sich müde von dem ständigen Gerede und hatte keine Lust, seinen Vortrag zu halten:

"Wozu noch reden? Hatten nicht alle längst ausgeredet und standen nur noch als leere Nachtöner ihrer selbst vor den Mikrophonen? Das allgemeine Gewissen, übervoll der Eventualität, übergewiß dessen, was sich ereignen könnte, knisterte wie zerfallener Schaum auf den Abwässern der Rede und Widerrede. Und diese waren längst machtlos geworden, am allerwenigsten fähig zur Abwendung von Unheil, denn sie selbst waren ein Vorschub der Zerstörung und des Heillosen."[5]

Im Hotelfoyer trifft er einen Kongreßkollegen, dessen Tochter ihm vorgestellt wird. Sein flüchtiger Händedruck verleitet die Frau dazu, ihn auf seinem Zimmer aufzusuchen. Diese sublimierte Form der Erotik, eine einfache Geste, entgeht seiner, aber nicht der Aufmerksamkeit der Frau, die sich bei ihm später für ihre "Erlösung" bedankt. In ihr erkennt Aminghaus die zweite Botin (die erste war die Frau in der Bibliothek) der Hermetia, die ihn auf Abwege führen

---

[4] S. 21, ebenda
[5] S. 25, ebenda

sollte, auf Abwege, die Aminghaus von seiner Buchgeliebten entfernen, also in die verhaßte und ihm unmögliche reale Welt führen könnten. Zwei weitere Frauen, die ihm über den Weg laufen, sind alte Bekannte (Ria, seine ehemalige Freundin, und eine Frau, die er als Mädchen aus der Schulzeit kannte). Er betrachtet sie mit großer Distanz, als weit entfernte Erinnerung. Er kann keine Ruhe finden, er beobachtet alles nüchtern und ohne Emotion, er bezeichnet sich selbst als "eine flackernde Neonröhre, die nur Mücken anzieht!"[6] Darauf antwortet ihm seine Geliebte Hermetia: "Wenn dich noch etwas plagt, so bette dich in seinen Mittelpunkt."[7] Damit fängt Aminghaus' abenteuerliche Begegnung mit einer "Buchfee" an, die jetzt in eine Frau inkarniert, ihr Spiel mit dem Leser beginnt. Er wird auf die Probe gestellt, indem er Hermetia und ihrem alten Mann Professor Scherrer - Tithonos, bei Vorbereitung auf ein Liebesspiel zuzusehen gezwungen wird.

"Und er empfand, nur noch ein ein erbärmlicher Schatten aus Mangel, nur noch ein demütiger, erschütterter Leser zu sein und das Grabmal eines zu Tode Geflüsterten."[8]

Am Abend kommt es zu einem Treffen mit seiner geliebten Hermetia. Es geht um die Entscheidung, ob sie ihrem Mann oder dem jungen Leser gehören wird. Die heimliche Absprache zwischen Tithonos Czech (dem Hausfreund) und Hermetia stellt den ahnungslosen Friedrich auf die Probe. Das Paar Hermetia und Tithonos[9] beweist Aminghaus, daß seine textuelle Befangenheit ihn "handlungsdicht" macht. Das Wort, der Text wird zu dem geheimnisvollen Siegel der Hermetia. Da bleibt der Leser in einem "Glashaus" seiner eigenen Vorstellungen und imaginären Welten der Literatur, mit denen er sich völlig identifiziert, isoliert. Hermetia gibt Aminghaus zwar eine Chance, die imaginäre Welt der Literatur zu verlassen, indem sie das Buch zu ihrem Mann in den Hof herunterwirft. Aber der Unsterbliche, obwohl er momentan nicht da ist, sorgt dafür, daß der Leser nicht außer Kontrolle gerät (der Hausfreund - Czech soll auf die beiden, Aminghaus und Hermetia, aufpassen). Aminghaus wurde die Zeit gegeben, die er in seiner textuellen Befangenheit nicht anders als zum Erzählen auszunutzen weiß. Der Mangel an Handlung soll durch erotische Geschichten überwunden werden. Die Erzählungen sind zu einer Realitätsprothese geworden.

---

[6] S. 51, ebenda
[7] S. 51, ebenda
[8] S. 53, ebenda
[9] Tithonos: in der griechischen Mythologie der Geliebte der Göttin Eos, dem die Olympier Unsterblichkeit, doch keine ewige Jugend verliehen, so daß er jämmerlich alterte und verfiel; nach der Etymologie des Namens "Hermetia" kann man bei dem sagenhaften ägyptischen Weisen *Hermes Trismegistos* suchen, der die Kunst erfunden haben soll, eine Glasröhre mit einem geheimnisvollen Siegel luftdicht zu verschließen.

BOTHO STRAUSS "KONGRESS

Jede der zwölf Geschichten erzählt von zwei Menschen, die aus verschiedenen Gründen mit sich selbst nicht zurande kommen können und versuchen, die Kluft zwischen sich selbst und der äußeren Welt durch den jeweils anderen zu überbrücken; so geht es auch mit Friedrich Aminghaus:

"Friedrich dachte: Warum sind wir hier [...] Warum können wir nicht die Zeit verschlafen und dies Gedränge still versäumen? Es gibt keinen Ort, keinen festen Raum, keine Hülle mehr. Wo sind wir? Wir ziehen einen durch den anderen hindurch, sind einer des anderen Sieb."[10]

Das ist auch der Fall der Helden der phallisch-erotischen Geschichten, die erzählt werden. Die ersten der zwölf Erzählungen beginnen noch harmlos, die Helden spielen mit sich selbst und ihren Leidenschaften (die Vermummte, Oda, ein Freund und seine Geliebte, Todesakrobaten, Celia, der Mann aus der Berghütte), dann aber, verändern sich die Verhältnisse und die Helden leiden unter alledem, das sie zu verdrängen versuchten; das tragische Ende trifft alle (die Schwindelfreie, die Geschichte am Swimmingpool, Hüm und die Amerikanerin, den Fotografen und seine zwei Modelle). Die erotische Spannung wird durch grauenerregende Szenen noch verschärft und bekommt einen neuen Beigeschmack der masochistisch-sadistischen Wonnen. Die Atmosphäre der erzählten Geschichten entspricht der zwischen Hermetia und Aminghaus. Zunächst wird die erotische Färbung der Situation mittels der Vergleiche beschrieben, die die Gestalt der Hermetia mythisch erscheinen lassen:

"In meiner (Aminghaus) Leseart ist dies die Stellung der `offenen Achselhöle', wie sie auf zahllosen Gemälden von der entblößten Odaliske auf dem Divan eingenommen wird."[11]

Später aber nimmt die Aggressivität der Beschreibung langsam zu:

"Nun hatte Hermetia ihre liebe Not, ein ansteigendes Vorbeben unter Kontrolle zu halten. Sie mußte mehrmals mit flachen Händen über ihre Taille streifen, um die Spannung wieder abzuführen."[12] *"wie dessen (des Lesers) Blick immer wieder abglitt, zwischen ihre angezogenen Beine sank und ihre üppige, unter cremefarbener Seide hervorscheinende Dunkelheit aufsuchte."*[13]

Aminghaus, unfähig, als Mensch zu handeln, wird immer stärker nicht von der Frau, sondern von dem erotischen Klang der Wörter berauscht und allmählich erschöpft. Seine Befangenheit und Indolenz werden dadurch verdoppelt, daß Hermetia als Frau nur in der literarischen Fiktion existiert, und er sich auch dabei von Wörtern und Texten tiefer als von der Frauengestalt beeinflussen und

---

[10] S. 61, ebenda
[11] S. 87, ebenda
[12] S. 141, ebenda
[13] S. 166, ebenda

bezaubern läßt. Die Steigerung der Spannung wird nicht, wie in normalen Fällen durch Berührung erzielt, sondern durch Worte, die einerseits ihre Intimität bewahren, andererseits aber hier die Erotik des Textes ausmachen, z. B. "Mitte" - als verschleierte Bezeichnung des Phallus ("er hatte vor mir seine Kleidung geöffnet und seine beherrschende Mitte mit der braunen Haut und dem rosa Auge ragte wie ein fettiger Pilz gegen den Sonnenhimmel.")[14], oder "Mitte" - als Mittelpunkt, Innen ("wenn etwas sich rundet, so umfängt es doch in seiner Mitte ein Hohl, eine Leere.")[15], oder die Beschreibung der weiblichen Sexualität - "die Scheide der Scheidung", wobei die Ähnlichkeit der Wörter nicht gerade für Eindeutigkeit plädiert. Soweit kann man den Text eher erotisch als pornographisch nennen und die Art und Weise, wie der Leser damit umgeht, als deren perversen Gegenpol. Seine Abartigkeit als Leser wird ihm nochmal gezeigt, indem er das Buch (das wieder ins Zimmer von Tithonos gebracht wird) zu lesen anfängt und alles, was sich zwischen ihm und Hermetia abgespielt hat, niedergeschrieben vorfindet. Seine erste und soweit noch menschliche Reaktion darauf ist Verzweiflung:

"Wozu dann dieses verzweifelte Pochen an der Physis, wozu das unermüdliche Bestreben, die Decke zur reinen nackten Augenblicklichkeit aufzustoßen - wenn man doch niemals den Trauerzug der Schrift, niemals das lebenslängliche Epitaph verlassen konnte, wenn der ganze Daseinswille in Druckerschwärze feststeckte wie ein leerer Schuh im heißen Teer? Und jede Träne, jede Schweißperle nur eine trockene, runde Letter? Und diese zuweilen vermochte, häufig verfehlte, diese einzigartige sinnenbetörenden Gegenwart - nichts als ein längst bestelltes Feld und irgendeines anderen quälende Erinnerung?

`Die schmutzigen, mörderischen Werke!' rief er plötzlich aus und schleuderte das Buch auf Hermetias Sessel, warf es in den offenen Rachen ihrer Abwesenheit."[16]

Dann aber kehrt er schleunigst in seine Rolle zurück, liest und "erlebt" weiter. Da wird ihm sein Scheitern offen gelegt. Als Krönung der "Untergangsgeschichte der Wörter" kann man dann die Erzählung von Tithonos bezeichnen. Hermetia wollte die verhängnisvolle unheilstiftende Last der Worte "ich liebe dich" loswerden, indem sie diese mechanisch aussprechen und vergessen läßt. Diese Worte sind im Vergleich zur Aussage der früheren Geschichten zu eindeutig, zu persönlich und zu bestimmt, als daß man mit ihnen harmlos herumspielen dürfte. Sie sorgen nicht mehr für vage erotische Schattierungen, sie bedeuten Versprechungen, Verantwortung, Gebundensein und Gebundenwerden.

---

[14] S. 143, ebenda
[15] S. 82, ebenda
[16] S. 184, ebenda

BOTHO STRAUSS "KONGRESS

"Ich liebe dich" sind die einzigen Worte, die im Spiel zwischen Hermetia und Aminghaus unausgesprochen bleiben, und die durch ihre Bestimmtheit gerade in dieses Bild nicht hineinpassen. Bei einer solchen "Erklärung" endet Aminghaus' "Immunität", sein "Dichtsein" und sein Einspielvermögen. Das Buch ist zu Ende und damit auch das Spiel, in dem er zu existieren vermag. Er wird wieder in die grausame Wirklichkeit der außertextuellen Welt versetzt. Er vermag nur noch die leeren Straßen und ein defektes Warnlicht, das nur für sich kreist, weil es defekt ist, wahrzunehmen. Dann sackt er zu Boden. Das defekte Warnlicht wird zu einem Symbol, das Aminghaus in der realen Welt vertreten könnte. Er scheitert in der literarischen Fiktion, weil er nur textuell zu handeln weiß. Die reale Welt aber bedeutet für ihn so viel wie dieses Für-sich-Kreisen, eine bloße Energieverschwendung einerseits, andererseits jedoch die Hilflosigkeit, die ihn verkrüppelt. Der Text feiert ein weiteres Mal den Triumph über den Menschen - über Friedrich Aminghaus, dem auch die Erotik, die magische Kraft der Worte nicht dazu verholfen hat, einen Ausweg aus seiner Befangenheit zu finden.

PERSONENREGISTER

Adorno 97, 172
Alkinoos 182
Antoine 81
Apollinaire 147
Arendt 21, 27, 29
Aretino 146
Auer 46, 60, 73, 76, 110, 149, 188
Augustus 193

Bachmann 109, 110, 111, 112, 114, 117, 118, 119, 121, 122, 123, 125, 127, 133, 134, 170, 173
Balzac 147
Barbot de Villeneuve 30
Bartsch 21, 26
Bartsch 21, 26
Baudelaire 71, 73, 74, 147
Becher 36, 69, 85, 183
Bender 44, 72, 188
Benn 33, 34, 40, 42, 43, 44, 71, 177, 178, 187
Benvenuto 83
Bertrand 94, 95, 96
Bode 46, 73, 135, 139, 145, 158, 201
Bodmer 44
Borries 13, 27
Brahm 84
Braun 149, 152, 177, 200
Braune-Steininger 177
Brecht 84, 177, 178, 187
Breitinger 44
Brentano 69

Broch 33, 48, 69, 87, 88, 89, 90, 93, 94, 96, 97, 98, 103, 112, 119, 169, 193
Büchner 68, 118

Casanova 156
Catharina von Siena 65
Celan 110, 111, 117, 118, 122, 178
Clasen 55

D'Annunzio 147
Damm 59, 60, 61, 62, 65, 66, 68, 139, 152, 168
Dante 79, 167
De Murat 30
Derschau 184, 185
Dionysos 147
Döblin 99
Doderer 100

Eckart 81
Edek 100, 101, 102
Ehrismann 9, 12, 14, 23, 27
Eich 179
Elsheimer 137, 138, 139, 140, 141, 142
Elsner 5, 145, 157, 158, 159, 160, 162, 163, 164

Fabre 178
Findeisen 150

Personenregister

Firmin	189	Heym	187
Flaubert	147	Hilscher	82
Frances	167	Hoffmann	135, 143, 147, 191
Freud	39, 51, 94, 96, 100, 101, 137, 138, 139, 145, 147, 188	Hölderlin	179
		Huchel	187
Fritz	57, 60		
		Ibsen	84
		Inderthal	109
Garten	28, 43, 83	Inderthal	109
Gerstenberg	61	Institoris	136
Gnüg	16, 34, 48, 49, 67, 94, 131, 133, 192	Ivo	81
Goethe	31, 43, 47, 48, 50, 51, 62, 64, 67, 76, 77, 79, 100, 126, 172	Jablkowska	99
		Jelinek	170, 171
Gottfried von Straßburg	12	Jones	21, 23, 27
Grass	100, 101, 102, 103, 104, 107	Jordan	123, 132
		Joyce	147, 156
Grundmann	79, 80	Jung	39
Hagedorn	62	Kafka	122
Hage	21, 36, 41, 42, 62, 107, 188	Kakar	16, 27
		Kant	9, 58, 76
Hagen	36	Karpe	153
Hahn	170, 187, 188	Kaschnitz	181
Hähnel	183	Kiwus	185
Hähnel	183	Klaus	81, 109, 183
Halm	105, 107	Kleist	126
Handke	12, 195	Klinger	31
Hauptmann	79 ff.	Klose	178
Hegel	73, 109, 110, 113, 116, 119	Knörrich	178
		Konrad von Megenberg	21, 26
Heine	100, 145	Korn	73
Heinen	25, 27	Körner	78
Heinrich von Morungen	17, 26	Kotzebue	31, 32
Heinz-Mohr	16, 17, 27	Kraus	9, 13, 15, 16, 18, 19, 20, 27, 149
Hennigfeld	143		
Herder	31, 52	Krolow	180, 185, 186, 194

Personenregister

Kuczynski	79	Nausikaa	181, 182
Kuhn	9, 26	Nemo	37
Kunert	181, 183	Nietzsche	143

Laclos, de 146
Lady Chatterley 147
Laing 139
Lawrence 147
Leibfried 69
Lenz 26, 31, 55 ff., 118
Leppmann 83
Lexer 13, 21
L'Heritier 30
Licht 17, 72, 76, 146, 160, 188
Lummitsch 192
Lurker 16, 17, 27
Luxemburg 192

Marbod von Rennes 15
Marcuse 136
Marcuse 136
Marschalk 81
Marx 138
Matt 99, 159
Mattenklott 62
May 27, 147
Mensching 192
Mestwina 101, 103
Metscher 127
Michel 21, 26
Mickel 183
Mickel 183
Miller 172
Moll 15, 27
Mozart 76
Müller 26
Musäus 21, 27, 29 ff., 50 ff., 171
Muschg

Odysseus 74, 181, 182
Ophelia 187, 188
Orloff 83, 84, 85
Ovid 146, 172

Parzival 37, 149
Perrault 41, 45, 46
Pfeiffer 21, 26
Platon 145, 197
Półrola 145
Preuß 62, 66, 88, 90, 91
Płusa 135

Raabe 29, 53
Rabelais 146
Rabener 62
Rammler 58
Richter 69
Rimbaud 187
Ross 16, 27
Rousseau 12
Rubinstein 149
Runge 102
Runkel 136

Sappho 146
Sayce 9, 23, 25, 27
Schaefer 14, 26
Schikaneder 77
Schiller 125, 126
Schlaffer 23, 24, 28

Personenregister

Schmidt 145, 149, 150, 151, 152, 154, 155, 156, 157, 163, 164
Schnitzler 100
Schuller 142
Schweikle 12, 26, 27, 28
Sebbers 79
Sievert 25, 28
Simrock 14, 26
Singer 21, 28
Sophokles 69
Sprenger 136
Stamer 15, 28
Stapf 14, 26
Sterne 15, 16, 74
Strauß 195, 197

Tänzer 192
Thienemann 80
Treichel 188
Treichel 188

Ulrich 26, 139, 188

Vauvenargues 51
Verlaine 147

Wachinger 15, 28
Wagener 180
Wagner 47
Walser 100, 104, 105, 106, 107
Walther von der Vogelweide 5, 9, 26, 27, 28
Wapnewski 13, 14, 15, 17, 18
Waterhouse 191
Weiss 36
Wellershoff 135, 136, 137, 140, 141, 142, 143
Weyrauch 179, 180
Wieland 36, 52, 62
Wigga 101
Winkelmann 67
Wisniewski 87
Witt 14, 26
Wolf 107, 171, 189
Wondratschek 191

Zwerenz 193

GIESSENER ARBEITEN ZUR NEUEREN DEUTSCHEN LITERATUR UND LITERATURWISSENSCHAFT

Herausgegeben von Dirk Grathoff und Erwin Leibfried

Band 1 Dirk Grathoff (Hrsg.): Studien zur Ästhetik und Literaturgeschichte der Kunstperiode. Mit Beiträgen von: D. Grathoff, H. Hamm, J. Hermand, K. Inderthal, E. Leibfried, O. Marquard, G. Oesterle, I. Oesterle, H. Peitsch, K.R. Scherpe, P. Weber. 1985.

Band 2 Dietmar Voss: Wahrheit und Erfahrung im ästhetischen Diskurs. Studien zu Hegel, Benjamin, Koeppen. 1982.

Band 3 Thomas Clasen/Erwin Leibfried (Hrsg.): Goethe. Vorträge aus Anlaß seines 150. Todestages. Mit Beiträgen von: Th. Dietzel, W. Emrich, D. Grathoff, H.P.Herrmann, K. Inderthal, U. Karthaus, E. Leibfried, G. Mattenklott. 1984.

Band 4 Knut Hennies: Fehlgeschlagene Hoffnung und Gleichgültigkeit. Die Literaturgeschichte von G.G. Gervinus im Spannungsverhältnis zwischen Fundamentalphilosophie und Historismus. 1984.

Band 5 Renate Obermaier: Stadt und Natur. Studie zu Texten von Adalbert Stifter und Gottfried Keller. 1985.

Band 6 Erwin Leibfried: Die Spur der Freiheit. Prolegomena zur Wissenschaftsgeschichte der Literaturwissenschaft. 1990.

Band 7 Erwin Leibfried: Schiller. Notizen zum heutigen Verständnis seiner Dramen. Aus Anlaß des 225. Geburtstages gedruckt. 1985.

Band 8 Dirk Grathoff/Erwin Leibfried (Hrsg.): Schiller. Vorträge aus Anlaß seines 225. Geburtstages. Mit Beiträgen von K.L. Berghahn, L. Blumenthal, W. Braune-Steininger, Th. Clasen, K. Inderthal, U. Karthaus, E. Leibfried, I. Müller; J. Rüsen, G. Sautermeister. 1991.

Band 9 Hans-Otto Rößer: Bürgerliche Vergesellschaftung und kulturelle Reform. Studien zur Theorie der Prosa bei Johann Gottfried Herder und Christian Garve. 1986.

Band 10 Wolfgang Braungart (Hrsg.): Über Grenzen. Polnisch-deutsche Beiträge zur deutschen Literatur nach 1945. 1989.

Band 11 Krzysztof A. Kuczyński, Thomas Schneider (Hrsg.): Das literarische Antlitz des Grenzlandes. 1991.

Band 12 Thomas Schneider: Gesetz der Gesetzlosigkeit. Das Enjambement im Sonett. 1992.

Band 13 Thomas Schneider (Hrsg.): Das Erotische in der Literatur. 1993.